铁道运输行业精品教材

面向岗位需求结合实践案例推优图书

铁路旅客运输法规

主　审 / 李朝阳　钱　芳

主　编 / 旷利平　黄艺娜　周　阳

副主编 / 赵小红　彭扬华　刘曙荣　胡　斌

李培锁　胡　杰

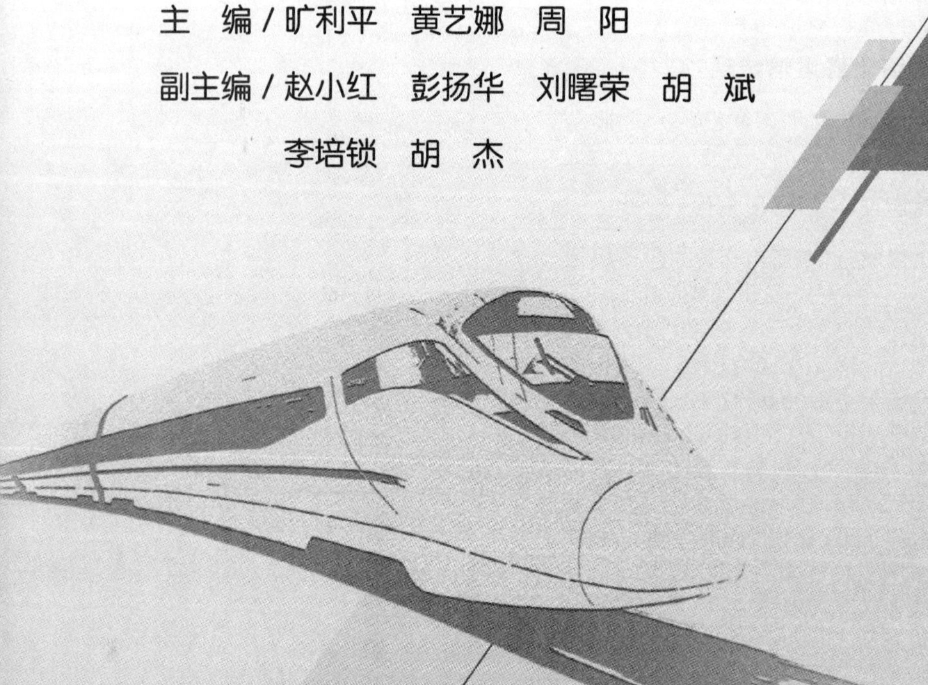

西南交通大学出版社

·成　都·

图书在版编目（CIP）数据

铁路旅客运输法规 / 旷利平，黄艺娜，周阳主编
. —成都：西南交通大学出版社，2020.4（2022.3 重印）
铁道运输行业精品教材　面向岗位需求结合实践案例推优图书
ISBN 978-7-5643-7393-1

Ⅰ. ①铁… Ⅱ. ①旷… ②黄… ③周… Ⅲ. ①铁路运输－旅客运输－交通法－中国－高等职业教育－教材
Ⅳ. ①D922.14

中国版本图书馆 CIP 数据核字（2020）第 041059 号

铁道运输行业精品教材
面向岗位需求结合实践案例推优图书
Tielu Lüke Yunshu Fagui
铁路旅客运输法规

主编　旷利平　黄艺娜　周　阳

责任编辑　赵玉婷
封面设计　墨创文化

出版发行　西南交通大学出版社
（四川省成都市金牛区二环路北一段 111 号
西南交通大学创新大厦 21 楼）
邮政编码　610031
发行部电话　028-87600564　028-87600533
网址　http://www.xnjdcbs.com
印刷　四川森林印务有限责任公司

成品尺寸　185 mm × 260 mm
印张　11.25
字数　255 千
版次　2020 年 4 月第 1 版
印次　2022 年 3 月第 2 次
定价　38.00 元
书号　ISBN 978-7-5643-7393-1

课件咨询电话：028-81435775
图书如有印装质量问题　本社负责退换

前 言

铁路是国民经济大动脉、关键基础设施和重大民生工程，是综合交通运输体系的骨干和主要运输方式之一，在我国经济社会发展中的地位和作用至关重要。加强现代化铁路建设，对扩大铁路运输有效供给、构建现代综合交通运输体系、建设交通强国、实现“两个一百年”奋斗目标和中华民族伟大复兴的中国梦，具有十分重要的意义。

铁路系统的法律法规是铁路企业正常运营的保证，是铁路系统职工和铁路类职业院校学生必备的知识。本书主要讲授铁路旅客运输类法规，包括法律法规的基础常识、铁路运输合同知识、《中华人民共和国铁路法》《铁路安全管理条例》《中华人民共和国安全生产法》《铁路旅客运输规程》《铁路旅客运输办理细则》《铁路客运运价规则》《铁路交通事故调查处理规则》《铁路交通事故应急救援规则》，以及和铁路旅客运输相关的规范性文件等。

本书从职业教育实际出发，全面介绍了铁路旅客运输法规的理论知识。本书不仅及时反映了铁路旅客运输法律法规的发展变化，而且还以一定的篇幅介绍了和铁路旅客运输密切相关的规范性文件，在强调知识性的同时，又突出了时代性和行业性。本书采用任务式编写体例，以铁路旅客运输法规为主线，设置了“法律整体知识概述”“铁路法及相关法规基础认知”“铁路旅客运输类法规认知”等 6 个项目，15 个任务。此外，每个项目还从铁路类学生的实际接受能力出发设计了案例分析，具有较强的可读性和应用性。

本书由湖南高速铁路职业技术学院旷利平、黄艺娜和周阳担任主编，赵小红、彭扬华、刘曙荣、胡斌、李培锁和胡杰担任副主编，由湖南高速铁路职业技术学院李朝阳和湖南秦湘律师事务所钱芳担任主审。具体分工如下：

项目一由湖南高速铁路职业技术学院刘曙荣和彭扬华编写，项目二由湖南高速铁路职业技术学院赵小红和胡杰编写，项目三由湖南高速铁路职业技术学院旷利平编写，项目四由湖南高速铁路职业技术学院黄艺娜编写，项目五由湖南高速铁路职业技术学院李培锁、胡斌编写，项目六由湖南高速铁路职业技术学院周阳编写，本书在编写过程中得到了广铁集团、南昌铁路局和南宁铁路局等众多铁路局职教科的案例支持，以及众多一线律师的大力支持和悉心指导，编写过程中还参考引用了大量的文献和资料，在此对各位的帮助表示衷心的感谢。

由于编者水平有限，虽然在编写过程中认真校订，反复核对，但难免存在不足和欠妥之处，我们衷心希望广大读者能够对本书的不当之处给予批评指正。

编　者

2019 年 8 月

目 录

项目一 1

法律整体知识概述

项目描述

随着经济高速增长、国民生活水平越来越高、社会问题越来越复杂，掌握法律知识变得越来越重要。铁路相关的法律法规知识是现代铁路专业学生不可或缺的知识，也是顺应时代发展和职业教育铁路类专业人才培养的需要。本项目主要帮助学生掌握法学的基本概述、法律基础理论和其精神实质，增强学生的法律意识和依法办事的能力，提高学生的社会责任感，使其能依法维护国家利益和自身合法权益，勇于同违法行为作斗争，从而为国家培养出具有良好法律素养的职业人。

教学目标

（一）知识目标

认知法律法规知识的意义，法律的本质、特征，社会主义法律适用的基本原则，公民的权利、义务，法律的基本原则。

（二）技能目标

掌握法律法规的要求和方法，熟练分析法律的基本原则，掌握诉讼法律的基本原则及任务。

（三）素质目标

掌握公民的民事权利能力和民事行为能力，掌握犯罪的基本特征和构成要件。

案例导入

2018 年 5 月 14 日，邢某在某市参加全国成人高考，一个月后分数出来，邢某从网上查询到成绩单显示各科成绩均为零分。邢某到某市教育局要求复审，教育局告知：省招生委依据监考员的考场记录，认定他在数学科考试中有作弊行为，故作出了上述处理。邢某坚称自己无作弊行为，邢某认为监考员当场没有对他采取警告、制止和核对确认其舞弊行为的措施，只是在考场记录中认定他旁窥作弊，不符合法理。邢某到某市某区人民法院起诉，要求省招生委和省考试中心恢复他的考试分数。省招生委和省考试中心认定：邢某的偷窥行为有考场记录为证；该处罚决定已用成绩单的形式通知了邢某，并向其他各市招生办公室和成人招生办公室通报，符合正常操作流程。法院审理后认为，省招生委没有证据证实监考员对邢某当场告知并进行处罚，也没有听取原告的陈述和申辩，只根据考场纪律认定考生作弊证据不充分。遂判决：撤销省招生委取消邢某考试成绩的决定，并要求两单位重新对邢某的考试资格和成绩作出处理决定。

任务一　法学基础理论认知

一、法律的定义和本质

法律是由国家制定或认可并以国家强制力保证实施的，反映由特定物质生活条件所决定的统治阶级意志的规范体系。法律是统治阶级意志的体现，是国家的统治工具；它是由享有立法权的立法机关行使国家立法权，依照法定程序制定、修改并颁布，并由国家强制力保证实施的基本法律和普通法律的总称。法律规定公民在社会生活中可进行的事务和不可进行的事务。法律（广义）可以划分为宪法、法律（狭义）、行政法规、地方性法规、自治条例和单行条例等。法律是从属于宪法的强制性规范，是宪法的具体化。宪法是国家法律的基础与核心，法律则是国家法律的重要组成部分。行政法规，是国家行政机关根据宪法和法律，制定的行政规范的总称。

法的本质就是统治阶级实现阶级统治的工具。具体地说，它是指国家按照统治阶级的利益制定或认可，并以国家强制力保证其实施的行为规范的总和。

（一）法律逻辑的诞生

法律逻辑的渊源可以追溯到智者，可以认为他们是天生的法律人，且以逻辑为主要学术工具。真正的法律逻辑应当形成于罗马时期，几乎所有健全的法律概念和法律技术都形成于罗马时期。这是罗马影响世界的超文化因素。近代成文法主义非常推崇法律逻辑，但研究的是司法格式，而不是具体的法律技术。

现代法学研究的，一是法律解释的方法论，人们在争论法律推理是可形式化的还是不可形式化的。按照可形式化的观点，法律解释最终可以归结为一种形式化评价工作，形式平台是一样的，但是价值初始极其不一样，这种研究明确了形式和价值的区别。二是诉讼事实的论证问题，人们期待知道法律上的论证是何种性质的，证明的可能性怎么样，证明的技术和手段是什么，证据方面有什么是独立于逻辑规则甚至反逻辑规则的，以及这些变异何以可能。

（二）法律制度的基本概念

法律制度里包含很多的法规和政策。法律制度执行到位的关键不是强制性的执行，而是法律制度对自己国家的可行性，即人性化的法律制度。

法律制度是指运用法律规范来调整各种社会关系时所形成的各种制度，是一个国家或地区的所有法律原则和规则的总称。它调整了多少社会关系就包含多少种具体的法律制度，如行政、经济、婚姻家庭、诉讼、教育文化及狭义的法律制度等。法律制度及相应的法律规范的总和构成法律部门。一国的立法制度与司法制度的总称，即通常所称的“法制”。法律制度从宏观角度来说，与法系的概念比较接近，但不能把法律制度等同于法律条文。

（三）法律的基本内涵

法律是维护国家稳定、各项事业蓬勃发展的最强有力的武器，是捍卫人民群众权利和利益的工具，也是统治者统治被统治者的手段。法律是一系列的规则，通常需要经由一套制度来落实。但在不同的地方，法律体系会以不同的方式来阐述人们的法律权利与义务。法学家们从许多不同的角度来研究法律，包括从法制史和哲学，或从经济学与社会学等社会科学的方面来探讨。法律研究何为平等、公正和正义等问题。

在一个法制健全的国家中，创造或解释法律的核心机构为政府的三大部门：民主的立法、公正不倚的司法和负责的行政。而官员、军事和警力则执行法律，并且是法律为人民服务的相当重要的部分。除此之外，若要支持整个法律系统的运作，同时带动法律的进步，则独立自主的法律专业人员和充满生气的公民社会也是不可或缺的一部分。

（四）法的社会性

在阶级社会中，法在实现统治阶级职能的同时，还“执行由一切社会性质产生的各种公共事务”的职能。随着社会、经济和政治的进步，法所具有的为公共利益服务的社会职能，在有关经济、科技、环境等法律部门中所起的积极作用正日益显现。

（五）法是由国家制定或认可的

（1）法体现着统治阶级的意志，但统治阶级意志本身并不能直接成为法。它须由统治阶级的国家机关制定或认可，才能成为法。

（2）法所体现的统治阶级意志之所以采取国家形态是为了取得普遍遵守的行为规则，具有普遍的约束力。

（六）法是由国家强制力保证实施的

（1）一切行为规则、社会规范都具有一定的强制性，但法所具有的强制性是最强的。

（2）国家强制力的物质形态即一系列的国家执法组织：法院、检察院、监狱、军队、警察等。

（七）法是被提升为国家意志的统治阶级意志的体现

（1）法是统治阶级意志的体现。这说明法的阶级性。法不是超阶级的，它总是一定阶级的意志的体现。

（2）法只能属于统治阶级。法只能是经济上、政治上居于支配地位的阶级，即统治阶级的意志的体现。

（3）法是统治阶级的阶级意志的体现。法是统治阶级通过自己所掌握的国家政权，把自己的意志上升为国家意志，即不是统治阶级中个人意志的体现，也不应是统治阶级个别或部分意志的体现，而是统治阶级整体意志的体现。

（4）法是统治阶级的基本意志的体现，不是全部意志的体现。统治阶级的意志要靠多种方式、多种途径去体现、去贯彻。法不可能包罗万象。

（5）法所体现的统治阶级意志的内容的决定，是由这个阶级的物质生活条件——统治阶级所代表的、与一定生产力发展水平相适应的生产关系所决定的。

二、法律的特征

（一）法律是一种概括、普遍、严谨的行为规范

法律是一种行为规范，规范性是它的首要特性。规范性是指法律为人们的行为提供模式、标准、样式和方向。法律还具有概括性，它是人们从大量实际和具体的行为中高度抽象出来的一种行为模式，它的对象是一般的人，是反复适用多次的。同时法律还具有普遍性，即法律所提供的行为标准是按照法律规定所有公民适用的，不允许有法律规定之外的特殊，要求“法律面前，人人平等”，任何人一旦触犯法律，便会受到相应的惩罚。

法律规范不同于其他规范的另一个重要特征是它具有严谨性。它由特殊的逻辑构成，构成一个法律的要素有法律原则、法律概念和法律规范。每一个法律规范由行为模式和法律后果两个部分构成。行为模式是指法律为人们的行为所提供的标准和方向。行为模式一般有三种情况：

（1）可以这样行为，称为授权性规范；

（2）必须这样行为，称为命令性规范；

（3）不许这样行为，称为禁止性规范。

（二）法律是国家制定或认可的行为规范

这是法律来源上的一个重要特征。所谓国家制定或认可是指法律产生的两种方式。国家制定形成的是成文法，国家认可形成的通常是习惯法。

1. 法律是国家确认权利和义务的行为规范

法律所规定的权利和义务，不同于其他社会规范的权利和义务，它是由国家确认或认可和保障的一种关系，这是法律的一个重要特征。

2. 法律是由国家强制力保障实施的行为规范

由于法律是一种国家意志，它的实施就由国家强制力来保障。法律所规定的权利和义务是由专门的国家机关以强制力保证实施的，国家的强制力部门包括军队、警察、法庭和监狱等。

3. 法律是调整社会关系的行为规范

因为社会是指以物质生产为基础而结成的人们的总体，法律的调整是指向人们的行为，是对人们行为所设立的标准，即调整一定的社会关系。

4. 法律是具有普遍性的社会规范

（1）普遍的有效性，在一国主权内法具有普遍效力；

（2）普遍的一致性，法律不可以强人所难；

（3）法律具有可诉性；

（4）法律的程序性，法律强制实施是通过法定时间与法定空间上的步骤和方式而得以实现的。

三、法律的作用

法律的作用又称为法律的功能，法律的主要作用是指法律对每个人在社会上的行为以及最终对社会中人与人之间关系所产生的各方面影响，它是国家法律权利的运行和国家意志实现的一种具体表现形式，同时也是社会经济状况的一种具体表现形式。法律的作用是法律本质的一种外在的表现形式。

法律是国家权力运行的一个过程，同时也是国家意志实现的结果。法律的作用取决于经济基础，同时又服务于社会关系。因此在社会中，法律作用效果的好坏能够直接体现该社会经济水平条件和经济状况的优劣。

法律作用的实质可以从两个方面来体现：

1. 法律的规范作用

法律的规范作用是法律的规范社会关系的作用。它根据不同的对象、方式又可分为指引作用、教育作用、评价作用、预测作用和强制作用。

（1）指引作用是指法律为人们的行为提供某种行为模式，起到引导的作用。

（2）教育作用是指通过法的实施，法律规范对人们今后的行为发生直接或间接的诱导性影响。渗透在每个人的心中，同时借助人们的行为而得到进一步的传播，从而使每个人充分了解法律。

（3）评价作用是指法作为一种行为标准和尺度，具有判断、衡量人们行为的作用。

（4）预测作用是指人们根据法律可以预先估计相互之间将如何行为，从而对自己的行为做出合理的安排。

（5）强制作用是指法律可以用来制裁违法行为，法律的强制代表着国家强制，不可抵抗。

2. 法律的社会作用

法律的社会作用是法律对社会关系调整所产生的影响。法律的社会作用分为社会管理作用和阶级统治作用。

（1）社会管理作用是法律在维护人类社会基本条件和执行社会公共事务方面的作用，主要表现在维护人类基本生活的条件，维护正常的生产和交换秩序，保障技术规范，促进教育、文化、科学的发展。同时在阶级社会，法律的社会管理作用不可避免的有一定程度的阶级统治性质。在社会主义社会，法律的社会管理作用才能够充分地体现出来。

（2）阶级统治作用是法律在政治、思想和经济统治等各方面的作用。统治阶级为了维护自己的统治，必须要通过有关法律手段来将自己的统治制度化、合法化。

法律的规范作用和法律的社会作用是手段与目的的关系，二者相辅相成，不可分割，因此对法律的作用应做全面的认识。

四、法律素养

（一）法律素养的含义

法律素养是指一个人认识和运用法律的能力。一是指法律知识，即知道法律相关的规定；二是法律意识、法律观念，即对法律尊崇、敬畏，有守法意识，遇事首先想到法律，能履行法律的判决；三是法律信仰，即个人内心对于法律应当被全社会尊为至上行为规则的坚定。

（二）法律素养的关系组成

一个人的法律素养如何，是通过其掌握、运用法律知识的技能及其法律意识表现出来的。

法律知识主要由两部分组成：一是现行法律条文中关于法律规则的知识；二是法律学问中关于原理的知识，即所谓的法理知识。我们常常提及的一般意义上的学法、懂法，就是既熟知一些基本的法律条文，又掌握一定的普遍适用的法律原理，这是法律素养的客观方面。

而法律意识，它是社会意识的一种形式，是人们的法律观点和法律情感的总和，其内容包括对法的本质、作用的看法，对现行法律的要求和态度，对法律的评价和解释，对自己权利和义务的认识，对某种行为是否合法的评价，关于法律现象的知识以及法治观念等。它是人类在法律方面的实践活动的精神成果，包含着人类在认识法律现象方面的世界观、方法论、思维方式、观念模式、情感、思想和期望。法律意识不是自发形成的，它是人们在社会生活中学习和自觉培养的结果，也是法律文化传统潜移默化的影响的结果，它是法律素养的主观方面。良好的公民法律意识能驱动公民积极守法。公民只有具有良好的法律意识，才能使自己的守法行为由国家力量的外在强制转化为对法律的权威以及法律所内含的价值要素的认同，从而严格依照法律行使自己享有的权利和履行自己应尽的义务；充分尊重他人的合法、合理的权利和自由；积极寻求法律途径解决纠纷和争议，自觉运用法律的武器维护自己的合法权利和利益；主动抵制破坏法律和秩序的行为。

法律信仰是社会主体对社会法的现象的一种特殊的主观把握方式，是社会主体在对社会法的现象的理性认识的基础上的一种体验，是对法的一种认同感和依归感，是人们对法的理性感情和意识等各种心理因素的有机综合体，是法的理性和激情的升华，是主体关于法的主观心理状况的上乘境界。

法律信仰的基本内涵及其特征：

其一是立良法。制定法律是培育法律信仰的第一步，没有法律存在的原始社会自然谈不上法律信仰。当然有了法律，人们也不一定有法律信仰，这已被古今中外的屡次实践所证明。这就需要我们首先从法律产生的源头——立法上去探寻形成法律信仰的路径，故制定良法是培育法律信仰的肇端，也是最重要的一环。其二是正司法。公正是司法的灵魂，也是培育国人法律信仰的关键。有了良法，司法不公，法律信仰只能是纸上谈兵；没有良法，即使司法公正，法律信仰亦是墙上芦苇。其三是严执法。严格执法是司法公正的保障之一，因为任何一个法院的判决若无法得到切实有效的执行，无异于一纸空文。公正执法是严格执法的应有之意，因为此处的执法机关不仅仅是指法院的执行庭，更多的是指向行政机关的执法权。严格执法是政府取信于民的重要保证，不仅事关政府的光辉形象，而且关乎民众法律信仰的形成。长期以来，传统司法行政合一体制的影响依然在国人心目中根深蒂固。其四是重守法。法律信仰是主体和客体的辩证统一，如果把“法律”看作法律信仰的客体，那么法律信仰的主体无疑应当是人，不仅包括立法者、司法者、执法者，还包括数量众多的守法者。不可否认，前三者可能对法律信仰的客体影响成分较大，而守法者对法律信仰主体的影响可能更深。当然，这并非说前三者不是守法的主体，恰恰相反他们更应该模范带头遵守法律的规定。

（三）法律素养的内容

1. 执法者要牢固树立法律至上的法治理念

法律知识是法治理念形成的基础和前提，但是法治理念不等于法律知识，法治理念的根本在于将正义、公平、公正等观念信仰化，成为指导行为的自觉意识。执法者要在思想上真正认识法律的最高权威性，把公正正确实施法律作为执法者的唯一天职。执法者无论是在履行执法职责还是在日常生活中，都应当自觉地从法律的角度认识事物、思考问题、评价各种社会现象和行为。执法者要敢于同一切破坏法治的行为和现象作斗争，尤其是在执法过程中要坚决克服法律工具主义思想，在处理权力和法律的关系时，始终坚持法大于权，要能够顶住压力，有捍卫法律尊严的勇气和为法律献身的精神。

2. 执法者要有系统扎实的法律专业知识

执法者成为法律的专家是法治社会的必然要求。执法者应通晓法律体系和基本原则，并能够从法是社会规范的层面来恰当区分不同法律的适用领域。执法者应当精通与本身执法职业相关的法律，包括实体法和程序法，不仅能够全面正确地理解法律条文，而且能够知晓蕴含在法律条文中的立法精神和法理。执法者还应能够运用法律所蕴含的法律精神来填补法律条文的漏洞与空白，从而使抽象的法律在适用具体案件时精准化，实现法律规范的最佳法律效果。目前，执法实践中出现的执法偏差、案件处理不当，有相当一部分原因是执法者的法律专业知识欠缺或者浅薄，不能全面准确理解法律，不能用法理和法律精神来正确解释和达到法律的目的。

3. 执法者要保持公正廉洁的职业操守

公正是法律的价值，是执法者职业操守的首要标准。执法者在执法过程中要始终心存公正，秉持法律的精神和价值来适用法律，保持对公正的追求。执法者执法时要“忘我”，完全以法律的化身来面对社会，不能将丝毫个人的爱好、偏见带入执法过程，以影响法律的公正适用。执法者要保持独立地位，不偏不倚，不徇私不徇情。廉洁与公正一样，是执法者必备的品德。

五、法律的创制

（一）法律的创制的概念

法律的创制又称法律的创立、法律的制定，通常也称为“立法”。它是指享有法律创制权的国家机关或经授权的国家机关在法律规定的职权范围内，依照法定程序制定、补充、修改、废止法律和其他规范性法律文件以及认可法律的一项专门性活动。

立法有广义立法和狭义立法之分。狭义的立法是指最高国家权力机关根据宪法和法律规定的权限和程序创制法律的活动，在我国具体是指全国人民代表大会及其常务委员会创制法律的活动。广义的立法是指享有立法权的国家机关制定、认可、修改或废止规范性法律文件的活动。

法律的创制的特点主要体现在：一是国家机关的专门活动，只能由有权制定法律或经授权的国家机关来行使；二是一种严格依照法定程序进行的活动，有权立法的国家机关也不能随意立法。

法律的创制主要由制定、认可、修改、解释、废止等几个部分组成。

（二）法律的创制的指导思想与基本原则

（1）法律的创制的指导思想。法律的创制的指导思想是指在立法活动中一贯坚持的、具有根本性、全局性意义的指导方针。它主要表现为一个国家的立法者在创制法律的过程中遵循什么样的指导思想制定、修改、补充，乃至废止法律。

（2）法律的创制的基本原则。法律的创制的基本原则，是指立法者在法律的创制过程中应该遵循的基本准则,它是立法指导思想在法律的创制过程中的具体化和实践化。

六、法律的实施

法律的实施是让法律规范的要求在社会中得以体现的活动，主要包括遵守和适用两个方面。

（一）法律的遵守

1. 法律守法

法律守法是指一切国家机关及其工作人员、政党、社会团体、企事业单位和全体公民，自觉遵守法律的规定，将法律的要求转化为自己的行为，从而使法律得以实现的活动。守法是法律的实现的最基本的形式。与前述法律规范种类对应，法律的遵守包括权利的正确行使、积极义务的履行和禁令的遵守。

2. 法律违法

法律违法也称违法行为，是指特定的法律主体（个人或单位）由于主观上的过错所实施或导致的、具有一定社会危害性、依法应当追究责任的行为。违法行为表现为超越法律允许限度的权利滥用、作出法律禁止的行为以及不履行法定的积极义务等。

违法由下列条件构成：违法是违反法律规定的行为，包括作为和不作为；违法是具有社会危害性的行为，没有社会危害性就不构成违法；违法是行为人有主观过错的行为，其主观过错包括故意和过失；违法行为的主体（包括自然人和法人）必须具有法定行为能力和法定责任能力。以上四个要素缺一不可。

3. 法律责任

法律责任有广义和狭义之分。广义的法律责任与法律义务同义，它既包括了法律所规定的不必强制履行的各种应尽的义务，也包括了由于实际违反了法律规定而应当强制履行的义务。狭义的法律责任是指由违法行为所引起的不利的法律后果。

4. 法律制裁

法律制裁是指专门的国家机关对违法者依其所应承担的法律责任而实施的带有强制性的惩罚措施。依据违法行为的性质、情节和后果，法律制裁可分为：违宪制裁、民事制裁、行政制裁和刑事制裁四种。法律制裁与法律责任紧密相连：违法行为必须承担法律责任，而追究法律责任，则必须实施法律制裁。实施法律制裁的意义在于维护法律权威，教育违法者本人，警示他人，维护社会秩序的稳定。

（二）法律的适用

1. 法律的适用的含义和特点

法律的适用包括广义和狭义两种含义。广义的法律的适用是指国家机关按照法律规定的职权，将法律规范运用到具体的人或单位的活动。狭义的法律的适用则专指国家司法机关及其司法人员依照法律规定的职权和程序，根据法律规范的一般规定处理具体案件的专门活动，又称司法。

法律的适用特点是：

职权法定性。适用法律是国家特定的专门机关及其公职人员的专门活动，其他任何国家机关、未经授权的社会组织和个人都不能行使此项权力。

程序法定性。法律的适用是严格按照法定权限和程序进行的活动。

裁决权威性。法律的适用是必须依法作出决定或判决、裁定的活动，这种活动具有权威性和强制性，任何组织和个人都不得擅自修改和违抗。

2. 法律适用的基本要求和原则

法律适用的基本要求：正确、合法、及时、合理、公正。

正确，是指在适用法律规范时，要做到事实清楚，证据确凿，定性准确，处理得当。

合法，是指有权适用法律的国家机关在适用法律时，其行为的整个过程都要符合法律规定，严格依照法定程序和法定权限办事。

及时，既指法律的适用活动的每个环节都要严格符合法律所规定的时间要求，又指有权适用法律的国家机关及其工作人员要提高办案效率，及时办案，及时结案。

合理和公正，是指法律的适用活动要符合社会主义道德要求，符合广大人民公平正义观念，符合适用法律的根本目的。以上各部分共同构成了社会主义法律的适用的基本要求的有机整体，它们相互统一，不可偏废。

法律适用的原则：以事实为根据，以法律为准绳原则；公民在法律面前一律平等原则；司法机关依法独立行使职权原则；实事求是，有错必纠原则。

3. 法律适用的效力范围

法律适用的效力范围即法律规范的生效范围，是指法律规范在什么时间、什么地方、对什么人发生效力。法律适用的效力范围包括法律在空间上的效力范围、时间上的效力范围以及对人的效力范围。

法律规范的空间效力是指法律规范在哪些地方、地域或范围内具有约束力。

法律的生效时间有以下几种情况：从法律公布之日起开始生效；由该法律规定具体的生效时间；单独规定生效日期，主要是指有的法律生效日期该法律本身没有规定，而是在发布该法律的命令中公布；比照其他法律、法规的生效时间来确立该法规的生效时间。

法律终止生效的时间有以下几种情况：新法颁布之日起，相应的旧法即失去效力；有的法律因已完成其历史任务而自然终止效力；新法当中明文规定了旧法终止效力的日期；规定了生效期限的法律，期限届满自然终止效力；国家权力机关颁布专门的决议、命令，宣布修改或废止某些法律而导致该法律终止生效。

法的溯及力，亦称法律溯及既往的效力，是指法律对其颁布前的事件和行为是否适用的问题。如果适用，就具有溯及力，不适用就没有溯及力。现代各国的法律一般都遵循法律不溯及既往的原则，但在刑法的适用上通常采用“从旧兼从轻”的原则，我国也是如此。

法律规范对人的效力是指法律对哪些人适用或者说对什么人有效的问题。这里所指的“人”包括自然人和法人。

【案例分析】

近年来，上海的教育培训机构遍地开花，却依然供不应求。一些火爆的培训班需要通宵排队才能报上名，连带着培训班的内部教材也成了抢手货。刘某、李某夫妇为孩子报名“××思”培训班后发现了这一“商机”，私自将培训班教材翻印，通过网络出售牟利。2016 年 7 月，刘某、李某给女儿报了“××思”的全年能力以及摩比线上计算课程，因此被拉进了一个由学生家长组建的微信群。由于热门培训班名额有限，为了能让孩子接触到更多教材，群里一些家长会互相“交流”各大培训机构的教材。当他们得知刘某的女儿参加了“××思”的培训班，便纷纷请他上传“××思”的教材。一开始，刘某拍照上传了教材部分内容，就有家长向他索要整本教材，并承诺会支付一定报酬。刘某发现，“××思”的教材不仅在家长群中备受欢迎，网上也有不少人在求购。夫妻俩一商量，决定干脆把整本教材挂到网上出售，借机赚上一笔。于是，刘某夫妇用家中的扫描仪将女儿所在培训班的教材整本扫描，还在网上买入“××思”摩比能力课程的电子版教材。2016 年 8 月，他们开始在某二手交易平台上销售这些教材。一旦有人求购，谈好数量和价格后，他们就会将教材的电子文档和客户的收货地址发送给网上的一家打印店，由打印店打印、装订成册，直接快递给客户。2017 年，“××思”培训机构发现二手交易平台上有卖家出售他们的教材。该机构工作人员假扮学生家长购买了一套全年能力课程教材，一共 6 本，价格 340 元。工作人员要求卖家将课本寄到徐汇公证处所在地址，快递包裹一寄到便直接交由公证处进行现场保全、公证，并向警方报案。2017 年 3 月 9 日，刘某、李某在暂住地被民警抓获。经司法审计，2016 年 8 月至 2017 年 3 月，刘某夫妇通过该二手交易平台销售“××思”教材的交易金额为 12 万余元。检察机关认为，上海××思教育培训有限公司对涉案教材享有版权，被告人刘某、李某在未经授权的情况下，通过扫描实体课本或购买电子版的形式获取课本内容，并将上述课本翻印，在二手交易平台上销售牟利，非法经营数额达五万元以上，其行为已触犯《中华人民共和国刑法》第二百一十七条之规定，应当以侵犯著作权罪追究其刑事责任。

任务二　法律制度认知

一、行政法律制度认知

（一）行政法概述

行政法是指一定的社会组织基于特定的目的对一定范围内的事务进行组织、管理的活动。但是，行政法上所说的行政并不泛指一般行政，而是指公共行政，即国家行政机关对公共事务的组织及管理。例如，警察对社会治安的维护，产品质量管理机关对产品生产和经营的检查，等等。

（二）行政法的概念

行政法是关于行政权力的授予、行使，以及对行政权力进行监督和对其后果予以补救的法律规范的总称。

首先，行政法规范行政权，即对行政权力承担者的行政组织加以规范。例如，由于行政机关在法律上具有主体地位，所以行政法就对成为行政主体的资格和条件进行规范，以此来保证行政权力依法行使。

其次，行政权力的行使表现为行政行为，行政法制定了关于行使行政行为时应遵循的一定的规则和程序，诸如行政机关应当享有哪些权力，依据这些权力可以采取何种行为，等等。

再次，行政权力的运用会影响甚至损害行政相对方的权益，所以行政法赋予其他国家机关、社会组织及个人对行政权力的监督权利，以确保行政权力的正确行使。

最后，行政权力一旦行使不够准确，将会侵犯或损害行政相对方的合法权益，所以行政法在法律上为行政相对方提供了救济的途径，使行政相对方能够通过法定的救济途径来维护自己的合法权益，使受到侵犯的权利得到恢复，受到损害的利益得到赔偿，使行政权力处于可控的责任状态，使公民、法人的权益处于有保障的状态。

（三）行政法基本原则

我国行政法的基本原则可以概括为三个：责任行政原则、行政合法性原则和行政合理性原则。

（1）责任行政原则是指国家行政机关必须对自己所实施的行政活动承担责任，整个行政活动应处于一种负责任的状态，不允许行政机关只实施行政活动，而对自己的行为不承担责任。

（2）行政合法性原则，是指行政机关的活动必须遵守法律。行政活动是非常复杂的，其中既有需要受到一定羁束的行为，也有需要享有一定的自由裁量的行为。因此法律必须规定每个行政机关的组织和权限、行政活动的方式和手段，行政机关只能依据法律规定行事，权限以外的行为是无效的行为。

（3）行政合理性原则是指行政行为内容要客观、适度、符合公平正义等法律理性。行政合理性包括：必须符合法律目的，必须具有合理的动机，必须符合公正法则，等等。行政合理性原则是对行政合法性原则的补充，对于行政机关的活动，仅仅有合法性原则是不够的。行政合法性原则只有与行政合理性原则相互配合，才能够对整个行政机关的活动作出合理的规范和调整。

（四）行政法的分类

根据不同标准，行政法有不同的分类，最常见的分类方法是以行政法调整对象的范围为标准分为一般行政法和特别行政法。

一般行政法是对一般行政关系加以调整的法律规范的总称。它就行政关系中具有共性的问题加以规范，所涉及的是一些概括性和普遍性问题。如行政机关组织法、公务员法、行政诉讼法。特别行政法是针对特别行政关系加以调整的法律规范的总称。如军事行政法、教育行政法、交通行政法、卫生行政法等。

（五）行政法的任务和作用

所有的社会活动均需要一定的秩序，国家行政活动同样如此。由于行政权力极易被掌权者滥用，行政活动还会对社会产生一定的指导作用，所以行政法的根本任务就在于实现依法行政，确认或建立符合人民利益和意志的行政法律秩序。随着我国社会主义现代化建设速度的加快，社会主义民主法治进一步加强，行政法在国家生活中显得越来越重要。

（六）行政法律关系的特征

行政法律关系，是指由行政法调整的、因行政权力的行使而发生的当事人之间的权利与义务关系。

1. 行政法的构成

行政法律关系主体是指在具体的行政法律关系中享受权利、承担义务的当事人。我国行政法律关系的主体包括国家行政机关、其他国家机关、企业事业单位、社会团体及其他社会组织、公民、在我国境内的外国组织和外国人。在具体的行政法律关系中，处于管理一方的主体称为“行政方”，处于被管理一方的主体称为“行政相对方”。行政法律关系存在于两个或两个以上主体之间，只有一个主体的行政法律关系不能成立。

行政法律关系客体是指行政法律关系内容即权利和义务所指向的对象。行政法律关系客体包括人身、行为和物。

行政法律关系的内容是指主体在该关系中所享受的权利和承担的义务。其表现形式为行政主体的职权、职责以及行政相对方的权利和义务。

2. 行政法的特征

行政法律关系与其他法律关系有一些共同特征，但还具有一定的特殊性。

行政法律关系的主体，在一般情况下，必有一方是国家行政机关或是法律、法规授权的组织或行政机关委托的组织。

行政法律关系主体各方所处的地位不对等。如法律地位不对、意思表示不对等。

行政法律关系中的权利和义务是不对等的、不可任意处置的。

因法律关系所产生争议的解决途径比较特殊。

二、民事法律制度认知

（一）民法的概念

民法是调整平等主体的公民之间、法人之间以及公民和法人之间的财产关系和人身关系的法律规范的总称。民法是我国的基本法律之一，是我国法律体系中一个独立的法律部门。它可以反映在一部民法典之中，也可以反映在民法典之外的法律、法令和条例之中。我国现在民事活动的基本准则，不仅单指《民法通则》《民法总则》，还有为数很多的民事单行法律、法规和条例以及其他法律中有关民事部分的法律规范。民法的调整对象是平等主体之间的财产关系和人身关系。平等主体是指当事人参加民事活动时的法律地位是平等的。在民事活动的法律关系中当事人平等地享受权利，平等地承担义务。财产关系是人们在物质资料生产、分配、交换和消费过程中所发生的社会关系，即经济关系。财产关系是十分广泛和复杂的，不是所有的财产关系都由民法来调整，民法只限于调整其中一定范围内的平等主体之间的财产关系，即横向的财产关系。而非平等主体的纵向财产关系，如政府对经济的管理、国家和企业之间、企业内部的经济关系等由经济法加以调整。人身关系就是与人不可分离的，而又不具有直接经济内容的社会关系，如公民的姓名权、名誉权、肖像权、生命健康权，法人的名称权、名誉权等。

（二）民事法律关系的概念和要素

民事法律关系是由民法调整的具有民事权利义务内容的社会关系，是一定的财产关系和人身关系在法律上的体现。例如所有权关系、债权关系、合同关系、继承权关系、知识产权关系等。任何民事法律关系都必须同时具备主体、内容、客体三个要素。这三个要素构成了一个有机整体，相互联系、依存，缺一不可。

民事法律关系的主体，是指民事法律关系的参加者，即享受民事权利、承担民事义务的当事人。享受权利的一方为权利主体，承担义务的一方为义务主体。

民事法律的客体，是指当事人之间的权利义务所指向的对象。主要包括物、行为、智力成果等。其中物是民事法律关系中最普遍的客体。

民事法律关系的内容是指民事主体享有的民事权利和承担的民事义务。民事权利是指民事主体依照其意愿实现某种利益而依法为一定行为或不为一定行为的可能性。民事义务是指民事主体为一定行为或不为一定行为的必要性。民事权利和民事义务是相对应的，既没有无义务的权利，也没有无权利的义务。这两个方面互相联系，相互依存，互为条件，是有机的统一体。

（三）民法的基本原则

我国民法的基本原则是社会主义本质的集中表现，是商品经济规律在法律上的体现。它既是制定民法的立法原则，又是解释和应用民法的出发点和指导思想，是进行民事活动必须遵循的基本准则。我国民法的基本原则有五个：

（1）平等原则；

（2）自愿、公平、等价有偿、诚实信用的原则；

（3）保护合法民事权益原则；

（4）遵守法律和国家政策原则；

（5）维护社会公共利益原则。

（四）民事主体

民事主体即在民事法律关系中独立地享有民事权利或承担民事义务的公民和法人。

1. 公民

凡具有中华人民共和国国籍的都是我国公民。我国公民作为民事主体参加民事法律关系，必须具有民事权利能力和民事行为能力。

公民的民事权利能力是公民依法享有民事权利和承担民事义务的资格。根据《民法总则》的规定，我国公民的民事权利能力始于出生、终于死亡。公民从出生之时起便具有民事权利能力。公民的死亡分为两种，自然死亡和宣告死亡。宣告死亡由人民法院作出。

公民的民事行为能力是指公民通过自己的行为，在法律上产生、变更或消灭民事权利或者义务的能力。

2. 法人

法人是具有民事权利能力和民事行为能力，依法独立享有民事权利和承担民事义务的社会组织。法人是一种组织，但不是任何组织都是法人。根据《民法总则》规定，社会组织必须具备如下条件，才能取得法人资格：依照法律和法定程序成立；有必要的财产或者经费；有自己的名称、组织机构和场所；能独立承担民事责任。

法人的民事权利能力是指国家赋予法人参加民事活动、享受民事权利、承担民事义务的资格。

法人的民事行为能力是指法人以自己的行为进行民事活动，取得民事权利并承担民事义务的资格。

3. 其他主体

其他主体包括个体工商户、农村承包经营户和个人合伙。个体工商户是指依法经核准登记，从事工商个体经营的公民。农村承包经营户是指按照承包合同规定从事商品生产经营的农村集体经济组织的成员。个体工商户和农村承包经营户是公民作为民事主体的特殊形式，其实际享受权利、承担义务的仍是自然人，而不是户。个人合伙即公民个人之间的合伙，是指两个以上公民按照协议，共同出资、共同劳动、共同经营、共负盈余、共担风险的一种联合。合伙是公民作为主体的一种特殊形式，因为它是公民自愿的联合，实际享受权利、承担义务的仍然是每一个合伙人。

（五）民事权利

民事权利是指法律赋予民事主体在具体的民事法律关系中实施一定行为或不实施一定行为，要求他方实施一定行为或不实施一定行为的权利。《民法总则》规定民事权利有四个方面：财产所有权和与财产所有权有关的财产权、债权、知识产权、人身权。

1. 财产所有权

财产所有权是民事主体依法对其财产行使的占有、使用、收益和处分的权利。占有是所有人对其财产的实际控制和使用，占有可分为所有人的占有和非所有人的占有。非所有人的占有又分为合法占有和非法占有。使用是按照财产的性能和用途对财产的利用。使用权既可以由所有人行使，也可以将其转让给非所有人行使。

2. 与财产所有权有关的财产权

与财产所有权有关的财产权又称财产用益权，是指非所有人根据法律或者合同的规定，对他人的所有物使用和收益的权利。根据《民法总则》规定，与财产所有权有关的财产权主要有：土地和其他自然资源的使用权；土地和其他自然资源的承包经营权；全民所有制企业的财产经营权；相邻权。

3. 财产共有权

财产共有权是指两个或两个以上的民事主体对同一财产享有的所有权。共有与公有不同，共有的主体是多元的，而公有的主体只单一地表现为国家或集体组织。

（六）民事责任

民事责任是民事主体违反民事义务，侵犯他人合法权益，依法应承担的法律责任。

1. 民事责任的特征

它是违反民事法律规范所应承担的法律责任；
它是违法或违约的行为人对受害人承担的责任；
它主要是财产责任，主要目的是弥补当事人的损失；
它可以由当事人依法协商解决。

2. 民事责任的构成要件

行为的违法性，它是指有违反民事法律法规的行为。
有造成损害的客观事实，损害事实包括物质和精神两方面。
违法行为和损害的客观事实之间有因果关系。
行为人有过错。行为人只对自己的故意和过失的行为负责，这在民法理论上称之为“过错责任原则”。

在法律有特别规定的情况，行为人承担民事责任，并不需要同时具备上述四个条件。此外，如果没有过错，但法律上规定应当承担民事责任的，也应承担民事责任，这在民法理论称之为“无过错责任原则”。

3. 民事责任分类

民事责任主要有违反合同的民事责任和侵权的民事责任两类。

违反合同的民事责任就是指当事人不履行或不适当履行合同所承担的法律后果。违反合同的形式主要有三种：全部不履行、不适当履行（部分不履行）、迟延履行。我国《民法通则》规定：“当事人一方不履行合同义务或者履行合同义务不符合约定的条件，另一方有权要求履行或者采取补救措施，并有权要求赔偿损失。”违反合同的法律后果主要有三种：继续全面履行、给付违约金、赔偿损失。

侵权行为的民事责任是指因行为人不法侵害国家、集体或他人的财产权利或人身权利而承担的民事责任。侵权行为主要包括：侵害财产所有权的行为；侵害公民健康权的行为；侵害公民姓名权、肖像权、名誉权、荣誉权等人身权的行为；侵害知识产权的行为。

4. 承担民事责任的方式

承担民事责任的方式主要有：停止侵害；排除障碍；消除危险；返还财产；恢复原状；修理、重作、更换、退货；赔偿损失；支付违约金；消除影响，恢复名誉；赔礼道歉。以上承担民事责任的方式可以单独适用，也可以合并适用，即同时采用几种方式。人民法院审理民事案件时，除适用上述规定外，还可以予以训诫，责令具结悔过，收缴进行非法活动的财物和非法所得，并可以依照法律规定处以罚款、拘留。

三、经济法律制度认知

（一）经济法律概念

经济法是调整国家对市场主体进行组织管理和对社会经济活动进行必要的调控、管理过程中所发生的经济关系的法律规范的总称。

经济法是一个独立的法的部门，经济法调整的对象是特定的经济关系，而不是一切经济关系。其调整对象主要有两个方面：一是国家对市场主体进行必要的组织和管理而产生的经济关系，它既包括国家对市场主体的组织管理关系，也包括市场主体内部组织管理关系；二是国家对社会经济活动进行必要的调控和管理而产生的经济关系，它包括宏观调控、专业经济管理、市场秩序管理、社会保障、经济可持续发展以及辅助经济运行等社会经济关系。经济法是一个集合概念，经济法是所有调整上述经济关系的法律规范的统一体。

经济法的主旨思想是“社会责任本位”，这是它与民法的区别之一。经济法理论认为，无论是国家还是企业都必须对社会负责。在对社会尽责的基础上享受权利，获得利益。“社会责任本位”思想符合社会主义的本质，符合社会发展方向。

（二）我国经济法律制度

我国的经济法律制度是以社会主义原则为指导的，体现国家对经济活动发挥促进、限制、调整和指引作用的重要法律制度。随着我国社会主义市场经济体制的确立，经济立法和对经济法的适用力度进一步加大，形成了具有中国特色的社会主义经济法律制度，它在保障和促进社会主义市场经济稳定协调发展，有效解决各类经济矛盾中发挥了巨大的作用。概括起来，主要有以下内容：

1. 市场主体管理法律制度

市场主体主要包括各类经济组织和个人。市场主体管理法律制度，主要由企业法构成。企业法包括国有企业法、集体企业法、私营企业法、外商投资企业法、公司法。

2. 市场秩序管理法律制度

市场秩序管理法律制度主要包括合同管理、广告管理、产品质量管理、食品卫生管理、证券交易管理、票据管理、反不正当竞争、反倾销、消费者权益保护等方面的法律制度。

3. 宏观调控法律制度

宏观调控法律制度主要包括计划法、预算法、规划法、财政法、金融法、税法、价格法。

4. 宏观调控和经济管理辅助法律制度

宏观调控和经济管理辅助法律制度主要包括标准化法、计量法、会计法、统计法、审计法。

5. 专业经济管理法律制度

专业经济管理法律制度由行业经济管理法律制度和国有资产管理法律制度组成。行业经济管理法律制度主要包括国内贸易、能源、机械、化工、林业、农业、交通、建设、水利、对外贸易和合作、信息产业等行业管理法律制度。国有资产管理法律制度主要包括国有企业财产监督稽查，国有资产评估、转让以及国有资产产权界定与纠纷处理等方面的法律制度。

6. 社会保障和可持续发展法律制度

社会保障制度主要包括劳动就业保障、劳动安全卫生、社会保险、社会福利、社会救济等法律制度。

国家为保证国民经济可持续发展，通过立法加强对自然资源的合理利用和对环境的保护。可持续发展法律制度由自然资源保护法律制度和环境保护法律制度构成。它们的任务是：合理利用自然资源，保护和改善生活环境和生态环境，防治污染和其他公害，保护人类健康，促进人类社会的进步和发展。

（三）经济法和社会主义市场经济

经济法是社会主义市场经济法律体系中最重要的法律部门之一，它与社会主义市场经济之间的关系最为密切。集中表现在以下两个方面：

1. 社会主义市场经济体制是经济法存在和发展的基础

经济法作为与社会主义经济生活紧密相关的法律，必然深深植根于现实经济生活之中。经济法的立法和执法必须尊重社会主义市场经济的客观规律，如价值规律、资源配置规律、竞争规律等。同时，经济法必须坚持解放和发展生产力，以公有制为主体、多种所有制经济共同发展，勤劳致富和共同富裕，立足中国实际和借鉴外国经验、政府宏观调控等基本原则。

社会主义市场经济体制的确立和发展，为经济立法提出了许多新的课题，需要我们不断地加强经济立法，制定与完善保障社会主义市场经济健康运行的法律法规。同时，在建设社会主义市场经济体制过程中，客观上要求对不适应市场经济体制发展的法律法规进行修改，以使经济法更趋完善。

2. 经济法是建立健全社会主义市场经济体制的重要保障

经济法对社会主义市场经济的多个方面、多个环节进行规范和调控，是社会主义市场经济的“保护神”。主要表现在：确立市场经济主体的法律地位；维护市场主体合法利益；是市场经济宏观调控的重要手段和保护措施；维护社会公平，保障市场交易和竞争秩序，促进市场经济的健康发展。

四、刑事法律制度认知

（一）刑法法律概念

刑法是规定犯罪和刑罚的法律规范的总称。它是掌握政权的统治阶级为了维护其阶级利益和统治秩序，根据本阶级的意志，通过国家立法程序颁布的，规定哪些行为是犯罪，并给犯罪人以何种刑罚处罚的法律规范的总和。

我国刑法的任务，是用刑罚同一切犯罪行为作斗争，以保卫国家安全，保卫人民民主专政的政权和社会主义制度，保护国有财产和劳动群众集体所有的财产，保护公民私人所有的财产，保护公民的人身权利、民主权利和其他权利，维护社会秩序、经济秩序，保障社会主义建设事业的顺利进行。

（二）犯罪的概念以及特征

《中华人民共和国刑法》（以下简称《刑法》）第十三条明确规定：“一切危害国家主权、领土完整和安全，分裂国家、颠覆人民民主专政的政权和推翻社会主义制度，破坏社会秩序和经济秩序，侵犯国有财产或者劳动群众集体所有的财产，侵犯公民私人所有的财产，侵犯公民的人身权利、民主权利和其他权利，以及其他危害社会的行为，依照法律应当受刑罚处罚的，都是犯罪，但是情节显著轻微危害不大的，不认为是犯罪。”可见，犯罪就是危害社会，依照法律应当受刑罚处罚的行为。

犯罪的基本特征有：

1. 犯罪是危害社会的行为

行为是否具有社会危害性，是犯罪最本质的特征，但并非只要具备社会危害性就是犯罪。只有在行为所具有的社会危害性达到一定严重程度，才能视为犯罪。虽然具有一定危害性，但尚未达到犯罪程度，则视为一般违法行为。因此，有无社会危害性及社会危害性的大小是区别罪与非罪的界限。

2. 犯罪是触犯刑法的行为

刑法的罪刑法定原则要求，犯罪行为必须是我国刑法明文禁止的行为。犯罪不仅具有社会危害性，还必须具有刑事违法性。只有既危害社会，又触犯刑法的行为才构成犯罪。

3. 犯罪是应受刑罚处罚的行为

刑罚是国家强制方法中最严厉的一种，是国家代表人民同犯罪行为作斗争的重要手段。某一行为必须是社会危害性比较严重，而且达到应当用刑罚的方法予以制裁的，才能认定为犯罪。犯罪是适用刑罚的前提，刑罚是犯罪的法律后果。

可见，犯罪即严重危害社会、触犯刑法、应受刑罚处罚的行为。犯罪的上述特征是密切联系，统一不可分割的。正确理解上述特征，对于正确理解我国刑法的各项规定，具有重要的意义。

（三）刑法的基本原则

刑法的基本原则是指贯穿于刑法始终的刑事立法和刑事司法全过程的根本性准则。我国刑法主要有以下基本原则：

1. 罪刑法定原则

罪刑法定，是指刑法无明文规定的不能认为是犯罪，不应受刑罚的惩罚。《刑法》第三条明确规定："法律明文规定为犯罪行为的，依照法律定罪处刑；法律没有明文规定为犯罪行为的，不得定罪处刑。"我国刑法明文规定了什么是犯罪，犯罪种类、刑种及适用刑罚，各种犯罪的量刑幅度等等，体现了罪刑法定原则。

2. 法律面前人人平等原则

依照宪法确立的"法律面前人人平等"原则，《刑法》第四条规定："对任何人犯罪，在适用法律上一律平等。不允许任何人有超越法律的特权。"

3. 罪刑相应原则

罪刑相应原则是指根据罪行的社会危害性大小，决定所处刑罚的轻重。我国刑事立法和刑事司法贯穿了重罪重判，轻罪轻判，罚当其罪的原则。

（四）犯罪构成

犯罪构成指依照我国刑法的规定，确定某种行为构成犯罪所必须具备的主观和客观要件的总和。各个具体犯罪的犯罪构成其要件是不同的，但撇开具体的内容，一切犯罪构成共同性的东西，均可以抽象为共同要件，即犯罪的客体、犯罪的客观方面、犯罪的主体、犯罪的主观方面。刑法犯罪构成的规定，为区分罪与非罪、此罪与彼罪确定了明确的标准，也为追究犯罪提供了依据和为无罪的人不受刑罚处罚提供了法律保障。

1. 犯罪客体

犯罪客体是指我国刑法所保护的而为犯罪行为所侵害的社会主义社会关系。犯罪行为所侵害的社会关系，是指我国刑法所保护的社会关系，而不是所有侵害社会关系的行为都是犯罪行为。并且刑法所保护的社会关系，只有当它受到犯罪行为侵害时，才能成为犯罪客体。

犯罪客体具体分为：一般客体，指一切犯罪所共同侵害的客体，即刑法所保护的整个社会主义社会关系。同类客体，指某一类犯罪所共同侵害的客体，即刑法所保护的社会主义社会关系的某一部分或者某一方面。直接客体，指某一犯罪行为直接侵害的某种特定的客体，即刑法所保护的社会主义社会关系中某种具体的社会关系。

2. 犯罪的客观方面

犯罪的客观方面是指刑法规定的，犯罪成立所必须具备的各种客观事实。犯罪的客观方面包括犯罪行为、危害结果、危害行为与危害结果之间的因果关系，实施犯罪行为的时间、地点和方法。其中，犯罪行为是任何犯罪构成的必要条件；危害结果是绝大多数犯罪构成的必要条件；而犯罪的时间、地点、方法，并不是构成所有犯罪的共同要件，只有在刑法上有特别规定的，才成为某些犯罪构成的必要条件。犯罪的客观方面在犯罪构成中地位十分重要，是行为人构成犯罪并承担刑事责任的客观基础。

3. 犯罪主体

犯罪主体是指实施犯罪行为，并且依法应负刑事责任的自然人和单位。自然人犯罪主体，是指达到法定刑事责任年龄，具有刑事责任能力，实施危害社会的行为依法应受刑罚处罚的人。《刑法》第十七条对法定刑事责任年龄做了明确规定："已满十六周岁的人犯罪，应当负刑事责任。已满十四周岁不满十六周岁的人，犯故意杀人、故意伤害致人重伤或死亡、强奸、抢劫、贩卖毒品、放火、爆炸、投毒罪的，应当负刑事责任。已满十四周岁不满十八周岁的人犯罪，应当从轻或者减轻处罚。因不满十六周岁不予刑事处罚的，责令他的家长或者监护人加以管教；在必要的时候，也可以由政府收容教养。"

《刑法》第十八、十九条还规定了犯罪主体应具备的刑事责任能力，即犯罪主体应具有辨认和控制自己行为的能力。规定了精神病人在不能辨认或者不能控制自己行为的时候造成危害结果的，不负刑事责任。但应当责令其家属或者监护人严加看管和医疗。间歇性精神病人在精神正常时犯罪，应当负刑事责任。醉酒的人犯罪，应当负刑事责任。聋哑人、盲人犯罪，可以从轻、减轻或者免除处罚。

4. 犯罪的主观方面

犯罪的主观方面是指犯罪主体对自己所实施犯罪行为及其危害后果的心理态度，包括主观罪过、犯罪的目的、犯罪的动机。其中主观罪过表现为犯罪的故意和犯罪的过失两种形式。

（五）犯罪种类

《刑法》第二编分则根据犯罪所侵害的客体，把犯罪划分为十大类，并按照其社会危害性的大小做了排列。

危害国家安全罪：故意危害中华人民共和国国家安全的犯罪行为。

危害公共安全罪：故意或者过失地实施危害不特定多人的生命、健康或者重大公私财产安全的行为。

破坏社会主义市场经济秩序罪：违反国家市场经济管理法规，干扰国家对市场经济的管理活动，破坏社会主义市场经济秩序，使国民经济的发展遭受严重损害的侵犯公民人身权利、民主权利罪：故意或过失地侵犯公民人身权利和与人身直接有关的其他权利以及民主权利，依法应受到刑罚处罚的犯罪行为。

侵犯财产罪：故意非法占有、挪用、毁坏公共财产的犯罪行为。

妨害社会管理秩序罪：妨害国家机关对社会的管理活动，破坏社会秩序，情节严重的犯罪行为。

危害国防利益罪：危害作战和军事行动，危害国防建设，危害国防管理秩序，拒绝或者逃避履行国防义务的犯罪行为。

贪污贿赂罪：国家工作人员利用工作上的便利贪污、受贿，或者拥有不能说明合法来源的与其合法收入差额巨大的财产或支出，或者私分国有资产或罚没财物，以及其他人员行贿、介绍贿赂的犯罪行为。

渎职罪：国家机关工作人员滥用职权，玩忽职守或者徇私舞弊，妨害国家的正常活动，致使公共财产或国家和人民利益遭受重大损失的犯罪行为。

军人违反职责罪：中国人民解放军的现役军人、执行军事任务的预备役人员以及执行军事任务的其他人员，违反职责，危害国家军事利益，依照法律应当受到刑罚处罚的犯罪行为。

（六）共同犯罪

1. 共同犯罪的概念

共同犯罪是指二人以上共同故意犯罪。共同犯罪由于是一种多人在一起实施的犯罪，就使它有可能采取更为复杂和狡猾的手段，因而较之单个人实施犯罪具有更大的社会危害性。构成共同犯罪应具备下述条件：必须是二人以上达到刑事责任年龄，具有刑事责任能力的人；必须是二人以上有共同犯罪的行为；必须是二人以上有共同犯罪的故意。

2. 共同犯罪的形式

共同犯罪的形式是指二人以上共同犯罪的结构或者共同犯罪人之间结合的方式。共同犯罪的形式一般可分为事先未通谋的共同犯罪、事先通谋的共同犯罪以及犯罪集团三种。

3. 共同犯罪人的种类

我国刑法根据共同犯罪人在共同犯罪中所处的地位、实际所起的作用以及对社会危害程度的不同，把共同犯罪人分为主犯、从犯、胁从犯和教唆犯四种，并针对四种犯罪人规定了不同的刑事责任。

（七）正当防卫和紧急避险

1. 正当防卫的概念

我国刑法规定，正当防卫是指为了使国家、公共利益、本人或者他人的人身、财产和其他权利免受正在进行的不法侵害，而采取的制止不法侵害的行为，对不法侵害人造成损害的，属于正当防卫，不负刑事责任。

2. 正当防卫的条件

正当防卫必须具备下列条件：

防卫目的必须具有正当性。必须是为了使国家、公共利益、本人或者他人的人身、财产和其他权利免受正在进行的不法侵害而采取的制止不法侵害的行为。这是正当防卫不负刑事责任的重要依据。

必须是对正在进行的不法侵害行为实行防卫。这种侵害是指已经开始或者直接面临的不法侵害行为。既不能是想象、推测，也不能是尚未开始或已经结束的侵害行为。

必须是对实施不法侵害的人实行防卫。不能对没有实施不法侵害的第三者造成损害。

防卫行为不能超过必要的限度。防卫行为所造成的损害的大小和防卫所保护的利益的大小，总体上要相适应。但为了打击恶性犯罪，《刑法》第二十条第三款特别规定："对正在进行行凶、杀人、抢劫、强奸、绑架以及其他严重危及人身安全的暴力犯罪，采取防卫行为，造成不法侵害人伤亡的，不属于防卫过当，不负刑事责任。"

3. 紧急避险的概念

我国刑法规定：为了使国家、公共利益、本人或者他人的人身、财产和其他权利免受正在发生的危险不得已而采取的紧急避险行为，造成损害的，不负刑事责任。

4. 紧急避险的条件

紧急避险必须具备以下条件：

必须是为了保护国家、公共利益、本人或者他人的人身、财产和其他权利免受正在发生的危险而采取的。紧急避险是为了保护较大的合法权益，不得已而采取损害另一较小合法利益的行为。这里所指的危险，可以来自人的行为，也可以来自自然界的力量。避免遭受危险的，必须是法律所保护的利益。同时，关于紧急避险的规定，不适用于职务上、业务上负有特定责任的人。

紧急避险必须是对正在发生的危险而采取的，对于已经过去的危险和尚未到来的危险，都不能实行紧急避险。而且这种危险必须客观实际存在，不能是想象或者推测的危险。

紧急避险必须是在迫不得已的情况下采取的。行为人所采取的行动，是在当时情况下唯一能够避免危险的行动。如果有其他办法可以避免危险，就不能采取紧急避险的行为。我国刑法规定在迫不得已的情况下采取的紧急避险的行为造成损害的，不负刑事责任。

紧急避险的行为不能超过必要的限度。紧急避险要求被损害的利益必须小于被保全的利益，否则就超过了紧急避险行为的必要限度。我国刑法规定，紧急避险超过必要限度造成不必要的损害的应当负刑事责任，但是应当减轻或者免除处罚。

（八）刑罚的概念和种类

1. 刑罚的概念

刑罚，是由刑法明文规定的，由国家审判机关依法对犯罪分子所适用的限制或剥夺某种权益的最严厉的强制性法律制裁方法。

2. 刑罚的特征

刑罚是统治阶级以国家的名义对犯罪分子实行惩罚的一种手段。刑罚具有以下基本特征：

刑罚是一种最严厉的强制方法。它不仅可以剥夺犯罪分子的财产、政治权利、人身自由，而且可以剥夺犯罪分子的生命。刑罚强制的严厉程度，是其他任何强制方法所不及的。

刑罚只能对犯罪分子适用。对于违反党纪、政纪，或行政法规、民法、经济法等法规的人只要没有构成犯罪，都不能适用刑罚这种强制方法。滥用刑罚的严重违法行为，将依法受到制裁。

刑罚只能由人民法院代表国家依法适用。我国宪法和法律规定，人民法院是行使审判的唯一机关。只有人民法院才有权依照法定程序对应当受到刑罚惩罚的犯罪分子适用刑罚。其他任何国家机关、团体和个人，都无权适用刑罚，否则就是违法。

3. 刑罚的种类

我国刑罚的种类分为主刑和附加刑。主刑只能独立适用，附加刑既可以独立使用，也可以和主刑合并使用。对于犯罪的外国人，可以独立适用或者附加适用驱逐出境。

主刑包括管制、拘役、有期徒刑、无期徒刑、死刑。

附加刑包括罚金、剥夺政治权利、没收财产。

（九）刑法的适用

1. 量刑

量刑是人民法院在定罪的基础上，根据行为人的犯罪事实与有关法律规定，权衡行为人应负法律责任的轻重，依法决定对犯罪人做何种处罚的司法审判活动。量刑必须遵循以事实为根据，以法律为准绳的原则，做到量刑恰当，不枉不纵，罪刑相当，避免重罪轻判或者轻罪重判。

2. 累犯

被判处有期徒刑以上刑罚的罪犯，刑罚执行完毕或者赦免以后，在 5 年以内再犯应当判处有期徒刑以上刑罚之罪的，是累犯。累犯应当从重处罚，但是过失犯罪除外。

构成累犯必须具备以下条件：前罪与后罪必须都是故意犯罪；前罪与后罪必须都是判处有期徒刑以上刑罚的罪；后罪必须是发生在前罪的刑罚执行完毕或者赦免以后 5 年以内。累犯分为一般累犯与特别累犯。危害国家安全的犯罪分子，在刑罚执行完毕或者赦免以后，在任何时候再犯危害国家安全罪的，为特别累犯。

3. 自首

自首是指犯罪分子犯罪以后自动投案，如实供述自己的罪行的，或者被采取强制措施的犯罪嫌疑人、被告人和正在服刑的罪犯，如实供述司法机关还未掌握本人其他罪行的行为。

自首分为一般自首和特别自首。一般自首必须具备的条件是犯罪分子必须自动投案。犯罪分子在犯罪之后、归案之前，无论是出于本人的悔悟或者家属、亲友的劝说，还是慑于法律的威严自动投案的，均应视为自首。特别自首则是指被采取强制措施的犯罪嫌疑人、被告人和正在服刑的罪犯，如实供述司法机关还未掌握的本人其他罪行的，以自首论。自首是犯罪分子改恶从善、悔过自新的具体表现，因而我国刑法规定，对于自首的犯罪分子，可以从轻或减轻处罚，其中犯罪较轻的可以免除处罚。

4. 立功

立功是指犯罪分子揭发他人犯罪行为经查证属实，或者提供重要线索从而得以侦破其他案件等具有协助司法机关工作的属性，或者对国家、社会有利的行为。立功分为一般立功和重大立功。我国刑法规定，犯罪分子有一般立功表现的，可以从轻或者减轻处罚；有刑法规定的重大立功表现的，可以减轻或者免除处罚。犯罪后自首又有重大立功表现的，应当减轻或者免除处罚。

5. 数罪并罚

数罪并罚是指人民法院对同一个人所犯数罪分别定罪量刑后，依照法定的并罚原则及刑期计算方法，决定其应执行的刑罚的制度。我国刑法规定，对数罪并罚采取限制加重的原则。刑法规定，判决宣告以前一人犯数罪的除判处死刑和无期徒刑的以外，应当在总和刑期以下，数刑中最高刑期以上，酌情决定执行的刑期，但是管制最高不能超过 3 年，拘役最高不能超过 1 年，有期徒刑最高不能超过 20 年。如果数罪中有判处附加刑的，附加刑仍须执行。

6. 缓刑

缓刑是指人民法院对于被判处拘役、3 年以下有期徒刑的犯罪分子，根据犯罪分子的犯罪情节和悔罪表现，认为暂缓执行原判刑罚确实不致再危害社会的，规定一定的考验期，在此期间如果不再犯罪，即可不再执行原判刑罚的制度。

7. 减刑

减刑是指被判处管制、拘役、有期徒刑或者无期徒刑的犯罪分子，在执行一定刑期之后，因其认真遵守监规，接受教育改造，确有悔改或者有立功表现而适当减轻原判刑罚的制度。我国刑法明确规定应当减刑的重大立功表现包括：阻止他人重大犯罪活动的；检举监狱内外重大犯罪活动经查证属实的；有发明创造或者重大技术革新的；在日常生产、生活中舍己救人的；在抗御自然灾害或者排除重大事故中，有突出表现的；对国家和社会有其他重大贡献的。

8. 假释

假释是指对判处有期徒刑执行原判刑期 1/2、无期徒刑执行原判刑期 10 年以上的犯罪分子，因其认真遵守监规，接受教育改造，确有悔改表现，不致再危害社会的，可依据法定条件予以提前释放的制度。

9. 追诉时效

追诉时效是指对犯罪分子依法追究刑事责任的有效期限。根据犯罪行为对社会危害的大小和应处刑罚的轻重，我国刑法规定了下列追诉时效：法定最高刑为不满 5 年有期徒刑的，经过 5 年；法定最高刑为 5 年以上不满 10 年有期徒刑的，经过 10 年；法定最高刑为 10 年以上有期徒刑的，经过 15 年；法定最高刑为无期徒刑、死刑的，经过 20 年；如果 20 年以后认为必须追诉的，须报请最高人民检察院核准。

五、诉讼法律制度认知

（一）诉讼法总诉

1. 诉讼法的概念

诉讼俗称“打官司”，是国家司法机关在当事人和其他诉讼参与人的参加下，按照法定程序解决各种案件争议的专门活动。由于诉讼所解决的案件性质的不同，所以，诉讼又分为刑事诉讼、民事诉讼和行政诉讼。刑事诉讼是指国家司法机关在当事人和其他诉讼参与人的参加下，依照法律规定的诉讼程序，处理刑事案件的全部活动。民事诉讼是指人民法院在双方当事人和其他诉讼参加人的参加下，审理和解决民事案件的活动。行政诉讼是指公民、法人和其他社会组织认为行政机关的具体行政行为侵犯其合法权益时，依法向人民法院提起诉讼，由人民法院进行受理并作出裁判的活动。诉讼法是指国家制定或认可的调整诉讼活动的法律规范的总称。

2. 诉讼法的种类

按司法机关所受理的案件性质的不同，我国现行诉讼法分为三大类：刑事诉讼法、民事诉讼法、行政诉讼法。刑事诉讼法是国家制定的有关人民法院、人民检察院、公安机关在当事人和其他诉讼参与人的参加下进行刑事诉讼活动时必须遵守的诉讼程序和规则的法律规范的总和。民事诉讼法是调整民事诉讼的法律规范，是指国家制定或认可的，规范法院和当事人、其他诉讼参与人进行诉讼活动的法律规范的总和。行政诉讼法是指规定人民法院、当事人、其他诉讼参与人以及法律监督机关进行行政诉讼活动，调控他们之间在诉讼过程中相互间关系的法律规范体系。简言之，行政诉讼法就是规定行政诉讼活动的一切法律规范的总和。

3. 诉讼法的任务

（1）民事诉讼法的任务。

保护当事人行使正当的诉讼权利；保证人民法院正确、及时审理案件；确认民事权利义务关系，制裁民事违法行为，保护当事人的合法权益；教育公民自觉遵守法律，维护社会秩序、经济秩序，保障社会主义建设事业顺利进行。

（2）行政诉讼法的任务。

保证人民法院正确、及时审理行政案件；保护公民、法人或其他组织合法权益；维护、监督行政机关依法行使行政职权。

（3）刑事诉讼法的任务。

保证准确、及时查明犯罪事实，正确应用法律，惩罚犯罪分子，保障无罪的人不受刑事追究；教育公民自觉遵守法律，积极同犯罪行为作斗争。

4. 诉讼法的基本原则

诉讼法的基本原则，指在诉讼的整个过程中起指导作用的准则。它体现了诉讼法的精神实质，为诉讼活动指明了方向，提出了要求。

（1）共有原则。

共有原则是适用于各种诉讼的基本原则。它是根据宪法原则，参照人民法院组织法有关规定制定的基本原则。包括：

司法机关依法独立行使职权原则。

以事实为根据，以法律为准绳原则。

公民在适用法律上一律平等原则。

公开审判原则，即人民法院审理案件，除法律另有规定的情况外，审判过程及结果应当向群众、社会公开。

两审终审制原则，一个案件经过两级人民法院审判后即告终结的制度。

回避原则，即为了保证案件的公正审判，而要求与案件有一定的利害关系的审判人员或其他有关人员，不得参与本案审理或诉讼活动。

合议制原则，即指由若干名审判人员组成合议庭对案件进行审理的制度，简单的民事案件、轻微的刑事案件及法律另有规定的除外。

各民族公民有权用本民族语言文字进行诉讼原则。我国宪法规定各民族都有使用和发展自己的语言文字的自由，我国诉讼法规定在少数民族聚居或多民族杂居的地区，司法机关应当用当地通用的语言进行审理，用当地通用语言文字发布判决书、布告和其他文件。

人民检察院依法对诉讼活动实行法律监督。我国宪法和人民检察院组织法都规定了我国人民检察院是国家的法律监督机关，有权对刑事诉讼、民事诉讼、行政诉讼实行法律监督。

（2）特有原则。

特有原则，指只适用于某种诉讼活动的基本原则。我国的诉讼法分别规定了民事、行政、刑事诉讼的特有原则。

民事诉讼法特有原则主要有：当事人诉讼权利平等原则、法院调解自愿和合法原则、辩论原则、处分原则、支持起诉原则。

行政诉讼法特有原则主要有：具体行政行为合法性审查原则、当事人法律地位平等原则、当事人有权辩论原则、不适用调解原则。

刑事诉讼法特有原则主要有：公、检、法分工负责、互相配合、互相制约原则；犯罪嫌疑人、被告人有权获得辩护原则；未经人民法院依法判决，对任何人都不得确定有罪原则；具有法定情形的不予追究刑事责任原则；刑事司法协助的原则等。

5. 诉讼证据

（1）证据的概念与特征。

诉讼证据是指能够证明案件真实情况的事实材料。

证据有以下三个特征：

① 客观性，即证据必须是客观存在的事实材料，而不是人们主观猜测和虚假的东西；

② 关联性，即证据必须与待证事实有内在联系，证据应当能证明待证案件事实的全部或一部分；

③ 合法性，即诉讼证据必须是按照法律的要求和法定程序而取得的事实材料。

（2）诉讼证据的种类。

证据的种类是指法律根据证据的外在表现形式而对证据所划分的类别。我国民事诉讼法将证据分为七种：书证、物证、视听资料、证人证言、当事人陈述、鉴定结论和勘验笔录。行政诉讼法规定的证据种类，与民事诉讼法基本相同，只增加了现场笔录与勘验并列为第七种证据。刑事诉讼法规定的证据也有七种：物证、书证；证人证言；被害人陈述；犯罪嫌疑人、被告人的供述辩解；鉴定结论；勘验、检查笔录；视听资料。

（3）举证责任。

举证责任是指承担该责任的当事人必须对自己的主张举出主要的事实证据以证明其确实存在，否则将承担败诉后果。民事诉讼法规定：当事人对自己提出的主张有责任提供证据。举证责任的主体是民事诉讼当事人，依“谁主张，谁举证”原则，无论是原告、被告、共同诉讼人、诉讼代表人，还是有独立请求权的第三人，都有责任对自己的主张提供证据并加以证明。只有法律规定无需证明的事实，当事人方可不负举证责任。另外，最高人民法院的有关司法解释中规定了举证责任倒置，即在某些特殊案件中，对原告提出的侵权事实，被告否认的，由被告负举证责任。

（4）证据的收集和保全。

证据收集是指有关司法人员为了查明案件事实，按照法定程序调查取证的行为。收集证据的范围是广泛的，凡是与案件事实有关的各种证据都要注意收集。《民事诉讼法》第六十四条第二款规定：“当事人及其诉讼代理人因客观原因不能自行收集的证据，或者人民法院认为审理案件需要的证据，人民法院应当调查收集。”《刑事诉讼法》第五十四条第一款规定："人民法院、人民检察院和公安机关有权向有关单位和个人收集调取证据。有关单位和个人应如实提供证据。"《行政诉讼法》第三十五条规定："在诉讼过程中，被告及其诉讼代理人不得自行向原告、第三人和证人收集证据。"第三十九条规定："人民法院有权要求当事人提供或者补充证据。"第四十条规定："人民法院有权向有关行政机关以及其他组织、公民调取证据。"

证据保全是指在证据有可能毁损、灭失，或以后难以取得的情况下，人民法院对证据进行保护，以保证其证明力的一项措施。民事诉讼法与行政诉讼法均规定诉讼参加人可以向人民法院申请保全证据，人民法院必要时也可以主动采取保全措施。

（二）民事诉讼法

1. 民事诉讼中的管辖

民事诉讼中的管辖，是指各级人民法院之间和同级人民法院之间受理第一审民事案件的分工和权限。我国民事诉讼法确定管辖的原则是：便于当事人进行诉讼，便于人民法院审理案件和执行裁判，保证案件的公正审判，保证各级人民法院工作负担的均衡，确定性与灵活性相结合，有利于维护国家主权。我国民事诉讼法在法律上将管辖分为级别管辖、地域管辖、移送管辖、指定管辖四大类。

（1）级别管辖。

级别管辖是指按照一定的标准，划分上下级人民法院之间受理第一审民事案件的分工和权限。

基层人民法院管辖第一审民事案件，但民法另有规定的除外。

中级人民法院管辖下列第一审民事案件：重大涉外案件；在本辖区有重大影响的案件；最高人民法院确定由中级人民法院管辖的案件。

高级人民法院管辖在本辖区有重大影响的第一审民事案件。

最高人民法院管辖下列第一审民事案件：在全国有重大影响的案件；认为应当由本院审理的案件。

（2）地域管辖。

地域管辖，是指按照各人民法院的辖区和民事案件的隶属关系来划分的诉讼管辖。地域管辖又进一步分为一般地域管辖、特殊地域管辖、专属管辖、共同管辖、选择管辖和协议管辖。

一般地域管辖，是指以当事人的所在地与人民法院的隶属关系来确定的诉讼管辖。当事人有原告和被告之分，一般地域管辖的通行做法是实行原告就被告的原则，即以被告所在地作为确定管辖的标准。

特殊地域管辖，是指不仅以被告所在地，而且以引起诉讼的法律事实的所在地，诉讼标的物所在地来确定诉讼的管辖法院。我国民法对因保险合同纠纷、票据纠纷、侵权行为、共同海损、海难救助费用等提起的诉讼都作了有关特别规定。例如，因保险合同纠纷提起的诉讼，由被告住所地或者保险标的物所在地人民法院管辖；因侵权行为提起的诉讼，由侵权行为地或者被告住所地人民法院管辖。

专属管辖，是指法律规定某些特殊类型的案件专门由特定的人民法院管辖。专属管辖是排他性管辖，它既排除了任何外国法院对诉讼的管辖权，又排除了诉讼当事人以协议方式选择国内的其他人民法院管辖。专属管辖的情形有：因不动产纠纷提起的诉讼，由不动产所在地人民法院管辖；因港口作业发生纠纷提起的诉讼，由港口所在地人民法院管辖；因继承遗产纠纷提起的诉讼，由被继承人死亡时住所地或者主要遗产所在地人民法院管辖。

共同管辖，是指法律规定两个以上的人民法院对某类诉讼都有管辖权。选择管辖则，是指当两个以上的人民法院对诉讼都有管辖权时，当事人可以选择其中一个人民法院提起诉讼。实践中可能出现原告选择多个人民法院，先后向有管辖权的几个人民法院提起诉讼的情况，也可能出现同一纠纷的双方当事人选择不同的有管辖权的人民法院提起诉讼的情形。因此，《民事诉讼法》第三十五条规定原告向两个以上有管辖权人民法院起诉的，应当由最先立案的人民法院管辖。

协议管辖，是指双方当事人在民事纠纷发生之前或之后，以协议方式约定诉讼管辖的人民法院。

（3）移送管辖。

移送管辖，是指人民法院在受理民事案件后，发现自己对案件并无管辖权，依法将案件移送到有管辖权的人民法院审理。移送管辖是为人民法院受理案件发现错误时提供的一种纠错办法，它只是案件的移送，而不涉及管辖权的转移。《民事诉讼法》第三十六条规定："人民法院发现受理的案件不属于本院管辖的，应当移送有管辖权的人民法院，受移送的人民法院应当受理。受移送的人民法院认为受移送的案件依照规定不属于本院管辖的，应当报请上级人民法院指定管辖，不得再自行移送。"

（4）指定管辖。

指定管辖，是指上级人民法院以裁定方式指定其下级人民法院对某一案件行使管辖权。有管辖权的人民法院由于特殊原因，不能行使管辖权的，由上级人民法院指定管辖。人民法院之间因管辖权发生争议，由争议双方协商解决。协商解决不了的，报请它们的共同上级人民法院指定管辖。此外，法律还对管辖权转移作了规定。上级人民法院有权审理下级人民法院管辖的第一审民事案件，也可以把本院管辖的第一审民事案件交下级人民法院审理。下级人民法院对它所管辖的第一审民事案件，认为需要由上级人民法院审理的，可以报请上级人民法院审理。

2. 民事诉讼参加人

民事诉讼的参加人包括当事人和民事诉讼代理人。

（1）当事人。

民事诉讼中的当事人，是指因民事权利义务发生争议，以自己的名义进行诉讼，并受人民法院裁判拘束的利害关系人。

当事人包括原告和被告、共同诉讼人、第三人。其中，当事人一方或者双方为二人以上，其诉讼标的是共同的，或者诉讼标的是同一种类、人民法院认为可以合并审理并经当事人同意的，为共同诉讼。共同诉讼中的当事人统称为共同诉讼人。第三人是指在民事诉讼中对当事人双方的诉讼标的有独立请求权或虽然没有独立请求权，但案件处理结果同他有法律上的利害关系，因而申请参加诉讼，或者由人民法院通知他参加诉讼的人。人民法院判决承担民事责任的第三人，有当事人的诉讼权利义务。

（2）诉讼代理人。

民事诉讼代理人，是指依据法律的规定或者当事人的授权，在民事诉讼中为当事人的利益进行诉讼活动的人。诉讼代理人可分法定代理人、指定代理人和委托代理人。

法定代理人，指根据法律规定代理无诉讼行为能力的当事人实施诉讼行为的人。《民事诉讼法》第五十七条规定："无诉讼行为能力人由他的监护人作为法定代理人代为诉讼。"

委托代理人，指受诉讼当事人或者法定代理人的委托，以当事人的名义代为诉讼行为的人。《民事诉讼法》第五十八条规定："当事人、法定代理人可以委托一至二人作为诉讼代理人。"律师、当事人的近亲属、有关的社会团体或者所在单位推荐的人、经人民法院许可的其他公民，都可以被委托为诉讼代理人。

指定代理人，是指依据人民法院的指定行使代理权的人。在法定代理人相互推诿代理责任时，人民法院可在有监护资格的人中或者有监护职责的组织中指定一人为诉讼代理人。

3. 民事诉讼的强制措施

妨害民事诉讼的行为包括：

（1）必须到庭的被告，经两次传票传唤，无正当理由拒不到庭。必须到庭的被告，是指负有赡养、抚养、扶养义务而不到庭就无法查清案情的被告。

（2）违反法庭规则的行为。如未经允许在开庭时录音、录像、拍照。

（3）当事人、其他诉讼参加人以及其他人所实施的下列行为：伪造、毁灭重要证据，妨害人民法院审理案件；以暴力、威胁、贿买方法阻止证人作证或指使、贿买、胁迫他人作伪证；隐藏、转移、毁损已被查封、扣押的财产或已被清点并责令其保护的财产，转移已被冻结的财产；对司法工作人员、诉讼参与人、证人、翻译人员、鉴定人、勘验人、协助执行的人进行侮辱、诽谤、诬陷、殴打或打击报复；拒不执行人民法院已生效的裁判。

（4）有义务协助调查、执行的单位实施的下列行为：有关单位拒绝或妨碍法院调查取证；银行、信用合作社和其他有储蓄业务的单位接到人民法院协助执行通知后，拒不协助查询、冻结或划拨存款的；有关单位接到人民法院协助执行通知书后，拒不协助扣留被执行人的收入，拒不办理有关财产权证照转移手续，拒不转交有关票证、证照或其他财产；其他拒绝协助执行的行为。

民事诉讼强制措施的种类包括：

（1）拘传。对于必须到庭的被告，经人民法院两次传票传唤，无正当理由拒绝出庭的，人民法院派出司法警察，强制被传唤人到庭参加诉讼活动。

（2）训诫。训诫是人民法院对妨害民事诉讼秩序行为情节较轻的人，以口头方式予以严肃的批评教育，并指出其行为的违法性和危害性，令其以后不得再犯的一种强制措施。

（3）责令退出法庭。责令退出法庭是指人民法院对于违反法院规则的人，强制其离开法庭的措施。

（4）罚款。罚款是人民法院对实施妨害民事诉讼行为情节比较严重的人，责令其在规定的时间内，缴纳一定数额的金钱的行为。

（5）拘留。拘留是人民法院对实施妨害民事诉讼行为情节严重的人，在一定期限内限制其人身自由的强制措施，拘留期限为15日以下。

（三）行政诉讼法

1. 受案范围

行政诉讼受案范围，是指人民法院受理行政案件，解决行政争议的范围。只有列入受案范围的具体行政行为，公民、法人或者其他组织才有权对之提起行政诉讼。

人民法院受理公民、法人和其他组织对下列具体行政行为不服提起的诉讼：对拘留、罚款、吊销许可证和执照、责令停产停业、没收财物等行政处罚不服的；对限制人身自由或者对财产的查封、扣押、冻结等行政强制措施不服的；认为行政机关侵犯法律规定的经营自主权的；认为符合法定条件申请行政机关颁发许可证和执照，行政机关拒绝颁发或者不予答复的；申请行政机关履行保护人身权、财产权的法定职责，行政机关拒绝履行或者不予答复的；认为行政机关没有依法发给抚恤金的；认为行政机关违法要求履行义务的；认为行政机关侵犯其他人身权、财产权的。此外，人民法院受理法律、法规规定可以提起诉讼的其他行政案件。

人民法院不受理公民、法人或者其他组织对下列事项提起的诉讼：国防、外交等国家行为；行政法规、规章或者行政机关制定、发布的具有普遍约束力的决定、命令；行政机关对行政机关工作人员的奖惩、任免等决定；法律规定由行政机关最终裁决的具体行政行为。

2. 管辖分类

（1）级别管辖。

基层人民法院管辖第一审行政案件。中级人民法院管辖下列第一审行政案件：确认发明专利权的案件；海关处理的案件；对国务院各部门或者省、自治区、直辖市人民政府所做的具体行政行为提起诉讼的案件；本辖区内重大、复杂的案件。高级人民法院管辖本辖区内重大、复杂的第一审行政案件。最高人民法院管辖全国范围内重大、复杂的第一审行政案件。

（2）地域管辖。

行政诉讼法将地域管辖分为一般地域管辖和特殊地域管辖。

一般地域管辖，是指以当事人住所地与人民法院辖区的关系来确定管辖人民法院。《行政诉讼法》第十八条第一款规定："行政案件由最初作出具体行政行为的行政机关所在地人民法院管辖。经复议的案件，也可以由复议机关所在地人民法院管辖。"

在具体确定某一案件的管辖时，特殊地域管辖优于一般地域管辖。特殊地域管辖的案件有两种：限制人身自由强制措施案件、不动产行政案件。对限制人身自由的行政强制措施不服提起的诉讼，由被告所在地或者原告所在地人民法院管辖；因不动产提起的行政诉讼，由不动产所在地人民法院管辖。两个以上人民法院都有管辖权的案件，原告可以选择其中一个人民法院提起诉讼，原告向两个以上有管辖权的人民法院提起诉讼的，由最先收到起诉状的人民法院管辖。

（3）移送管辖和指定管辖。

人民法院发现受理的案件不属于其管辖时，应当移送有管辖权的人民法院。受移送的人民法院不得自行移送。有管辖权的人民法院由于特殊原因不能行使管辖权的，由上级人民法院指定管辖。人民法院对管辖权发生争议，由争议双方协商解决。协商不成的，报它们的共同上级人民法院指定管辖。

3. 行政诉讼参加人

行政诉讼参加人，是指因起诉、应诉或与被诉具体行政行为有利害关系，而在行政案件的整个或部分诉讼过程中参加诉讼活动，并与本案审理结果有直接联系的诉讼参加人。行政诉讼参加人包括原告、被告、共同诉讼人、第三人和诉讼代理人。

（1）原告。

《行政诉讼法》第二十五条规定："行政行为的相对人以及其他与行政行为有利害关系的公民、法人或者其他组织，有权提起诉讼。有权提起诉讼的公民死亡，其近亲属可以提起诉讼。有权提起诉讼的法人或者其他组织终止，承受其权利的法人或者其他组织可以提起诉讼。"

（2）被告。

《行政诉讼法》第二十六条规定："公民、法人或者其他组织直接向人民法院提起诉讼的，作出具体行政行为的行政机关是被告。经复议的案件，复议机关决定维持原行政行为的，作出原行政行为的行政机关和复议机关是共同被告；复议机关改变原行政行为的，复议机关是被告。……两个以上行政机关作出同一行政行为的，共同作出行政行为的行政机关是共同被告。行政机关委托的组织所作的行政行为，委托的行政机关是被告。行政机关被撤销或职权变更的，继续行使其职权的行政机关是被告。"

（3）共同诉讼人。

《行政诉讼法》第二十七条规定："当事人一方或者双方为二人以上，因同一行政行为发生的行政案件，或者因同类行政行为发生的行政案件、人民法院认为可以合并审理并经当事人同意的，为共同诉讼。"其中起诉的一方为共同原告，被诉的一方为共同被告。

（4）第三人。

《行政诉讼法》第二十九条规定："公民、法人或者其他组织同被诉行政行为有利害关系但没有提起诉讼，或者同案件处理结果有利害关系的，可以作为第三人申请参加诉讼，或者由人民法院通知参加诉讼。"

（5）诉讼代理人。

《行政诉讼法》第三十条规定："没有诉讼行为能力的公民，由其法定代理人代为诉讼。法定代理人互相推诿代理责任的，由人民法院指定其中一人代为诉讼。"第三十一条规定："当事人、法定代理人，可以委托一至二人作为诉讼代理人。"律师、基层法律服务工作者、提起诉讼的公民的近亲属或者所在单位推荐的人，以及经人民法院许可的其他公民，可以受委托为诉讼代理人。"

4. 行政诉讼程序

（1）起诉。

对属于人民法院受案范围的行政案件，公民、法人或者其他组织可以先向上一级行政机关或者法律、法规规定的行政机关申请复议，对复议不服的，再向人民法院提起诉讼，也可以直接向人民法院提起诉讼。法律、法规规定应当先向行政机关申请复议，对复议不服再向人民法院提起诉讼的，依照法律、法规的规定。公民、法人或者其他组织直接向人民法院提起诉讼的，应当在知道作出具体行政行为之日起 3 个月内提出。法律另有规定的除外。公民、法人或者其他组织提起行政诉讼应满足如下基本条件：原告是认为具体行政行为侵犯其合法权益的公民、法人或者其他组织；有明确的被告；有具体的诉讼请求和事实根据；属于人民法院受案范围和受诉人民法院管辖。

（2）受理。

《行政诉讼法》规定：人民法院接到起诉状时对符合规定起诉条件的，应当登记立案；对不符合的，应当接收起诉状，出具注明收到日期的书面凭证，进行审查，并在 7 日内立案或者作出裁定不予受理，原告对裁定不服的，可以提起上诉。

（3）审理。

人民法院应当在立案之 5 日起日内，将起诉状副本发送被告。被告应当在收到起诉状副本之日起 10 日内向人民法院提交作出具体行政行为的有关材料，并提出答辩状。人民法院应当在收到答辩状之日起 5 日内，将答辩状副本发送原告。被告不提出答辩状的，不影响人民法院审理。

（4）判决。

人民法院应当在立案之 3 日起个月内作出第一审判决。有特殊情况需要延长的，由高级人民法院批准，高级人民法院审理第一审案件需要延长的，由最高人民法院批准。

人民法院经过审理，根据不同情况，分别作出以下判决：具体行政行为证据确凿，适用法律、法规正确，符合法定程序的判决维持。具体行政行为有下列情形之一的，判决撤销或者部分撤销，并可以判决被告重新作出具体行政行为：主要证据不足的；适用法律、法规错误的；违反法定程序的；超越职权的；滥用职权的。被告不履行或者拖延履行法定职责的，判决其在一定期限内履行。行政处罚显失公正的，可以判决变更。当事人不服人民法院第一审判决的，有权在判决书送达之日起 15 日内向上一级人民法院提起上诉。

（5）执行。

当事人必须履行人民法院发生法律效力的判决、裁定。公民、法人或者其他组织拒绝履行判决、裁定的，行政机关可以向第一审人民法院申请强制执行，或者依法强制执行。行政机关拒绝履行判决、裁定的，第一审人民法院可以采取法律规定的相应措施。

（四）刑事诉讼法

1. 刑事诉讼的管辖

（1）立案管辖。

立案管辖，是指人民法院、人民检察院和公安机关各自直接受理刑事案件的职权范围和权限划分。我国刑事诉讼法对人民法院、人民检察院和公安机关的立案管辖范围，作了概括性的规定。

① 公安机关直接受理的刑事案件。《刑事诉讼法》第十九条第一款规定："刑事案件的侦查由公安机关进行，法律另有规定的除外。"

② 人民检察院直接受理的刑事案件。贪污贿赂犯罪，国家机关工作人员的渎职犯罪，国家机关工作人员利用职权实施的非法拘禁、刑讯逼供、报复陷害、非法搜查等侵犯公民人身权利的犯罪以及侵犯公民民主权利的犯罪，由人民检察院立案侦查；对于国家机关工作人员利用职权实施的其他重大的犯罪案件，需要由人民检察院直接受理的时候，经省级以上人民检察院决定，可以由人民检察院立案侦查。

③ 人民法院直接受理的刑事案件。由人民法院直接受理的刑事案件，是指刑事案件不需要经过公安机关或者人民检察院立案侦查，不通过人民检察院提起公诉，而由人民法院对当事人直接立案和审判的案件。《刑事诉讼法》第十九条第三款规定："自诉案件，由人民法院直接受理。"自诉案件包括下列三类案件：告诉才处理的案件（包括侮辱、诽谤案，暴力干涉婚姻自由案，虐待案，侵占他人财物案）；被害人有证据证明的轻微刑事案件（包括故意伤害案，重婚案，遗弃案，妨害通信自由案，非法侵入他人住宅案，生产、销售伪劣商品案，侵犯知识产权案，属于刑法分则有关规定的、对被告人可以判处 3 年有期徒刑以下刑罚的其他轻微刑事案件等）；被害人有证据证明对被告人侵犯自己人身、财产权利的行为应当依法追究刑事责任，而公安机关或者人民检察院已作出不予追究的书面决定的案件。

（2）审判管辖。

审判管辖，是指人民法院审判第一审刑事案件的职权范围，包括各级人民法院之间、普通人民法院与专门人民法院之间以及同级人民法院之间，在审判第一审刑事案件上的权限划分。刑事案件的审判管辖分为级别管辖、地区管辖和专门管辖。

① 级别管辖。

基层人民法院管辖第一审普通刑事案件，但是依法由上级人民法院管辖的除外。中级人民法院管辖下列第一审刑事案件：危害国家安全案件；可能判处无期徒刑、死刑的普通刑事案件；外国人犯罪的刑事案件。高级人民法院管辖的第一审刑事案件是全省（自治区、直辖市）性的重大刑事案件。最高人民法院管辖的第一审刑事案件是全国性的重大的刑事案件。

② 地区管辖。

地区管辖，是指同级人民法院之间，在审判第一审刑事案件上的权限划分。刑事案件由犯罪地的人民法院管辖。如果由被告人居住地的人民法院审判更为适宜的，可以由被告人居住地的人民法院管辖。几个同级人民法院都有权管辖的案件，由最初受理的人民法院审判。在必要的时候，可以移送主要犯罪地的人民法院审判。上级人民法院可以指定下级人民法院审判管辖不明的案件，也可以指定下级人民法院将案件移送其他人民法院审判。

③ 专门管辖。

专门管辖，是指各种专门人民法院审判刑事案件的职权范围。目前已建立的受理刑事案件的专门人民法院有军事法院、铁路运输法院。军事法院管辖的刑事案件，主要是现役军人和军内在编职工犯军人违反职责罪的犯罪案件。铁路运输法院管辖的刑事案件，主要是铁路运输系统公安机关负责侦破的刑事案件，如危害和破坏铁路交通和安全设施的犯罪案件，在火车上发生的犯罪案件，铁路职工违反规章制度、玩忽职守造成严重后果的犯罪案件，等等。

2. 刑事诉讼参与人

刑事诉讼中的诉讼参与人，是指除侦查人员、检察人员、审判人员以外的，参加刑事诉讼并在诉讼中享有一定权利、承担一定义务的人的统称。诉讼参与人分为两大类：当事人及其他诉讼参与人。刑事诉讼法规定，诉讼参与人共有七种：当事人、法定代理人、诉讼代理人、辩护人、证人、鉴定人和翻译人员。

（1）当事人。

当事人是指与案件事实和诉讼结局有直接利害关系，为保护自身利益而参加诉讼的人，包括被害人、自诉人、犯罪嫌疑人、被告人、附带民事诉讼当事人。

被害人是指其合法权益遭受犯罪行为直接侵害的人。

自诉人是依法直接向人民法院提起诉讼的人。

犯罪嫌疑人和被告人是对因涉嫌犯罪而受到刑事追诉的人在不同的刑事诉讼程序中的两种不同的称谓。

附带民事诉讼当事人包括附带民事诉讼原告和被告。

（2）其他诉讼参与人。

法定代理人，是指由法律规定的对被代理人负有专门保护义务并代其进行诉讼的人。法定代理人的范围包括被代理人的父母、养父母、监护人和负有保护责任的机关、团体的代表。

诉讼代理人，是指基于委托关系而代表被代理人参与刑事诉讼的人。刑事诉讼法规定，公诉案件的被害人及其法定代理人或者近亲属有权委托诉讼代理；自诉案件的自诉人及其法定代理人有权委托诉讼代理人；附带民事诉讼原告人、被告人及其法定代理人有权委托诉讼代理人。

辩护人，是指在刑事诉讼中接受犯罪嫌疑人、被告人及其法定代理人的委托，或者接受人民法院的指定，为犯罪嫌疑人、被告人依法进行辩护，帮助其行使辩护权，以维护其合法权益的人。

证人，是指除了当事人以外的了解案件情况并向公安司法机关作出陈述的人。凡知道案件情况的人，都有作证的义务。生理上、精神上有缺陷或者年幼，不能辨别是非、不能正确表达的人，不能当证人。

鉴定人，是指接受公安司法机关的指派或者聘请，运用自己的专门知识或者技能对刑事案件中的专门性问题进行分析判断并提出书面鉴定意见的人。

翻译人员，是指接受公安司法机关的指派或者聘请，为参与诉讼的外国人、少数民族人员、盲人、聋人、哑人等进行语言、文字翻译或者盲文、聋哑语翻译的人。

3. 刑事诉讼中的强制措施

刑事诉讼中的强制措施，是指公安机关、国家安全机关、人民检察院和人民法院为保证刑事诉讼活动的顺利进行，依法对犯罪嫌疑人、被告人或者现行犯、重大嫌疑分子所采取的强制性限制其人身自由或者暂时剥夺其人身自由的各种法定强制方法。

我国刑事诉讼法规定的强制措施有拘传、取保候审、监视居住、拘留、逮捕。

（1）拘传，指在刑事诉讼中，公安机关、人民检察院和人民法院对未被逮捕、拘留的犯罪嫌疑人、被告人依法强制其到案接受讯问的强制措施。

（2）取保候审，是公安机关、人民检察院和人民法院对未被逮捕的犯罪嫌疑人、被告人，为防止其逃避侦查、起诉和审判，责令其提出保证人或者交纳保证金，并出具保证书，保证随传随到的一种强制措施。对同一犯罪嫌疑人、被告人决定取保候审的，不能同时使用保证人保证和保证金保证。

（3）监视居住，指公安机关、人民检察院和人民法院对未被逮捕的犯罪嫌疑人、被告人，责令其不得离开指定的区域，限制其人身自由并对其实行看管的强制措施。

（4）拘留，是公安机关、人民检察院在侦查过程中，遇到紧急情况时，对于现行犯或者重大嫌疑分子所采取的临时限制其人身自由的强制方法。

（5）逮捕，是在一定时期内剥夺犯罪嫌疑人、被告人的人身自由并予以羁押的强制方法。

4. 刑事诉讼程序

（1）立案。

刑事诉讼中的立案，是指公安机关、人民检察院发现犯罪事实或者犯罪嫌疑人，或者公安机关、人民检察院、人民法院对于报案、控告、举报和自首的材料，以及自诉人起诉的材料，按照各自的管辖范围进行审查后，决定作为刑事案件进行侦查或者审判的一种诉讼活动。

立案的材料来源主要有：公安机关或者人民检察院直接发现的犯罪事实或者获得的犯罪线索；报案、举报和控告；犯罪人的自首。立案的条件：有犯罪事实，需要追究刑事责任。刑事诉讼法规定：人民法院、人民检察院或者公安机关对于报案、控告、举报和自首的材料，应当按照管辖范围，迅速进行审查，认为有犯罪事实需要追究刑事责任的时候，应当立案。认为没有犯罪事实，或者犯罪事实显著轻微，不需要追究刑事责任的时候，不予立案，并且将不立案的原因通知控告人，控告人如果不服，可以申请复议。

（2）侦查。

侦查是指公安机关、人民检察院在办理案件过程中，依照法律进行的专门调查工作和有关的强制性措施。公诉案件只有经过侦查，才能决定是否进行起诉和审判。公安机关对已经立案的刑事案件，应当进行侦查。侦查的目的是收集、调取犯罪嫌疑人有罪或者无罪、罪轻或者罪重的证据材料。

侦查的主要内容有以下七种：讯问犯罪嫌疑人；询问证人、被害人；勘验、检查；搜查；扣押物证、书证；鉴定；通缉。在侦查过程中，发现不应对犯罪嫌疑人追究刑事责任的，应当撤销案件。犯罪嫌疑人已被逮捕的，应当立即释放，发给释放证明，并且通知原批准逮捕的人民检察院。经过一系列的侦查活动，根据已经查明的事实、证据，依照法律规定，对案件作出起诉、不起诉或者撤销案件的结论。

（3）提起公诉。

提起公诉是指行使国家公诉权的检察机关，对公安机关侦查终结移送起诉的案件或者对自行侦查终结的案件，经过全面审查，确认侦查阶段所收集的证据已经确实、充分，犯罪嫌疑人的行为已经构成犯罪，依法应当追究刑事责任而提请人民法院审判的一项诉讼活动。检察院在案件提起公诉之前，应当对案件进行审查，审查的内容有：犯罪事实、情节是否清楚，证据是否确实、充分，犯罪性质和罪名的认定是否正确；有无遗漏罪行和其他应当追究刑事责任的人；是否属于不应追究刑事责任的情形；有无附带民事诉讼；侦查活动是否合法。人民检察院认为犯罪嫌疑人的犯罪事实已经查清，证据确实、充分，依法应当追究刑事责任的，应当作出起诉决定，按照审判管辖的规定，向人民法院提起公诉。人民检察院经过审查后，认为犯罪嫌疑人具有刑事诉讼法规定的不追究刑事责任的情形，或者犯罪嫌疑人犯罪情节轻微，依法不需要判处刑罚或免除刑罚，或者经两次补充侦查尚未达到起诉条件的，应作出不将案件移送人民法院进行审判的决定。

（4）审判。

刑事诉讼中的审判是指人民法院依法对刑事案件进行审理和裁判的活动。刑事案件经过人民检察院向人民法院提起公诉，或者经自诉人向人民法院提起自诉，即进入审判阶段。审判的任务是，依照法律规定的程序，审查案件事实，并根据已经查明的事实、证据和有关的法律规定，就被告人是否有罪、应否判处刑罚以及判处何种刑罚作出裁判。我国刑事诉讼法规定了以下几种基本的审判程序：第一审程序、第二审程序、特殊案件的复核程序和审判监督程序。

第一审程序，是指人民法院对人民检察院提起公诉、自诉人提起自诉的案件进行初次审判时应当遵循的步骤和方式、方法。第一审刑事案件依据起诉主体的不同划分为公诉案件和自诉案件。公诉案件的第一审程序为：

开庭。开庭阶段的程序是：开庭审理前，由书记员查明有关参加人是否到庭以及宣读法庭规则等；审判长宣布开庭，并查明被告人的有关情况，案件的来源、起诉的案由、附带民事诉讼原告人和被告人的姓名及是否公开审理；宣布合议庭组成人员、书记员等有关人员名单；告知当事人、法定代理人享有的诉讼权利，询问当事人、法定代理人是否申请回避。

法庭调查。法庭调查的程序是：公诉人宣读起诉书，被告人、被害人就起诉书指控的犯罪分别陈述；被害人、附带民事诉讼的原告人和辩护人、诉讼代理人经审判长许可，可以向被告人发问，控辩双方经审判长准许可以向被害人、附带民事诉讼原告人发问，审判人员讯问、发问被告人、被害人及附带民事诉讼原告人、被告人；出示、核实证据，调取新证据，合议庭调查核实证据。

法庭辩论。合议庭认为本案事实已经调查清楚，应当由审判长宣布法庭调查结束，开始就全案事实、证据、适用法律等问题进行法庭辩论。法庭辩论顺序是公诉人发言，被害人及其诉讼代理人发言，被告人自行辩护，辩护人辩护，控辩双方进行辩论。

被告人最后陈述。审判长在宣布辩论终结后，被告人有最后陈述的权利。

评议和宣判。在被告人最后陈述后，审判长宣布休庭，合议庭进行评议。合议庭经过评议作出裁判后，应当宣判，宣判有当庭宣判和定期宣判。人民法院审理公诉案件，应当在受理后一个月以内宣判，至迟不得超过一个半月。经省、自治区、直辖市高级人民法院批准或者决定，可以再延长一个月。

第二审程序，是指第二审人民法院根据上诉人的上诉或者人民检察院的抗诉，对第一审人民法院尚未发生法律效力的判决或裁定进行审理时所应遵循的步骤和方式、方法。一个案件是否经过第二审程序，关键在于上诉权人或第一审人民法院的同级人民检察院是否依法提起了上诉或者抗诉。提起上诉或抗诉的，该案依第二审程序进行审理，否则即不产生第二审程序。第二审人民法院对不服第一审判决的上诉、抗诉案件，经过审理后，应当作如下分别处理：裁定驳回上诉或者抗诉，维持原判；改判；裁定撤销原判，发回重审。第二审人民法院受理上诉、抗诉案件，应当在一个月以内审结，至迟不得超过一个半月。

死刑复核程序，是指对死刑的判决和裁定进行复审核准的一种特殊程序。它包括对判处死刑立即执行案件的复核程序和对判处死刑缓期 2 年执行案件的复核程序。死刑除依法由最高人民法院判决的以外，都应当报请最高人民法院核准。死刑缓期执行的，可以由高级人民法院判决或者核准。《人民法院组织法》第十七条规定："死刑除由最高人民法院判决的以外，应当报请最高人民法院核准。"

审判监督程序，又称再审程序，是指人民法院、人民检察院对于已经发生法律效力的判决和裁定，发现在认定事实或者适用法律上确有错误，予以提出并由人民法院对该案重新审判所应遵循的步骤和方式、方法。提起审判监督程序的材料来源主要有：当事人及其法定代理人、近亲属的申诉；人民法院、人民检察院在办案过程中和检查工作时发现的错误裁判；各级人民代表大会代表提出的纠正错案的议案；机关、团体、企事业单位、新闻媒介、人民群众等对生效判决、裁定提出的质疑、意见和情况反映等。

（5）执行。

执行是指把人民法院已经发生法律效力的判决、裁定付诸实施的活动。执行程序是指将已经发生法律效力的判决、裁定所确定的内容付诸实施以及在此过程中处理与之有关的减刑、假释等刑罚执行变更问题时应遵循的步骤和方式、方法。被判处死刑缓期 2 年执行、无期徒刑、有期徒刑的罪犯，执行机关是监狱。

【案例分析】

28岁的张某来自河南省商城县，大学毕业后一直从事自由职业。2017年6月2日晚，他在安徽省合肥市蜀山区某小区附近捡到了一部白色的华为手机。很快张某便解开开机密码。通过更改该手机上的支付宝账户登录密码，张某进入这部手机机主的支付宝账户，并将账户余额宝中的64 593.44元转入自己的支付宝账户。当天晚上，发现手机丢失的机主向公安机关报警，并向支付宝公司了解情况同时申请冻结转账。6月3日，该笔转账即被支付宝公司冻结，而此时的张某已经坐火车来到了距合肥市600多千米之外的杭州市。6月8日，张某因涉嫌盗窃罪被杭州市公安机关抓获归案。6月10日，合肥市公安局蜀山分局对其予以刑事拘留。合肥市蜀山区人民检察院认为，张某以非法占有为目的，采用秘密手段盗窃他人财物64 593.44元，数额巨大，其行为已经触犯《中华人民共和国刑法》第二百六十四条之规定，犯罪事实清楚，证据确实充分，应当以盗窃罪追究其刑事责任。因此，向安徽省合肥市蜀山区人民法院提起公诉。

庭审中，被告人张某的辩护人认为，张某系初犯、偶犯，是临时起意，不是有预谋作案，在归案后有认罪悔罪的态度行为，并坦白交代罪行，主观恶性及社会危害性小，且其积极向受害人致歉，事后也取得了受害人谅解，其盗窃的钱也并没有实际使用，并未给受害人造成损失。综合以上情况，张某的辩护人提出对张某适用缓刑的辩护意见。法院经审理认为，被告人张某以非法占有为目的，采取秘密手段窃取他人财物，总计价值64 593.44元，数额巨大，其行为已构成盗窃罪，依法应予惩处。被告人张某到案后，能够如实供述自己的罪行，构成坦白，依法可从轻处罚。在量刑时还应考虑到张某系初犯，涉案财物已追回，被害人对其行为予以谅解，取保期间能够遵守相关法律规定等情节。对辩护人的相关辩护意见予以采纳。

根据案件事实、性质、情节及社会危害程度，依据相关法律规定，法院一审判决被告人张某犯盗窃罪，判处有期徒刑三年，缓刑三年，并处罚金1万元。

习　题

1. 什么是法律？它的基本特征是什么？
2. 法律的实施过程是什么样的？
3. 我国公民的基本权利有哪些？又有什么样的义务？
4. 行政法的基本原则是什么？它的作用又是什么？
5. 简述我国公民的民事权利。
6. 简述我国目前的社会主义市场经济。
7. 简述我国刑法的基本概念。
8. 犯罪是怎样构成的？又是如何分类定义的？
9. 简述我国诉讼法的概念。

项目二 2

铁路法及相关法规基础认知

项目描述

《中华人民共和国铁路法》(下文简称《铁路法》)是规范铁路行业权利与义务关系的基本法，既是中华人民共和国铁路事业的第一部法律，也是中华人民共和国交通运输行业的首部专门法律，对我国铁路行业的发展起到了不可替代的推动作用。对铁路行业的规制，大多数国家都经历了一条严格管制、放松管制、最后保持其基本公益性的道路，这跟铁路运输事业本身的特性有关。基于其公益性特征，对铁路运输事业的调控方式中行政法规制具有不可替代的地位，其调控作用最为突出的时期就是每年的春运时期，数以亿计的人口集中迁移，总会出现一些不和谐因素。所以，我们要了解并掌握《铁路法》相关知识，准确恰当地解决问题。除此之外，本项目还介绍了《铁路安全管理条例》中有关铁路旅客运输的知识。

教学目标

(一)知识目标

掌握《铁路法》的意义；熟悉《铁路法》的作用；掌握铁路法律体系的基本制度；了解《铁路法》的适用范围等；掌握《铁路安全管理条例》的基础知识。

（二）技能目标

认知《铁路法》对承运人和铁路旅客的重要意义；掌握承运人责任归责原则及免责事由、承运人和旅客之间的责任和义务；熟练分析事件的相关责任。

（三）素质目标

掌握旅客必知的相关条例；旅客车票、行李票、包裹票和货物运单是合同或者合同的组成部分；熟悉旅客乘车应当持有效车票，托运人应当如实填报托运单，货物、包裹、行李到站后逾期领取的，收货人或者旅客应当按照规定交付保管费等基础知识。

案例导入

原告的弟弟陈某于2018年7月26日23时42分乘坐沈阳铁路局担当值乘的K7517次列车由鞍山前往凌源，座席为11车16号硬卧下铺。7月27日早晨列车到达能家站前，列车售货员刘某发现陈某俯卧于11号车厢中15、16号铺位之间的地板上，脚伸至车厢通道处。刘某立即通知11号车厢乘务员姜某，后姜某将该情况汇报给列车长及乘警。列车长及乘警到达现场后通知广播寻医、通知朝阳120急救中心并用陈某的手机联系其亲属。广播寻医后钱某等三位旅客到事发现场对陈某进行人工呼吸、心脏复苏、指尖放血等救助措施。该列车到达朝阳站后朝阳市120急救中心工作人员上车对陈某进行抢救，7月27日8时确认陈某经抢救无效死亡，死因为心源性猝死。本案当事人争议的焦点如下：一、事故发生的原因及双方应当承担的责任；二、被告是否存在过错；三、被告是否应当向原告承担保险责任。法院查实后认为，原告的诉讼请求没有事实与法律依据，其诉讼请求不能成立，依照《中华人民共和国铁路法》第五十八条第一款的规定："因铁路行车事故及其他铁路运营事故造成人身伤亡的，铁路运输企业应当承担赔偿责任；如果人身伤亡是因不可抗力或者由于受害人自身的原因造成的，铁路运输企业不承担赔偿责任。"故判决如下：驳回原告陈某的全部诉讼请求。案件受理费3 370元，由原告陈某负担。如不服本判决，可以在判决书送达之日起十五日内，向本院递交上诉状，并按照对方当事人或者代表人的人数提出副本，上诉于沈阳铁路运输中级法院。

任务一 《铁路法》基本认知

一、《铁路法》概述

（一）《铁路法》简介

《铁路法》是为了保障铁路运输和铁路建设的顺利进行，适应社会主义现代化建设和人民生活的需要，制定的法律；是规范铁路行业权利与义务关系的基本法。它的颁布施行，是我国铁路法制建设中一件具有里程碑意义的大事，标志着依法治路时代的开启。它主要由总则、铁路运输营业、铁路建设、铁路安全与保护、法律责任和附则等6部分组成。

（二）《铁路法》修改历程

（1）1991年5月1日生效。

发布日期：1990年9月7日；

文书字号：中华人民共和国主席令第三十二号；

生效日期：1991年5月1日；

通过会议：中华人民共和国第七届全国人民代表大会常务委员会第十五次会议。

（2）2009年8月27日修正。

文书字号：中华人民共和国主席令第十八号；

通过会议：中华人民共和国第十一届全国人民代表大会常务委员会第十次会议。

（3）2015年4月24日修正。

文书字号：中华人民共和国主席令第二十五号；

通过会议：中华人民共和国第十二届全国人民代表大会常务委员会第十四次会议。

（三）《铁路法》特点

（1）《铁路法》在铁路法律体系中，具有母法性质，是铁路行业的基本法。

（2）《铁路法》全面规范了铁路规划、建设、运营、安全保护、监管和法律责任等各方面的内容，既涉及行政法律关系的调整，又涉及民事法律关系的调整。

（3）和全国人大制定的“一般法”相比较，《铁路法》是一部“特殊法典”。

二、铁路运输管理体制

国务院铁路主管部门主管全国铁路工作，对国家铁路实行高度集中、统一指挥的运输管理体制，对地方铁路、专用铁路和铁路专用线进行指导、协调、监督和帮助。明确了国务院铁路主管部门的管理职责，界定了铁路运输企业的特定职能。

（1）国务院铁路主管部门的管理职责：行业管理职能；对国家铁路的直接管理职能；对其他铁路的监督管理职能。

（2）国家铁路运输企业的特定职责。

三、铁路运输合同

（一）铁路运输合同的分类

铁路运输合同根据其内容可以分为：铁路旅客运输合同、铁路包裹运输合同、铁路行李运输合同和铁路货物运输合同。旅客车票、包裹票、行李票和货物运单是合同或者合同的组成部分。

（二）铁路运输合同的构成要素

铁路运输合同是合同的一种，是由合同的主体、客体和内容三个要素构成的。

铁路运输合同的主体包括铁路运输企业、旅客、托运人和收货人。

铁路运输合同的客体是指铁路运输的劳务行为（即服务行为）。

铁路运输合同的内容包括托运人和收货人名称、发站和到站、货物信息、车种和车数、违约责任和双方约定的其他事项等。

（三）铁路运输合同的特点

铁路运输合同除了具有一般合同所具有的共同点外，还具有其自身的特点，主要表现在：铁路运输合同计划性强；铁路运输合同是标准格式合同；铁路运输合同有法律上的强制性；铁路运输合同的主体具有特殊性；铁路运输合同通常是诺成合同。

四、铁路旅客运输合同

铁路旅客运输合同是指铁路运输企业与旅客之间签订的明确旅客运输权利义务关系的协议。根据该协议，承运人有义务保证旅客安全、及时到达指定的旅行目的地，旅客有义务支付相应的运输费用。旅客既是运输合同的主体，也是运输合同的运送对象。

（一）铁路旅客运输合同的分类

铁路旅客运输合同为车票；行李运输合同由车票和行李托运单组成；包裹运输合同为包裹票。

铁路旅客车票是旅客运输合同的基本凭证。铁路旅客车票是客票的一种。它是由铁路运输企业发售的、证明承运人铁路运输企业与旅客之间存在着合同关系的法律文件。

车票具有如下法律属性：车票具有有价证券的性质；旅客车票具有铁路旅客运输合同的性质。

（二）铁路旅客运输合同的签订

铁路旅客运输合同的签订，主要是通过旅客的购票行为和铁路承运人的售票行为完成的。铁路旅客运输合同从售出车票时成立，至按票面规定运输结束旅客出站时止，为合同履行完毕。

（三）铁路旅客运输合同当事人的权利义务

1. 旅客的基本权利和义务

（1）依据车票票面记载的内容乘车。

（2）要求承运人提供与车票等级相适应的服务并保障其旅行安全。

（3）因承运人过错发生身体损害或物品损失时，有权要求承运人给予赔偿。

（4）支付运输费用。

（5）遵守国家法令和铁路运输规章制度，听从铁路车站、列车工作人员的引导，按照车站的引导标志进、出站。

（6）爱护铁路设备、设施，维护公共秩序和运输安全。

2. 铁路运输企业的基本权利和义务

（1）依照规定收取运输费用。

（2）要求旅客遵守国家法令和铁路规章制度，保证安全。

（3）对损害他人利益和铁路设备、设施的行为有权制止、消除危险和要求赔偿。

（4）确保旅客运输安全正点。

（5）为旅客提供良好的旅行环境和服务设施，不断提高服务质量，文明礼貌地为旅客服务。

（6）因承运人过错造成旅客身体损害或物品损失时应当予以赔偿。

五、铁路旅客运输合同的履行及纠纷处理

（一）检票、验票和收票

检票、验票和收票是履行合同的重要的阶段。车站对进出站的旅客和人员应检票，列车对乘车旅客应验票。对持半价票和各种乘车证的旅客须核对相应的证件，经确认无误后打查验标记。铁路车站对已使用完毕的车票应收回。

（二）乘车条件

旅客须按票面载明的日期、车次、席别乘车，并在票面规定有效期内到达到站。旅客如在票面指定的日期、车次于中途站上车时，未乘区间票价不退。旅客可在列车中途停车站下车，也可在车票有效期间内恢复旅行，但中途下车后，卧铺票即行失效。中转换车和中途下车旅客继续旅行时，应先行到车站办理车票签证手续。乘坐卧铺旅客的车票由列车员保管并发给卧铺证，下车以前交换。卧铺只能由持票本人使用，成人带儿童或两个儿童可共用一个卧铺。烈性传染病患者、精神病患者或健康状况危及他人安全的旅客，站、车可以不予运送；已购车票按旅客退票的有关规定处理。

（三）误售、误购、误乘的处理

发生车票误售、误购时，在发站应换发新票。在中途站、原票到站或列车内应补收票价时，换发代用票，补收票价差额。应退还票价时，站、车应编制客运记录交旅客，作为乘车至正当到站要求退还票价差额的凭证，并应以最方便的列车将旅客运送至正当到站，均不收取手续费或退票费。

因误售、误购或误乘需送回时，承运人应免费将旅客送回。在免费送回区间，旅客不得中途下车。如中途下车，对往返乘车区间补收票价，核收手续费。由于误售、误购、误乘或坐过了站在原票有效期不能到达到站时，应根据折返站至正当到站间的里程，重新计算车票有效期。

（四）丢失车票的处理

旅客丢失车票应另行购票。在列车上应自丢失站起（不能判明时按列车始发站起）补收票价，核收手续费。旅客补票后又找到原票时，列车长应编制客运记录交旅客，作为在到站出站前向到站要求退还后补票价的依据。退票核收退票费。

（五）不符合乘车条件的处理

对不符合乘车条件的旅客，除按规定补票，核收手续费以外，还必须加收已乘区间应补票价 50%的票款。

（1）无票乘车时，补收自乘车站（不能判明时自始发站）起至到站止车票票价。持失效车票乘车按无票处理。

（2）持用伪造或涂改的车票乘车时，除按无票处理外并送交公安部门处理。

（3）持站台票上车并在开车 20 分钟后仍不声明时，按无票处理。

（4）持用低等级的车票乘坐高等级列车、铺位、座席时，补收所乘区间的票价差额。

（5）旅客持半价票没有规定的减价凭证或不符合减价条件时，补收全价票价与半价票价的差额。有下列情况时只补收票价，核收手续费：应买票而未买票的儿童只补收儿童票。身高超过 1.5 米的儿童使用儿童票乘车时，应补收儿童票价与全价票价的差额；持站台票上车送客未下车但及时声明时，只补收至前方下车站的票款；主动补票或经站、车同意上车补票的。

（六）拒绝运送

对无票乘车而又拒绝补票的人，列车长可责令其下车并应编制客运记录交县、市所在地车站或三等以上车站处理（其到站近于上述到站时应交到站处理）。车站对列车移交或本站发现的上述人员应追补应收和加收的票款，核收手续费。

对违反国家法律、法规，在站内、列车内寻衅滋事、扰乱公共秩序的人员，站、车均可拒绝其上车或责令其下车；情节严重的送交公安部门处理；对未使用至到站的票价不予退还，并在票背面做相应的记载，运输合同即行终止。

六、违反铁路旅客运输合同的赔偿

（一）铁路运输企业的违约责任的赔偿范围

铁路承运人对旅客在旅行途中的人身伤害或者物品损失承担赔偿责任。对旅客人身损害的赔偿的违约责任适用无过错赔偿原则，一般只赔偿直接损失和间接损失。对旅客随身携带品赔偿适用过错责任原则。

（二）铁路运输企业的法定免责事由

因不可抗力或者旅客自身原因造成的旅客身体损害或者物品损失的，承运人不承担责任。因下列原因造成的行李、包裹损失的，承运人不承担责任：

（1）不可抗力。

（2）物品本身的自然属性或合理损耗。

（3）包装方法或容器不良，从外部观察不能发现或无规定的安全标志。

（4）托运人自己押运、带运的包裹（因铁路运输企业原因的除外）。

（5）托运人、收货人违反铁路规章或其他自身的过错。

（三）赔偿程序

发生旅客伤害事故时，旅客可向事故发生站或处理站请求赔偿。因第三人责任造成旅客伤害时，应由第三人负责。第三人不明确或无赔偿能力，旅客要求承运人代为先行赔偿时，承运人应当先行代为赔偿。承运人代为赔偿后即取得向第三人追偿的权利。

（四）诉讼时效

承运人与旅客、托运人、收货人因合同纠纷产生索赔或互相间要求办理退补费用的有效期为 1 年。

铁路旅客运输合同纠纷诉讼时效从下列日期起计算：

（1）身体损害和随身携带品损失时，为发生事故的次日。

（2）行李、包裹全部损失时为运到期终了的次日；部分损失时为交付的次日。

（3）给铁路造成损失时，为发生事故的次日。

（4）多收或少收运输费用时，为核收该项费用的次日。

（五）铁路旅客人身损害赔偿纠纷的处理

铁路旅客是指持有铁路有效的客票及其他乘车凭证（如铁路免票、优待票）乘车的人员，或经承运人许可搭乘的无票人员及依照铁路货物运输合同随车押运货物的人员。

有票旅客身份的界定是指持有铁路有效乘车凭证的人。

1. 旅客对铁路运输企业的损害赔偿

赔偿范围。旅客在旅行中，要遵守运输法律法规，遵守运输企业的规章制度，保证运输安全。因旅客的责任造成承运人的财产损失的，也要承担相应的法律责任。

当事人的确定。因发生旅客身体损害、携带品损失或行李、包裹事故，运输合同当事人诉诸法律时，一般由事故处理站代表铁路运输企业起诉或应诉。

2. 铁路旅客人身损害赔偿的侵权责任与违约责任的竞合

铁路运输企业因违约造成侵权后果且旅客伤亡系由于承运人的责任所致的，可以按责任竞合定性。铁路运输企业对它的工作人员的职务行为应当承担责任。属于侵权责任与违约责任的竞合情形的，受损害的旅客既可以选择违约之诉也可以选择侵权之诉来解决问题。

违约责任与侵权责任竞合的前提是：承运人的先前行为必须是基于故意或重大过失。

3. 第三人责任造成的旅客伤亡赔偿责任

第三人责任较常见的如犯罪分子的不法侵害行为。在这种情况下，第三人负侵权责任，承运人负违约责任，二者并不竞合，受害人可以择一追究责任，也可以一并追究责任。

第三人与铁路运输企业共同侵权造成旅客伤亡的赔偿责任。如果旅客受到犯罪行为的不法侵害，列车工作人员不积极履行救助义务，旅客可以要求铁路运输企业承担共同侵权的赔偿责任。第三人负主要责任，承运人负次要责任，承运人对扩大损失部分负责。

4. 铁路旅客人身损害赔偿的范围和标准

（1）违约责任赔偿。

旅客购买车票这一行为，实际形成两种合同法律关系，即铁路旅客运输合同法律关系和铁路旅客意外伤害强制保险合同法律关系。旅客意外伤害存在着两种赔偿合同法律关系，同时也就享有两种民事权利，请求赔偿权利是双重的。

（2）违约责任赔偿与侵权责任赔偿。

违约责任的赔偿损失额可以由当事人在合同中约定，如果无约定，根据《合同法》的规定，赔偿损失额应当相当于受害人因违约而受的损失，一般包括直接损失和间接损失。

（3）铁路旅客人身损害的赔偿标准。

《铁路交通事故应急救援和调查处理条例》第三十三条规定：“事故造成铁路旅客人身伤亡和自带行李损失的，铁路运输企业对每名铁路旅客人身伤亡的赔偿责任限额为人民币 15 万元，对每名铁路旅客自带行李损失的赔偿责任限额为人民币 2000 元。铁路运输企业与铁路旅客可以书面约定高于前款规定的赔偿责任限额。”该规定采取的是明确最高额的限额赔偿，其限额赔偿数额往往会随着社会的发展而显露出滞后性，达不到保护受害人利益的目的，反而成为受害人实现公正索赔的障碍，故该条规定已于 2012 年 11 月 9 日删除。与同类人身损害赔偿相比，道路交通事故赔偿可适用《民法通则》第一百一十九条的规定，将医疗费、误工费、生活补助费等一项项计算，并可要求赔偿精神损失费用，其赔偿数额比铁路旅客损害赔偿数额高得多。

5. 铁路运输企业免责事由和减责事由

《合同法》第三百零二条规定“承运人应当对运输过程中旅客的伤亡承担损害赔偿责任，但伤亡是旅客自身健康原因造成的或者承运人证明伤亡是旅客故意、重大过失造成的除外。”旅客自身原因，主要包括三个方面：

（1）因旅客的故意行为造成的伤害；
（2）因旅客的重大过失而造成的伤害；
（3）因旅客健康原因造成的伤亡。

相对于免责事由，减责事由更加需要明确。减轻赔偿责任事由这一承担全部赔偿责任或者免除全部赔偿责任的“中间地带”在现实生活中大量存在。

【案例分析】

2014年春运期间，董某购买一张返家的火车票，价格35元。此后，董某又买到一张其他车次的票，故欲退掉那张35元的票。退票过程中，售票处扣除其20%的票款7元。董某认为当时火车票退票扣款为票价的5%。后董某查询发现，中国铁路总公司发布消息称，自2013年9月1日起，铁路部门实行新的退票和改签办法，并实施梯次退票方案。根据方案，开车前不足24小时的，退票时收取票价20%的退票费，而原规定则是5%。后来又规定，春运期间一律退票扣款20%。铁路部门表示，新规定是为引导旅客提前退票，加快车票周转，让二次购票时间更加充裕，以便其他旅客出行。

经法院审理，申请公开的政府信息属于公开范围的，行政机关应当告知申请人获取该政府信息的方式和途径。本案中，原告所要获取的“调涨火车票20%退票款”的信息，属于铁路主管部门的审核监管职责。针对国家铁路局具有审核火车票退票费的法定职责，却拒绝公开调涨火车票退票费政府定价信息的行为，法院一审判决，被告没有理由拒绝董某的信息公开的申请，要求国家铁路局撤销原答复，重新做出答复行为。

任务二　《铁路法》条文解读

一、总则内容解读

确立了《铁路法》立法缘由和目的，铁路的含属和管辖范围，铁路主管部门、管理模式及其行政管理职能，国家对铁路的导向作用，铁路运输企业应树立的理念和原则，公民对铁路需遵守的义务，铁路企业与地方政府的协同原则；强调中国铁路总公司《铁路技术管理规程》的地位以及科技在铁路发展的地位，积极鼓励科技进步。

二、铁路运输营业内容解读

确立了铁路运输企业运营总体原则，铁路运输合同的权责，铁路运输企业应遵循的规律和提供的服务，旅客无票的处理方式，铁路的社会效益和对地方铁路的监管，铁路运输的纠纷补偿机制，托运人的权责和铁路运输企业权责，等等。

三、铁路安全与保护内容解读

确立了铁路运输企业的安全与保护职责，公安机关的权责，电力主管部门的权责，地方人民政府的权责，铁路基础设施的安全防护措施，危险品运输的注意事项，铁路职工对安全与保护的权责，铁路安全与保护的处理措施。

四、法律责任内容解读

确立了危险品运输的责任追究，破坏、盗窃和损毁铁路设施等事件的责任追究，聚众哄抢铁路运输物资的责任追究，抢劫旅客财物或伤害旅客人身的责任追究，倒卖旅客车票的责任追究，非法铺设平交道口和人行过道的责任追究，铁路运输企业或职工违法的责任追究。

五、重难点条款解读

● 《铁路法》第六十条第一款规定："违反本法规定，携带危险品进站上车或者以非危险品品名托运危险品，导致发生重大事故的，依照刑法有关规定追究刑事责任。企业事业单位、国家机关、社团团体犯本款罪的，处以罚金，对其主管人员和直接责任人员依法追究刑事责任。"

本款规定所称的"危险品"，是指具有爆炸、易燃、放射、毒害、腐蚀等性质，在运输、装卸和储存、保管过程中，容易造成人身伤亡和财产毁损而需要特别防护的物品，其具体范围，按国务院及国务院主管部门的规定认定。

本款规定所称的"重大事故"，是指因非法携带上述危险品而发生爆炸、燃烧、泄露事件，致重伤 1 人以上；致轻伤 3 人以上；造成直接经济损失 1 万元以上；或者造成暂时中断铁路行车等严重后果的。行为人实施本款规定的犯罪，致人死亡或者造成其他特别严重后果的，属于刑法第一百一十五条所规定的"后果特别严重"，从重处罚。

● 《铁路法》第六十条第二款规定："携带炸药、雷管或者非法携带枪支子弹、管制刀具进站上车的，依照刑法有关规定追究刑事责任。"

携带炸药、雷管或者非法携带枪支子弹、管制刀具进站上车构成犯罪的，应当定非法携带炸药、雷管、枪支子弹、管制刀具进站上车罪，依照刑法第一百六十三条规定适用刑罚。本罪为选择性罪名。分别实施携带炸药、雷管、枪支子弹或者管制刀具进站上车行为的，不实行数罪并罚。行为人携带炸药、雷管进站上车，导致发生重大事故的，适用《铁路法》第六十条第一款规定，依照刑法第一百一十五条的规定追究刑事责任。

非法携带炸药、雷管、枪支子弹、管制刀具进站上车，具有下列情形之一的，即可构成本罪：

（1）携带炸药、雷管、子弹，在车站、列车上发生爆炸、燃烧，尚未造成严重后果的；

（2）同时携带炸药、雷管，或者携带爆炸装置的；

（3）携带炸药 1 千克以上的；

（4）携带雷管 50 枚以上的；

（5）非法携带枪支子弹的；

（6）非法携带管制刀具 20 把以上或者虽未达到规定的数量标准，但在车站或者列车上进行违法活动时使用，尚未构成其他犯罪的。

具体认定是否构成本罪，应当对行为人非法携带上列物品的数量、危害后果等情节综合分析。行为人携带炸药、雷管或者非法携带枪支子弹、管制刀具虽未达到规定的数量标准，但拒不交出的也可以追究刑事责任；如果数量刚达到规定的数量标准，但行为人进站上车后，能主动、全部交出的，也可不以犯罪论处。

《铁路法》中所称“进站上车”是指进入铁路车站或者乘上客货列车。

行为人非法制造、收买枪支、弹药或者盗窃、抢夺枪支、弹药后，携带进站上车的，应当按非法制造、买卖枪支、弹药罪或者盗窃、抢夺枪支、弹药罪与非法携带炸药、雷管、枪支子弹进站上车罪实行数罪并罚；行为人非法运输枪支、弹药并携带枪支、弹药进站上车的，应当以非法运输枪支、弹药罪定罪处罚。

非法携带管制刀具进站上车罪中“管制刀具”的范围，应当依照公安部颁发的《对部分刀具实行管制的暂行规定》认定。

● 《铁路法》第六十一条规定：“故意损毁、移动铁路行车信号装置或者在铁路线路上放置足以使列车倾覆的障碍物，依照刑法有关规定追究刑事责任。”

● 《铁路法》第六十二条规定：“盗窃铁路线路上行车设施的零件、部件或者铁路线路上的器材，危及行车安全的，依照刑法有关规定追究刑事责任。”

《铁路法》第六十一条、第六十二条规定所称的“刑法有关规定”指《刑法》第一百零八条和第一百一十条破坏交通设施罪的规定，以是否造成“严重后果”为区分。所谓“严重后果”，是指因行为人故意毁损、移动铁路行车信号装置或者在铁路线路上放置足以使列车倾覆的障碍物，或者盗窃铁路线路上行车设施的零件、部件、铁路线路上的器材，造成人身伤亡、重大财产毁损、中断铁路行车等。

行为人实施上述行为，虽未造成上述严重后果，但经铁路有关部门鉴定，足以危及行车安全的，应当依照刑法第一百零八条的规定追究刑事责任。

● 《铁路法》第六十四条第一款规定：“聚众哄抢铁路运输物资的，对首要分子和骨干分子依照刑法有关规定追究刑事责任。”

聚众哄抢铁路运输物资的，对首要分子和骨干分子应当以抢夺罪，依照《刑法》第一百五十一条或者第一百五十二条的规定追究刑事责任，一般应从重处罚。犯罪分子如果在哄抢铁路运输物资过程中使用暴力或者以暴力相威胁，或者为窝藏赃物、抗拒逮捕、毁灭罪证而当场使用暴力或者以暴力相威胁的，应当以抢劫罪论处，从重处罚。

上述犯罪中的“首要分子”，是指在聚众哄抢铁路运输物资的犯罪中，起组织、策划、指挥作用的犯罪分子；“骨干分子”，是指在聚众哄抢铁路运输物资的犯罪中，除首要分子之外，其他起主要作用的犯罪分子，如带头哄抢铁路运输物资的、哄抢铁路运输物资数量较大的犯罪分子等。

● 《铁路法》第六十五条第一款规定："在列车内，抢劫旅客财物，伤害旅客的，依照刑法有关规定从重处罚。"

在列车内抢劫旅客财物，是抢劫罪中一种严重的犯罪形式。具体认定时，应当根据刑法有关抢劫罪的规定，结合铁路运输的特殊性，综合考虑。凡在列车内，对旅客使用暴力、胁迫手段，如以语言威胁、暴露或者暗示携带有凶器或者依仗人多势众，对被害人施加精神压力等，强拿旅客财物或者以"借钱借物"为名，索取财物的，以及对旅客实行强买强卖，侵犯旅客财产权益的，均应以抢劫罪论处。

在列车内抢劫旅客财物的，一般视为《刑法》第一百五十条第二款中规定的"情节严重"，适用该款的规定从重处罚；但情节较轻的，或者是从犯等，可以适用《刑法》第一百五十条第一款的规定处罚。

● 《铁路法》第六十六条规定："倒卖旅客车票，构成犯罪的，依照刑法有关规定追究刑事责任。铁路职工倒卖旅客车票或者与其他人员勾结倒卖旅客车票的，依照刑法有关规定追究刑事责任。

倒卖旅客车票，包括高价、变相加价倒卖车票以及倒卖坐席、卧铺签字号及订购票凭证，非法经营数额在 1 000 元以上，或者非法获利数额在 500 元以上的，一般可视为"数额较大"，非法经营数额在 1 0000 元以上，或者非法获利数额在 5000 元以上的，一般可视为"数额巨大"。倒卖旅客车票虽未达到"数额较大"的起点标准，但曾因倒卖旅客车票受治安处罚 2 次以上，或者被劳动教养 1 次以上，2 年内又倒卖旅客车票的，也应追究刑事责任。

铁路职工倒卖旅客车票或者与其他人员勾结倒卖旅客车票的，依照《刑法》第一百一十九条的规定，从重处罚。其他利用职务便利倒卖旅客车票的，也应从重处罚。

● 对违反《铁路法》的犯罪行为追究刑事责任时，在司法文书中如何引用《铁路法》和《刑法》的有关条款？

所定罪行属于《铁路法》新增加的罪名，或者《铁路法》对《刑法》所规定的犯罪构成要件、处罚作了修改、补充规定的，应当同时引用《刑法》和《铁路法》的有关条款。《铁路法》中涉及刑事处罚的规定没有超出《刑法》有关规定的，不必引用《铁路法》。

六、《刑法》相关法律条款

第一百零八条　破坏轨道、桥梁、隧道、公路、机场、航道、灯塔、标志或者进行其他破坏活动，足以使火车、汽车、电车、船只、飞机发生倾覆、毁坏危险，尚未造成严重后果的，处三年以上十年以下有期徒刑。

第一百一十条　破坏交通工具、交通设备、电力煤气设备、易燃易爆设备造成严重后果的，处十年以上有期徒刑、无期徒刑或者死刑。过失犯前款罪的，处七年以下有期徒刑或者拘役。

第一百一十五条　违反爆炸性、易燃性、放射性、毒害性、腐蚀性物品的管理规定，在生产、储存、运输、使用中发生重大事故，造成严重后果的，处三年以下有期徒刑或者拘役；后果特别严重的，处三年以上七年以下有期徒刑。

第一百一十七条　违反金融、外汇、金银、工商管理法规，投机倒把，情节严重的，处三年以下有期徒刑或者拘役，可以并处、单处罚金或者没收财产。

第一百一十八条　以走私、投机倒把为常业的，走私、投机倒把数额巨大的或者走私、投机倒把集团的首要分子，处三年以上十年以下有期徒刑，可以并处没收财产。

第一百一十九条　国家工作人员利用职务上的便利，犯走私、投机倒把罪的，从重处罚。

第一百五十一条　盗窃、诈骗、抢夺公私财物数额较大的，处五年以下有期徒刑、拘役或者管制。

第一百五十二条　惯窃、惯骗或者盗窃、诈骗、抢夺公私财物数额巨大的，处五年以上十年以下有期徒刑；情节特别严重的，处十年以上有期徒刑或者无期徒刑，可以并处没收财产。

第一百五十四条　敲诈勒索公私财物的，处三年以下有期徒刑或者拘役；情节严重的，处三年以上七年以下有期徒刑。

第一百五十八条　禁止任何人利用任何手段扰乱社会秩序。扰乱社会秩序情节严重，致使工作、生产、营业和教学、科研无法进行，国家和社会遭受严重损失的，对首要分子处五年以下有期徒刑、拘役、管制或者剥夺政治权利。

第一百五十九条　聚众扰乱车站、码头、民用航空站、商场、公园、影剧院、展览会、运动场或者其他公共场所秩序，聚众堵塞交通或者破坏交通秩序，抗拒、阻碍国家治安管理工作人员依法执行职务，情节严重的，对首要分子处五年以下有期徒刑、拘役、管制或者剥夺政治权利。

第一百六十条　聚众斗殴，寻衅滋事，侮辱妇女或者进行其他流氓活动，破坏公共秩序，情节恶劣的，处七年以下有期徒刑、拘役或者管制。流氓集团的首要分子，处七年以上有期徒刑。

第一百六十三条　违反枪支管理规定，私藏枪支、弹药，拒不交出的，处二年以下有期徒刑或者拘役。

【案例分析】

2018 年 6 月 14 日，黄某（6 岁）与母亲赵某乘坐从齐齐哈尔至大连的由沈阳铁路局担当的 K1230 旅客列车，黄某 11 车厢 3 号中铺，赵某 11 车厢 5 号中铺，当列车行驶至大安北站前 5 分钟，黄某被 12 车厢旅客刘某坐边座把手指挤伤，下车送院后，经诊断为右手挤压伤，右食指末节指骨骨折，7 日后伤好出院，赵某发现女儿右手食指已致残，故诉至法院。请求依法组织鉴定，并要求被告沈阳铁路局赔偿原告医疗费、护理费、伙食补助费等 5 项费用，合计 60 286 元。司法鉴定意见书作出后，2018 年 9 月 26 日，原告增加诉讼请求，请求被告赔偿医疗费、护理费、伙食补助费、营养费、残疾赔偿金、修复费用、鉴定费等合计 121 080 元，旅客刘某交给原告医疗费用 15 000 元未报。被告沈阳铁路局认为此事件是由于旅客刘某的侵权行为所致，被告不能成为本案的赔偿主体，铁路企业的服务没有瑕疵，设备也没有缺陷；赵某作为黄某的监护人，未尽到看护义务，对黄某受到的伤害有重大过失。

法院认为原告与被告沈阳铁路局之间形成了铁路旅客运输合同关系，双方运输合同成立并生效。根据《中华人民共和国合同法》第二百九十条的规定，被告作为承运人应当在约定期间或者合理期间将旅客安全运输到约定地点。黄某在铁路旅客运输期间被他人造成人身伤害，被告履行合同义务不符合约定构成违约。根据《中华人民共和国合同法》第三百零二条的规定，沈阳铁路局作为承运人应当对运输过程中旅客受到的伤害承担损害赔偿责任。法院同时认为赵某尽到了一般的看护义务，不存在重大过失行为。被告未举出赵某有重大过失行为的相关证据，被告关于原告监护人未尽到看护义务，具有重大过失，对事故的发生负主要责任的辩解理由不能成立。根据以上所引法律规定，以及《最高人民法院关于审理人身损害赔偿案件适用法律若干问题的解释》第十七条、第十九条、第二十一条、第二十三条、第二十四条、第二十五条和《中华人民共和国民事诉讼法》第一百四十二条之规定，法院裁定包含刘某支付的 15 000 元，被告需向原告支付费用合计 117 478.95 元，驳回原告其他诉讼请求。

任务三 《铁路安全管理条例》基础知识认知

一、铁路建设质量安全相关条文内容解读

近年来我国高速铁路快速发展，在方便广大旅客出行的同时也提出了加强铁路安全管理的新要求，如何确保铁路建设质量安全成为公众关注的重点。《铁路安全管理条例》是铁路安全管理的综合性行政法规，为规范铁路建设行为，设“铁路建设质量安全”一章，在总结铁路建设实践经验的基础上，针对铁路建设质量安全的关键环节和主要问题做出了规定，涉及铁路建设工程的勘察、设计、施工、监理以及建设物资和设备的采购等内容。

规定铁路建设工程的勘察、设计、施工、监理以及建设物资和设备的采购应当依法进行招标，并对铁路建设工程招标做出了原则性规定，依据是 1999 年颁布的《中华人民共和国招标投标法》。按照《中华人民共和国招标投标法》第三条的规定，在中华人民共和国境内实施下列工程建设项目必须进行招标：

一是大型基础设施、公用事业等关系社会公共利益、公众安全的项目；

二是全部或者部分使用国有资金投资或者国家融资的项目；

三是使用国际组织或者外国政府贷款、援助资金的项目。

铁路属于国家重要的大型基础设施，铁路建设项目的资金主要来源于中央政府和

地方政府的投资。因此，与铁路建设工程相关的勘察、设计、施工、监理以及与工程建设有关的重要设备和材料的采购必须遵循上述法律法规及国家有关部门的规章进行招标。

对铁路建设工程参建单位提出了资质要求，明确了各参建单位的质量安全责任。《中华人民共和国建筑法》第十三条规定：从事建筑活动的建筑施工企业、勘察单位、设计单位和工程监理单位，按照其拥有的注册资本、专业技术人员、技术装备和已完成的建筑工程业绩等资质条件，划分为不同的资质等级，经资质审查合格，取得相应等级的资质证书后，方可在其资质等级许可的范围内从事建筑活动。

铁路建设质量安全是铁路运输安全的前提条件，直接关系到人民群众的生命财产安全。《铁路安全管理条例》规定，参与铁路建设的工程勘察、设计、施工、监理等单位必须具有相应能力，并按照程序申请资质，取得综合资质或铁路行业资质后，才可在其资质等级许可的范围内参与铁路建设活动。需要强调的是，未取得相应资质的单位不得参与铁路建设活动，参建单位也不得超越其资质许可范围承担铁路建设工作。否则，根据《中华人民共和国建筑法》相关条款的规定，参建单位可能面临罚款、没收违法所得、降低资质等级以及吊销资质证书等处罚。

《铁路安全管理条例》第十三条规定："铁路建设工程使用的材料、构件、设备等产品，应当符合有关产品质量的强制性国家标准、行业标准。"工程质量安全事故大多与使用了不合格的材料、构件和设备有关，所以铁路建设过程中必须按照强制性国家标准、行业标准加强对建筑材料、构件、设备等产品的质量管理。

铁路工程建设单位应当对建设工程的质量安全进行监督检查，并做好检查记录留存备查。《铁路安全管理条例》还对不同参建单位的安全责任做出了具体规定：设计单位在设计文件中选用的建筑材料、构件和设备应当注明规格、型号、性能等技术指标，其质量要求必须符合强制性国家标准和行业标准；建设单位在采购有关建设材料、构件、设备时，应当在合同中明确约定其符合强制性国家标准和行业标准；施工单位必须按照工程设计要求、施工技术标准和合同约定，在建筑材料、构件、设备的采购和使用上实行标准化管理，杜绝不合格的物资和设备流入施工现场。

明确铁路建设工程安全设施 "三同时"的规定，即铁路建设工程安全设施应当与主体工程同时设计、同时施工、同时投入使用。"三同时"制度的规定源于《中华人民共和国安全生产法》，该制度的运用体现在建设项目可行性研究、初步设计、施工图设计以及竣工验收的各个阶段。"三同时"制度主要包括四层含义：

一是铁路工程设计单位在编制建设项目初步设计文件时，必须同时设计安全设施，并确保安全设施设计符合有关规定，满足铁路运输安全需要；

二是铁路工程施工单位在组织施工时，必须同时进行安全设施工程建设，不得故意拖延或者故意减掉安全设施工程；

三是项目投产或者主体工程投入使用时，必须同时投入使用安全设施工程；

四是安全设施投资必须纳入设计概算，并在可行性研究阶段和初步设计阶段予以解决。

合理的建设工期是确保铁路建设工程质量安全的重要条件。针对实践中不合理压缩建设工期的问题，《铁路安全管理条例》第十四条明确规定：“铁路建设工程的建设工期，应当根据工程地质条件、技术复杂程度等因素，按照国家标准、行业标准和技术规范合理确定、调整。任何单位和个人不得违反前款规定要求铁路建设、设计、施工单位压缩建设工期。”建设工期一经确定，任何人不得随意调整。确需调整工期的，应当按照国家规定的程序履行手续，调整的内容必须符合国家标准、行业标准和技术规范。

《铁路安全管理条例》第十五条对铁路建设工程竣工验收和运营安全评估做出了明确规定。铁路建设工程竣工验收是指在项目完成后，对设计、施工和生产准备工作进行检查，全面考核工程建设是否符合设计文件，工程质量是否达到了要求。运营安全评估是指铁路运输企业在新建或改建铁路投入运营前，对其安全管理机构、规章制度、人员配备和人员培训、设备设施运用和养护维修、路外安全、治安防范、应急预案等运营准备工作进行检查的过程。经竣工验收、运营安全评估合格后，铁路建设工程方可投入使用。

《铁路安全管理条例》还在监督检查和法律责任章节专门就违反关于铁路建设质量安全管理规定的情形做出了规定。规定了违法主体包括铁路建设单位和铁路建设工程的勘察、设计、施工、监理单位，违法行为包括违反上述规定的行为。虽未规定具体的处罚措施，但指出应当依照有关工程建设、招标投标管理的法律和行政法规的规定进行处罚。工程建设方面我国相继出台了一系列专门的法律法规，如《中华人民共和国建筑法》《建设工程质量管理条例》《建设工程勘察设计管理条例》等。铁路建设单位和铁路建设的勘察、设计、施工、监理单位违反《铁路安全管理条例》规定的，可以依据上述法律法规进行处罚。需要指出的是，基于《铁路安全管理条例》的授权，上述行政处罚的实施主体为铁路监管部门。

二、相关重点条文解读

（一）铁路线路安全保护区设置的目的

铁路线路安全保护区，是指为防止外来因素对铁路列车运行的干扰，减少铁路运输安全隐患，保护国家的重要基础设施，在铁路沿线两侧一定范围内对影响铁路运输安全的行为进行限制而设置的特定区域。这里所说的铁路线路，包括铁路钢轨道床、路基、边坡、侧沟及其他排水设备、防护设备等，以及铁路桥梁、隧道、场站等。

长期以来，一些单位和个人在铁路线路两侧修路、挖沟、盖房，或进行排污、烧荒、倾倒垃圾、放养牲畜等，严重影响了列车运营安全。为此，2004 年发布的《铁路运输安全保护条例》本着维护铁路运输安全和节约用地，方便沿线群众生产生活的原则，参照我国相关行业的做法和经验，设定了铁路线路安全保护区，对保障铁路安全畅通、保护铁路沿线社会公众生命和财产安全，发挥了重要作用。近十年来，高速铁路的快速发展和既有铁路的提速，对铁路沿线安全环境提出了更高要求，《铁路安全管理条例》设定的铁路线路安全保护区范围及相关管理制度已不能适应新形势发展需要，于 2014 年 1 月 1 日废止。《铁路安全管理条例》对铁路线路安全保护区的相关制度做了进一步的调整完善。

（二）铁路线路安全保护区的范围

铁路沿线情况错综复杂，火车经过城市市区、城市郊区、村镇居民居住区与其他地区，面对的安全状况是不同的；特别是高速铁路速度快、对安全环境要求更高。因此，《铁路安全管理条例》从实际出发，对铁路线路安全保护区的范围作了四种不同情况的规定，即“铁路线路安全保护区的范围，从铁路线路路堤坡脚、路堑坡顶或者铁路桥梁（含铁路、道路两用桥，下同）外侧起向外的距离分别为：（一）城市市区高速铁路为 10 米，其他铁路为 8 米；（二）城市郊区居民居住区高速铁路为 12 米，其他铁路为 10 米；（三）村镇居民居住区高速铁路为 15 米，其他铁路为 12 米；（四）其他地区高速铁路为 20 米，其他铁路为 15 米。”其中，路堤坡脚是指路基边坡与地面相接的部分，路堑坡顶是指路堑坡坡面与地面相接的部分。

同时，条例还考虑到在特殊路段、特殊情况下，上述距离不能满足铁路运输安全保护的需要，需要适当扩大铁路线路安全保护区范围的情况，明确规定：“前款规定距离不能满足铁路运输安全保护需要的，由铁路建设单位或者铁路运输企业提出方案，铁路监督管理机构或者县级以上地方人民政府依照本条第三款规定程序划定。”

（三）铁路线路安全保护区与铁路用地的关系

铁路线路安全保护区是为了保障铁路运输安全而设的一个特定区域。在此区域内，禁止从事危及铁路运输安全的行为，但并不改变用地的权属关系。铁路用地的取得有两种方式：一种是依据《中华人民共和国土地管理法》，通过划拨方式取得铁路建设用地，另一种是以出让等有偿使用方式取得铁路用地。通过这两种方式取得的铁路用地，均具有产权属性。

在实际划界时，铁路线路安全保护区边界与铁路用地边界可能出现不一致的情况。铁路用地边界可能大于安全保护区边界，也可能等于或小于铁路线路安全保护区边界。无论是在铁路用地地界内还是地界外，本条例所列的禁止性规定都同样适用。

（四）铁路线路安全保护区划定

鉴于铁路线路安全保护区在实际划定时可能遇到的各种复杂情况，《铁路安全管理条例》对不同情况下的划定程序和权限作出了具体规定：

一是在铁路用地能满足铁路线路安全保护要求的情况下，由铁路监督管理机构组织铁路建设单位或者铁路运输企业划定并公告。这样规定是因为在铁路征地时，地方政府已对铁路用地进行了审批，对铁路建设用地及安全保护的需要已经审核同意。在地方政府已经批准的铁路用地范围内设立铁路线路安全保护区，可以不再由地方人民政府进行审批，提高工作效率。

二是在铁路用地范围外划定铁路线路安全保护区的，由县级以上地方人民政府组织有关铁路监督管理机构、县级以上地方人民政府国土资源等部门划定并公告。划定主体为县级以上地方人民政府，包括省、市（设区的市）、县三级地方人民政府。县级以上地方人民政府划定后，还应当依法履行公告义务，以保障公众的知情权。在铁路线路安全保护区内，本条例规定了相关管理制度，明令禁止一系列可能危害铁路线路和运输安全的行为。县级以上地方人民政府只有及时履行公告义务，使人民群众知悉铁路线路安全保护区的范围，才能保障安全保护区内相关制度和禁止性规定的切实执行。

三是在铁路线路安全保护区的范围可能与公路建筑控制区、河道管理范围、水利工程管理和保护范围、航道保护范围或者石油、电力以及其他重要设施保护区重叠的情况下，条例规定由县级以上地方人民政府组织有关部门划定并公告，同时要求依照法律、行政法规的规定进行协商。这里的有关部门，包括但不限于铁路监督管理机构、交通运输部门、河道管理部门、水利管理部门、航道管理部门、石油电力以及其他相关企业等。有关部门依照法律、行政法规的规定进行协商、达成一致意见后，最终划定并公告的主体仍为县级以上地方人民政府。

（五）铁路应当实行全封闭管理的原因

《铁路安全管理条例》第二十八条中规定："设计开行时速 120 公里以上列车的铁路应当实行全封闭管理。"

在铁路既有线提速之前，行人穿越铁路造成的人身伤亡事故较少，主要是因为列车速度较低（一般均低于时速 100 公里），多数情况下行人发现来车紧急撤离铁道，具有一定的可能性。随着列车运行速度的提高，行人穿越铁路，发现来车往往来不及撤离铁道，发生伤亡事故的概率相应增加。为保障广大人民群众人身安全，条例总结实践经验，新增加了"设计开行时速 120 公里以上列车的铁路应当实行全封闭管理"的规定。

（六）禁止在铁路线路安全保护区内烧荒、放养牲畜、种植影响铁路线路安全和行车瞭望的树木等植物的原因

《铁路安全管理条例》第二十九条第一款规定："禁止在铁路线路安全保护区内烧荒、放养牲畜、种植影响铁路线路安全和行车瞭望的树木等植物。"

禁止在铁路线路安全保护区内烧荒，首先是因为线路两侧烧荒容易引发火灾，直接威胁铁路行车安全；其次，烧荒产生的高温容易破坏埋设在线路两侧或者在线路上空的铁路通信、信号线路的保护设备，直接导致线路短路，影响铁路调度指挥系统；再次，烧荒引起的烟雾还会直接影响机车驾驶人员瞭望。

禁止在铁路线路安全保护区内放养牲畜，主要是由于列车运行速度较快，制动距离和制动时间都比较长，一旦发现紧急情况，列车在短时间、短距离内难以停车。铁路沿线居民放养的牲畜窜上线路与火车相撞，轻则财产受损，重则可能导致列车颠覆。因此，禁止在铁路线路安全保护区内放养牲畜，是为保障公众生命财产安全所必须采取的措施。

禁止在铁路线路安全保护区内种植影响铁路线路安全和行车瞭望的树木等植物，主要是考虑到铁路线路两侧的防护林木和护坡草坪是为了保证线路的稳定，防止雨水冲刷和风沙等灾害而特意栽培的。如果树木过于高大会影响司机瞭望，司机难以及时看清前方一定距离内的信号显示，或有异常情况时不能及时发现和处理，就可能造成行车事故。条例对此类行为作出禁止性规定，加大了对铁路行车安全的保护力度。

（七）在铁路线路安全保护区内排污、倾倒垃圾以及其他有害物质的危害和相关规定

《铁路安全管理条例》第二十九条第二款规定："禁止向铁路线路安全保护区排污、倾倒垃圾以及其他危害铁路安全的物质。"

向铁路线路安全保护区内排污、倾倒垃圾以及其他危害铁路安全的物质，不仅破坏铁路沿线的环境卫生，而且容易腐蚀铁路钢轨道床、信号通信设施，造成路基病害和桥梁淤堵，成为干扰铁路行车的因素之一，必须对这些行为予以禁止。这里所称"排污"，既包括固体废弃物，也包括液体废弃物；所称"倾倒垃圾以及其他危害铁路安全的物质"，既包括铁路沿线生产、生活产生的垃圾及其他危害铁路安全的物质，也包括从列车上向外倾倒垃圾。

（八）铁路线路安全保护区内要对建造建筑物、构筑物等设施，取土、挖砂、挖沟、采空作业以及堆放、悬挂物品等活动进行限制的原因

《铁路安全管理条例》第三十条规定："在铁路线路安全保护区内建造建筑物、构筑物等设施，取土、挖砂、挖沟、采空作业或者堆放、悬挂物品，应当征得铁路运输企业同意并签订安全协议，遵守保证铁路安全的国家标准、行业标准和施工安全规范，采取措施防止影响铁路运输安全。铁路运输企业应当派员对施工现场实行安全监督。"

条例之所以对铁路线路安全保护区内的这些生产活动进行限制，主要是出于以下考虑：

一是建筑物、构筑物的建造过程本身即会对行车产生一定的干扰，影响运输安全与通畅；打桩或深挖基础等难免对线路产生影响；建筑物、构筑物的突出部分可能造成行车障碍；高大的建筑物、构筑物还容易遮挡机车驾驶人员视线，不利于行车瞭望。

二是随意在铁路线路两侧取土、挖砂、挖沟或采空作业，直接影响铁路线路的稳固，带来安全隐患。安全行车必须有稳固的线路，尤其是高速铁路的发展，对线路安全提出了更高的要求。一旦线路遭到破坏，轻者导致中断行车，重者导致车毁人亡。

三是在铁路线路安全保护区内堆放、悬挂物品，如堆放粮食、稻草、砂石等物品，将直接形成列车运行的障碍；在铁路线路两侧晾晒衣物或悬挂其他物品，特别是彩色的物品，容易导致机车驾驶人员信号判断的错误或者影响瞭望。

在铁路线路安全保护区确需从事上述生产活动，根据条例的规定，必须经铁路运输企业同意，施工前应当与铁路运输企业签订安全协议。之所以这样规定，主要是为了落实铁路运输企业的安全生产主体责任，便于其采取有效的防护措施。因此，条例

还规定了铁路运输企业应当派员对施工现场实行安全监督。同时，条例还对相关施工作业方保障施工安全和铁路运输安全的义务作出了规定。

（九）铁路线路安全保护区内的既有建筑物、构筑物处理办法

《铁路安全管理条例》第三十一条规定："铁路线路安全保护区内既有的建筑物、构筑物危及铁路运输安全的，应当采取必要的安全防护措施；采取安全防护措施后仍不能保证安全的，依照有关法律的规定拆除。

拆除铁路线路安全保护区内的建筑物、构筑物，清理铁路线路安全保护区内的植物，或者对他人在铁路线路安全保护区内已依法取得的采矿权等合法权利予以限制，给他人造成损失的，应当依法给予补偿或者采取必要的补救措施。但是，拆除非法建设的建筑物、构筑物的除外。"

由于历史的原因，铁路线路两侧存在着一定数量的合法或者非法的建筑物、构筑物，有些处于铁路线路安全保护区的范围内，或多或少会影响铁路运输安全。条例对铁路线路安全保护区内已有的建筑物、构筑物处置，视不同情况作了不同的规定，即既有建筑物、构筑物危及铁路运输安全的，应采取必要的安全防护措施。采取安全防护措施，可以是所有权人或者实际控制人自觉的行为，也可以是铁路监管部门或者地方人民政府敦促的结果。对采取安全防护措施后仍不能满足安全要求的建筑物、构筑物，应依照《中华人民共和国行政强制法》等有关法律的规定拆除。

同时，条例对于拆除铁路线路安全保护区内的建筑物、构筑物，清理铁路线路安全保护区内的植物，或者对他人在铁路线路安全保护区内已依法取得的采矿权等合法权利进行限制的行为，规定"采取必要的补救措施"或者"依法给予补偿"。这里所说的补救，主要是采取措施对相关利益主体所受损失的弥补或挽救，如对铁路线路安全保护区内的植物清理后移植培育；对简易建筑物、构筑物拆除后异地复原。这里所说的补偿，主要是对相关利益主体所受损失的货币化或其他形式的弥补。为保障铁路运输安全而拆除沿线既有的合法建筑物、构筑物等行为，会对所有者或使用者的利益造成一定损害，因此本条明确规定了补偿原则。需要指出的是，在铁路线路安全保护区内拆除非法建筑物、构筑物，其所有者违法在先，本身不受法律保护，不应给予补偿。对此，本条也作了排除性规定。

（十）对铁路线路附近建筑物、构筑物、设备等物体与铁路建筑限界的关系的规定

《铁路安全管理条例》第三十二条明确规定："在铁路线路安全保护区及其邻近区域建造或者设置的建筑物、构筑物、设备等，不得进入国家规定的铁路建筑限界。"

对铁路建筑限界的管理，是铁路运输安全管理的重要组成部分。过去曾因进入建筑限界发生过行车事故。对这种直接危害铁路运输安全的行为，应当予以制止，否则有可能造成车毁人亡的行车事故。因此，条例对进入国家规定的铁路建筑限界的行为作出了明确的禁止性规定，并且以列举的形式指出了铁路线路及其邻近的建筑物、构

筑物、设备禁止进入。需要指出的是，对于与机车车辆有直接互相作用的设备，如车辆减速器、路签授受器、接触电线以及其他保障铁路正常运行的设施设备，应当排除在本条规定之外。

2019 年年底国家铁路局发布《中华人民共和国铁路法（修订草案）》，对铁路运输、铁路建设、铁路安全管理等做了大幅度修改。鼓励社会资本投资建路、严禁强行登乘列车、禁止强占座位、缺陷产品召回、行政约谈信用规制监管等内容被写入。

【案例分析】

2018 年 5 月 16 日 8 时，赵某在锦承线永和站内 386 千米 220 米处，被 2065 次列车碾压致死，其家属将北京铁路局告上法庭。原、被告均认可事发线路为锦承线，该线路呈东西走向，线路北侧是松桡沟门村，南侧是承平公路。原告认可被告在事发区段已尽到安全防护义务。

2018 年 6 月 8 日，北京铁路安全监督管理办公室出具铁路交通事故认定书，认定的事故原因为：经公安人员对事故现场勘验分析，赵某违章进入铁路车站，被正常行驶的 2065 次列车机后 11 位车辆碾轧，致其死亡。事故责任认定为：此次事故属赵某自身原因造成，赵某负事故全部责任。处理决定为：该事故造成的损失，由责任人承担赔偿责任。原告对事故概况及事故性质、事故造成的人员伤亡和直接经济损失及事故原因认可；对事故责任认定、处理决定或建议不认可。被告对该认定书全部内容予以认可。庭审中，原、被告均认可与死者赵某相撞的是 2065 次列车，撞击位置是该次列车的第 9 位第 11 号车厢。此外，被告提交该车厢的照片，该照片显示该车厢底部有死者赵某衣服的残留物，以此判断赵某有意钻入该车底。

法院依照《中华人民共和国铁路法》第五十八条第一款、《最高人民法院关于审理铁路运输人身损害赔偿纠纷案件适用法律若干问题的解释》第六条第二项、《最高人民法院关于审理人身损害赔偿纠纷案件适用法律若干问题的解释》第十七条第三款、《最高人民法院关于确定民事侵权精神损害赔偿责任若干问题的解释》第十一条的规定，判决如下：

一、被告北京铁路局向原告支付死亡赔偿金、丧葬费共计 90 779 元；

二、被告北京铁路局向原告支付被扶养人生活费 3 162 元；

三、被告北京铁路局向原告支付精神损害抚慰金 15 000 元；

四、驳回原告其他诉讼请求。

习　题

1. 简述《铁路法》的定义和特点。
2. 简述铁路经营的原则。
3. 简述铁路运输合同的定义和分类。

4. 对聚众哄抢铁路运输物资的犯罪分子，如何追究刑事责任？

5. 如何认定和处理在列车内实施抢劫的犯罪行为？

6. 对倒卖旅客车票的行为，如何追究刑事责任？

7. 为什么要设置铁路线路安全保护区？

8. 铁路线路安全保护区的范围有多大？

9. 铁路线路安全保护区如何划定？

10. 哪些铁路应当实行全封闭管理？

11. 怎样理解《铁路法》第六十条第一款的有关规定？

12. 对携带炸药、雷管或者非法携带枪支子弹、管制刀具进站上车的行为，如何追究刑事责任？

13. 怎样理解《铁路法》第六十一条、第六十二条的有关规定？

项目三 3

铁路旅客运输类法规认知

项目描述

铁路旅客运输规程有狭义和广义之分。狭义的铁路旅客运输规程是指 2010 年 12 月 1 号开始施行的《铁路旅客运输规程》，广义的铁路旅客运输规程是指《铁路旅客运输规程》和该规程的若干引申规章。本项目学生主要要学习的知识是《铁路旅客运输规程》《铁路旅客运输办理细则》和《铁路客运运价规则》三项法规和部分铁路旅客运输规范性文件的主体内容。

教学目标

（一）知识目标

了解铁路旅客运输规程的概念及特点；熟悉我国目前铁路旅客运输发展概况；了解世界目前铁路旅客运输发展新趋势。

（二）技能目标

掌握《铁路旅客运输规程》的主体内容；掌握《铁路旅客运输办理细则》的主体

内容；掌握《铁路客运运价规则》的主体内容；熟悉其他若干引申规章的内容。

（三）素质目标

掌握铁路旅客运输的基本概念及发展，能够分析铁路旅客运输常见形式的特点，熟练分析铁路旅客运输的特点，通过了解目前我国铁路的发展，掌握铁路运输在我国的应用前景。

案例导入

2006 年春运期间，李某在北京西站购买了一张北京西开往廊坊的票价为 11 元的 2597 次火车票一张。后因工作日程调整，李某无法按时乘坐火车，遂于次日到北京西站办理退票手续，退票工作人员按车票面额 11 元的 20%核收了 2 元退票费。李某认为，依据《铁路旅客运输规程》第四十八条“在发站开车前，特殊情况也可在开车后 2 小时内，退还全部票价。团体旅客必须在开车四十八小时以前办理”，原告在规定的时间办理退票，被告就不应该收取退票手续费。退票费的定价必须经国家发改委批准才行，且原国家计委出台的《国家发展计划委员会关于规范运输业退票费有关问题的信函》中提到“由于自然因素等不可抗力或运输企业自身生产组织原因发生的退票，不应收取退票费。旅客提前要求退票，而运输企业能够再次发售的退票，原则上不应收取退票费”。被告却强制收取手续费没有法律依据。2006 年 1 月 1 日铁路部门修改后的《铁路客运运价规则》中 20%退票手续费依然过高，有违《中华人民共和国民法通则》第四条“民事活动应当遵循自愿、公平、等价有偿、诚实信用的原则”。火车票本来就是稀缺资源，原告退票仅仅增加了被告出票的人工成本、工本费等，被告收取 20%的手续费，则比例明显过高，有违实际损害赔偿原则。

被告北京铁路局认为，铁路运输企业向李某收取因其个人的原因要求终止运输合同的退票费是国家法律赋予的权利，并非铁路运输企业按照自己的意志所为。《铁路法》第二十五条规定：“国家铁路的旅客、货物运输杂费的收费项目和收费标准由国务院铁路主管部门规定。”铁路总公司为了更好地贯彻执行《铁路法》制定了规章，《铁路旅客运输规程》第四十八条中明确规定，“旅客要求退票时，按下列规定办理，核收退票费……”；2006 年 1 月 1 日修改的《铁路客运运价规则》退票费的计费条件为按每张车票面额计算，收费标准为 20%（四舍五入到元）。核收李某 2 元退票费有充分的法律依据，而非强制收取。

法院判定：原告在铁路旅客运输合同成立后，因自身原因不能按票面指定的日期、车次乘车，在发站开车前要求退票，被告按车票面额 11 元的 20%核收 2 元退票费，符合《铁路法》《铁路旅客运输规程》《铁路客运运价规则》等相关规定。因《铁路法》是特别法，其明确规定国家铁路的旅客运输杂费的收费项目和收费标准由国务院铁路主管部门规定，而被告作为铁路运输企业其在运输经营业务中执行上述规定是正当的，并无不妥之处。故原告关于退票费的定价必须经国家发改委批准及以《国家发展计划委员会关于规范运输业退票费有关问题的信函》的有关内容为依据，认为被告收取退票费于法无据的主张，法院不予支持。关于原告所述退票费以20%核收过高及违反《中华人民共和国价格法》等意见，因该收费标准并非被告所制定，而是由法律授权国务院铁路主管部门制定的规章所规定，其不属司法审查范围，故本案不涉。

任务一 《铁路旅客运输规程》认知

一、铁路运输收入票据

铁路运输收入票据是铁路企业的有价证券。铁路运输种制分为客运票据和货运票据两大类，在客货票据中又分为运输用票据和收费用票据。

二、《铁路旅客运输规程》解读

《铁路旅客运输规程》是为了维护铁路旅客运输的正常秩序，保护铁路旅客运输合同各方当事人的合法权益，依据《铁路法》而制定的。

（一）术语解读

承运人：与旅客或托运人签有运输合同的铁路运输企业。铁路车站、列车及与运营有关人员在执行职务中的行为代表承运人。

旅客：持有铁路有效乘车凭证的人和同行的免费乘车儿童。根据铁路货物运输合同押运货物的人视为旅客。

托运人：委托承运人运输行李或小件货物并与其签有行李包裹运输合同的人。

收货人：凭有效领取凭证领收行李、包裹的人。

直达票：从发站至到站不需中转换乘的车票。

通票：从发站至到站需中转换乘的车票。

改签：旅客变更乘车日期、车次、席（铺）位时需办理的签证手续。

等级：同等距离以承运人提供的乘车条件不同确定。

动车组：运行速度在200公里及以上的列车。

客运记录：在旅客或行李、包裹运输过程中因特殊情况，承运人与旅客、托运人、收货人之间需记载某种事项或车站与列车之间办理业务交接的文字凭证。

时间：以北京时间为准，从零时起计算，实行24小时制。

以上、以下、以前、以后、以内、以外：均含本数。

（二）旅客的基本权利和义务

1. 权利

（1）依据车票票面记载的内容乘车；
（2）要求承运人提供与车票等级相适应的服务并保障其旅行安全；
（3）对运送期间发生的身体损害有权要求承运人赔偿；
（4）对运送期间因承运人过错造成的随身携带物品损失有权要求承运人赔偿。

2. 义务

（1）支付运输费用，当场核对票、款，妥善保管车票，保持票面信息完整可识别；
（2）遵守国家法令和铁路运输规章制度，听从铁路车站、列车工作人员的引导，按照车站的引导标志进、出站；
（3）爱护铁路设备、设施，维护公共秩序和运输安全；
（4）对所造成铁路或者其他旅客的损失予以赔偿。

（三）承运人的基本权利和义务

1. 权利

（1）依照规定收取运输费用；
（2）要求旅客遵守国家法令和铁路规章制度，保证安全；
（3）对损害他人利益和铁路设备、设施的行为有权制止、消除危险和要求赔偿。

2. 义务

（1）确定旅客运输安全正点；
（2）为旅客提供良好的旅行环境和服务设施，不断提高服务质量，文明礼貌地为旅客服务；
（3）对运送期间发生的旅客身体损害予以赔偿；
（4）对运送期间因承运人过错造成的旅客随身携带物品损失予以赔偿。

三、车票介绍

车票票面（特殊票种除外）主要应当载明：发站和到站站名；座别、卧别；径路；票价；车次；乘车日期；有效期。

车票包括客票和附加票两部分。客票部分为软座、硬座。附加票部分为加快票、卧铺票、空调票。

附加票是客票的补充部分，可以与客票合并发售，但除儿童外不能单独使用。(注：主要是指免费儿童在没有客票的情况下单独使用卧铺。

补充说明：车票票价为旅客乘车日的适用票价。承运人调整票价时，已售出的车票不再补收或退还票价差额。

车票应在承运人或销售代理人的售票处购买。在有运输能力的情况下，承运人或销售代理人应按购票人的要求发售车票。

承运人可以开办往返票、联程票（指在购票地能够买到换乘地或返回地带有席位、铺位号的车票）、定期、不定期、储值、定额等多种售票业务，以便于购票人购票和使用。

发售软座客票时最远至本次列车终点站。旅客在乘车区间中，要求一段乘坐硬座车，一段乘坐软座车时，全程发售硬座客票。乘坐软座时，另收软座区间的软、硬座票价差额。动车组列车车票最远只发售至本次列车终点站。

（一）车票种类

1. 加快票

旅客购买加快票必须有软座或硬座客票。发售加快票的到站，必须是所乘快车或特别快车的停车站。发售需要中转换车的加快票的中转站还必须是有同等级快车始发的车站。

2. 卧铺票

旅客购买卧铺票时，卧铺票的到站、座别必须与客票的到站、座别相同，但对持通票的旅客，卧铺票只发售到中转站。

3. 空调票

旅客乘坐提供空调的列车时，应购买相应等级的车票或空调票。旅客在全部旅途中分别乘坐空调车和普通车时，可发售全程普通硬座车票，对乘坐空调车区段另行核收空调车与普通车的票价差额。

4. 儿童票

承运人一般不接受儿童单独旅行（乘火车通学的学生和承运人同意在旅途中监护的除外）。随同成人旅行身高 1.2 ~ 1.5 米的儿童，应当购买儿童票；超过 1.5 米时应买全价票。每一成人旅客可免费携带一名身高不足 1.2 米的儿童，超过一名时，超过的人数应买儿童票（见图 3-1）。儿童票的座别应与成人车票相同，其到站不得远于成人车票的到站。免费乘车及持儿童票乘车的儿童单独使用卧铺时，应当补收票价差额。

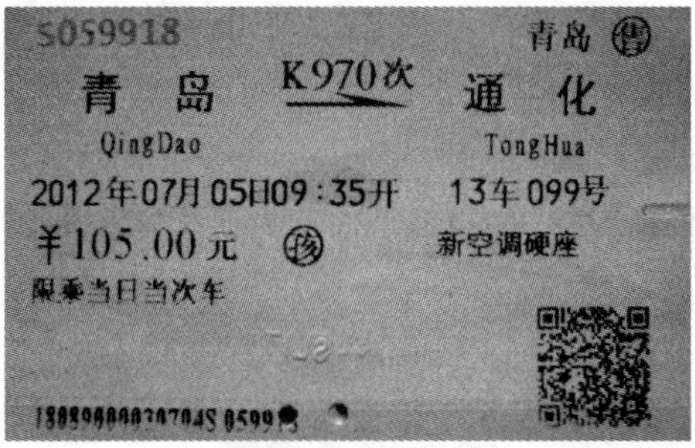

图 3-1　儿童票

5. 学生票

在普通大专院校（含国家教育主管部门批准有学历教育资格的民办大学），军事院校，中、小学和中等专业学校、技工学校就读，没有工资收入的学生、研究生，家庭居住地和学校不在同一城市时，凭附有加盖院校公章的减价优待证的学生证（小学生凭书面证明），每年可购买家庭至院校（实习地点）之间四次单程的学生票（见图 3-2）。

新生凭录取通知书、毕业生凭学校书面证明可买一次学生票。学生票限于使用普通旅客列车硬座和动车组列车二等座，使用普通旅客列车硬卧时应当补收票价差额。华侨学生和港澳台学生同样按照上述规定办理。

图 3-2 学生票

发售学生票时应以近径路或换乘次数少的列车发售。

下列情况不能发售学生票：

（1）学校所在地有学生父或母其中一方时；

（2）学生因休学、复学、转学、退学时；

（3）学生往返于学校与实习地点时；

（4）学生证未按时办理学校注册的；

（5）学生证优惠乘车区间更改但未加盖学校公章的；

（6）没有“学生火车票优惠卡”以及“学生火车票优惠卡”不能识别或者与学生证记载不一致的。

6. 残疾军人票

中国人民解放军和中国人民武装警察部队因伤致残的军人凭“中华人民共和国残疾军人证”，因公致残的人民警察凭“中华人民共和国伤残人民警察证”购买残疾军人优待票。“中华人民共和国残疾军人证”和“中华人民共和国伤残人民警察证”由国家有关部门颁发，铁路运输企业有权进行核对。

7. 站台票

到站台上迎送旅客的人员应买站台票。站台票当日使用一次有效。对经常进站接送旅客的单位，车站可根据需要发售定期站台票。随同成人进站身高不足 1.2 米的儿童及特殊情况经车站同意进站人员可不买站台票。未经车站同意无站台票进站时，加倍补收站台票款。遇特殊情况，站长可决定暂停发售站台票。

8. 团体票

20 人以上乘车日期、车次、到站、座别相同的旅客可作为团体旅客，承运人应优先安排；如填发代用票时除代用票持票本人外，每人另发一张团体旅客证。(见图 3-3)

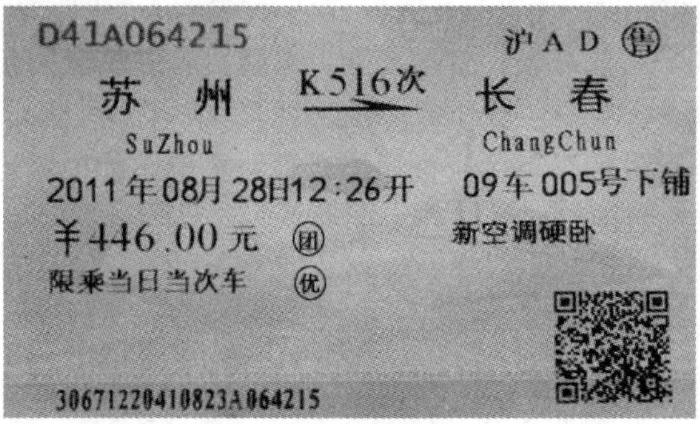

图 3-3 团体票

注：在无人售票的乘降所上车的人员，可在列车内购票，不收手续费。

(二) 车票有效期

直达票当日当次有效，但下列情形除外：

(1) 全程在铁路运输企业管内运行的动车组列车车票有效期由企业自定。

(2) 有效期有不同规定的其他票种。

通票的有效期按乘车里程计算：1 000 千米为 2 日，超过 1 000 千米的，每增加 1 000 千米增加 1 日，不足 1 000 千米的尾数按 1 日计算；自指定乘车日起至有效期最后一日的 24 时止。遇有下列情况可延长通票的有效期：

(1) 因列车满员、晚点、停运等原因，使旅客在规定的有效期内不能到达站时，车站可视实际需要延长通票的有效期。延长日数从通票有效期终了的次日起计算。

(2) 旅客因病，中途下车、恢复旅行时，在通票有效期内，出具医疗单位证明或经车站证实时，可按医疗日数延长有效期，但最多不超过 10 天；卧铺票不办理延长，可办理退票手续；同行人同样办理。其中动车组列车车票只办理改签，不办理有效期延长。

(三) 检票、验票和收票

车站对进出站的旅客和人员应检票，列车对乘车旅客应验票。对必须持证购买的减价票和持各种乘车证的旅客应当核对相应的证件。验票应打查验标记。

车站应当在开车前提前停止检票，但应当在本站营业场所通告停止检票的提前时间。

铁路稽查人员凭稽查证件、佩带稽查臂章可以在车内验票。

(四) 乘车条件规定

旅客须按票面载明的日期、车次、席别乘车，并在票面规定有效期内到达到站。持通票的旅客中转换乘时，应当办理中转签证手续。

持通票的旅客在乘车途中客票有效期终了、要求继续乘车时，应自有效期终了站或最近前方停车站起，另行补票，核收手续费。定期票可按有效期使用至到站。

对乘坐卧铺的旅客，列车可以收取车票并予集中保管。收取车票时，应当换发卧铺证；旅客下车前，凭卧铺证换回车票。（成人带儿童或儿童与儿童可共用一个卧铺）

除特殊情况并经列车长同意外，持低票价席别车票的旅客不能在高票价席别的车厢停留。烈性传染病患者、精神病患者或健康状况危及他人安全的旅客，站、车可以不予运送；已购车票的按旅客退票的有关规定处理。

四、旅客旅行中出现问题

旅客在日常的购票、检票、乘车过程中由于种种因素的影响对旅客出行造成了不便，车站、列车的客运工作人员应站在旅客角度为其积极解决，并按规程办理。

（一）出现误售、误购、误乘

车票误售、误购时，在发站应换发新票。在中途站、原票到站或列车内应补收票价时，换发代用票，补收票价差额。应退还票价时，站、车应编制客运记录交旅客，作为乘车至正当到站要求退还票价差额的凭证，并应以最方便的列车将旅客运送至正当到站，均不收取手续费或退票费。

因误售、误购或误乘需送回时，承运人应免费将旅客送回。在免费送回区间，旅客不得中途下车。如中途下车，对往返乘车区间补收票价，核收手续费。

由于误售、误购、误乘或坐过了站在通票有效期不能到达到站时，应根据折返站至正当到站间的里程，重新计算通票有效期。

（二）变更

旅客在乘车途中，要求办理旅行变更的情况是经常发生的，由于变更类型较多、办理时间紧迫，故在处理该项事件时，站、车客运工作人员必须从方便旅客出发，积极主动地按章办理。

1. 改签

旅客不能按票面指定的日期、车次乘车时，应当在票面指定的日期、车次开车前在列车有能力的前提下办理一次提前或推迟乘车签证手续，特殊情况经站长同意可在开车后 2 小时内办理。持动车组列车车票的旅客改乘当日其他动车组列车时不受开车后 2 小时内限制。团体旅客不应晚于开车前 48 小时。在车站售票预售期内且有运输能力的前提下，车站应予办理，收回原车票，换发新车票，并在新车票票面注明“始发改签”字样（特殊情况在开车后改签的注明“开车后改签不予退票”字样）；原车票已托运行李的，在改签后的新车票背面注明“原票已托运行李”字样并加盖站名戳。

必要时，铁路运输企业可以临时调整改签办法。

为了让更多的旅客最大限度利用车票资源，减少占票浪费运力，同时也便于已持有车票的旅客行程调整，在其他列车有余票时，可以改签发到城市相同的车票。具体是，开车前 48 小时（不含）以上，可改签预售期内的其他列车；开车前 48 小时以内，可改签开车前的其他列车，也可改签开车后至票面日期当日 24:00 之间的其他列车，不办理票面日期次日及以后的改签；开车之后，旅客仍可改签当日其他列车，但只能票面发站办理改签。

自 2015 年 6 月 10 日起，在铁路客运部门推出“变更到站”服务：在原车票开车前 48 小时以上，旅客可任意选择有余票的列车。已取得纸质车票的，可在车站指定售票窗口办理；未换取纸质车票的，也可在 12306 网站办理。办理“变更到站”不收手续费。“变更到站”只办理一次，已经办理“变更到站”的车票，不再办理改签，对已改签车票、团体票及通票暂不提供此项服务。

旅客在发站办理改签时，改签后的车次票价高于原票价时，核收票价差额；改签后的车次票价低于原票价时，退还票价差额。

旅客办理中转签证或在列车上办理补签、变更席（铺）位时，签证或变更的车次、席（铺）位票价高于原票价时，核收票价差额；签证或变更后的车次、席（铺）位票价低于原票价时，票价差额部分不予退还。

因承运人责任使旅客不能按票面记载的日期、车次、座别、铺位乘车时，站、车应重新妥善安排。重新安排的列车、座席、铺位高于原票等级时，超过部分票价不予补收。低于原票等级时，应退还票价差额，不收退票费。

2. 变径

持通票的旅客在中转站和列车上要求变更径路时，必须在通票有效期能够到达到站时办理。办理时原票价低于变径后的票价时，应补收新旧径路里程票价差额，核收手续费；原票价高于或相等于变更后的径路票价时，持原票乘车有效，差额部分（包括列车等级不符的差额）不予退还。动车组列车车票不办理变径。

旅客在车票到站前要求越过到站继续乘车时，在有运输能力的情况下列车应予以办理。核收越站区间的票价和手续费。

两名以上旅客共持一张代用票要求办理分票手续时，站、车应予以办理。办理时按分票的张数核收手续费。

3. 不符合乘车条件乘车

有下列行为时，除按规定补票、核收手续费以外，铁路运输企业有权对其身份进行登记，并须加收已乘区间应补票价 50%的票款：

（1）无票乘车时，补收自乘车站（不能判明时自始发站）起至到站止车票票价。持失效车票乘车按无票处理。

（2）持用伪造或涂改的车票乘车的，除按无票处理外并送交公安部门处理。

（3）持站台票上车并在开车 20 分钟后仍不声明的，按无票处理。

（4）持用低等级的车票乘坐高等级列车、铺位、座席的，补收所乘区间的票价差额。

（5）旅客持儿童票、学生票、残疾军人票没有规定的减价凭证或不符合减价条件的，按照全价票价补收票价差额。

有下列情况时只补收票价，核收手续费：

（1）应买票而未买票的儿童按规定补收票价。身高超过 1.5 米的儿童使用儿童票乘车时，应补收儿童票价与全价票价的差额。

（2）持站台票上车送客未下车但及时声明的，只补收至前方下车站的票款。

（3）主动补票或者经站、车同意上车补票的。

下列情况只核收手续费，但已经使用至到站的除外：

（1）旅客在票面指定的日期、车次开车前乘车的，应补签。

（2）旅客所持车票日期、车次相符但未经车站剪口的，应补剪。

（3）持通票的旅客中转换乘应签证而未签证的，应补签。

注：对无票乘车而又拒绝补票的人，列车长可责令其下车并应编制客运记录交县、市所在地车站或三等以上车站处理（其到站近于上述到站时应交到站处理）。车站对列车移交或本站发现的上述人员应追补应收和加收的票款，核收手续费。

对违反国家法律、法规，在站内、列车内寻衅滋事、扰乱公共秩序的人，站、车均可拒绝其上车或责令其下车；情节严重的送交公安部门处理；对未使用至到站的票价不予退还，并在票背面作相应的记载，运输合同即行终止。

4. 丢失车票

旅客丢失车票应另行购票。在列车上应自丢失站起（不能判明时从列车始发站起）补收票价，核收手续费。旅客补票后又找到原票时，列车长应编制客运记录交旅客，作为在到站出站前向到站要求退还后补票价的依据。退票核收退票费。

5. 退票

（1）旅客要求退票时，按下列规定办理，核收退票费：

① 旅客退票必须在购票地车站或票面发站办理。

② 在发站开车前，特殊情况也可以在开车后 2 小时内，退还全部票价。团体旅客必须在开车 48 小时以前办理。

③ 旅客开始旅行后不能退票。但如因伤、病不能继续旅行时，经站、车证实，可退还已收票价与已乘区间票价差额。已乘区间不足起码里程时，按起码里程计算；同行人同样办理。

④ 退还带有“行”字戳迹的车票时，应先办理行李变更手续。

⑤ 因特殊情况经站长同意在开车后 2 小时内改签的车票不退。

⑥ 站台票售出不退。

（2）市郊票、定期票、定额票的退票办法由铁路运输企业自定。必要时，铁路运输企业可以临时调整退票办法。例如：

① 为了方便旅客行程的调整，客票预售期延长至 60 天后，对开车前 15 天（不含）

以上退票的，不收取退票费。

② 改签后的车票乘车日期在春运期间的，退票时一律按开车时间前不足 24 小时标准核收退票费。

③ 对开车前 48 小时 ~ 15 天内，改签或变更到站至距开车 15 天以上的其他列车，又在距开车 15 天前退票的，仍核收 5%的退票费。

④ 因承运人责任致使旅客退票时按下列规定办理，不收退票费：

在发站，退还全部票价。

在中途站，退还已收票价与已乘区间票价差额，已乘区间不足起码里程时，退还全部票价。

在到站，退还已收票价与已使用部分票价差额。未使用部分不足起码里程按起码里程计算。

空调列车因空调设备故障在运行过程中不能修复时，应退还未使用区间的空调票价。

发生线路中断旅客要求退票时，在发站（包括中断运输站返回发站的）退还全部票价，在中途站退还已收票价与已乘区间票价差额，不收退票费，但因违章加收的部分和已使用至到站的车票不退。

6. 遗失物品丢失

对旅客的遗失物品应设法归还原主。如旅客已经下车，应编制客运记录，注明品名、件数等移交下车站。不能判明时，移交列车重点站。

客流量较大的车站应设失物招领处。失物招领处对旅客遗失物品应妥善保管，正确交付。遗失物品需通过铁路向失主所在站转送时，物品在 5 千克以内的免费转送，超过 5 千克时，到站按品类补收运费。

五、旅客携带品规定

为了旅客旅行生活的便利，旅客可以将旅行中所需要的物品如提包、背包、行李袋等带入乘坐的客车内。这些随身带入客车的零星物品，由旅客自行负责看管。但为了维护站车的良好秩序，确保运输安全，方便旅客进出站、上下车，必须对旅客携带品的范围有所限制。同时，铁路运输企业要在售票厅、候车室和列车内加强对旅客携带品的宣传，让广大旅客知道携带品的范围及超过范围的处理，以免旅客把违章物品带进站、带上列车。

旅客携带品由自己负责看管。每人免费携带品的重量核体积是：

儿童（含免费儿童）10 千克，外交人员 35 千克，其他旅客 20 千克。每件物品外部尺寸长、宽、高之和不超过 160 厘米，杆状物品不超过 200 厘米，但乘坐动车组列车不超过 130 厘米；重量不超过 20 千克。

残疾人旅行时代步的折叠式轮椅可免费携带且不计入上述范围。

下列物品不得带入车内：

（1）国家禁止或限制运输的物品；

（2）法律、法规、规章中规定的危险品、弹药和承运人不能判明性质的化工产品；

（3）动物及妨碍公共卫生（包括有恶臭等异味）的物品；

（4）能够损坏或污染车辆的物品；

（5）规格或重量超过《铁路旅客运输规程》第五十一条规定的物品。

为方便旅客的旅行生活，限量携带下列物品（见图 3-4）：

不超过 20 毫升的指甲油、去光剂、染发剂；不超过 120 毫升的冷烫精、摩丝、发胶、杀虫剂、空气清新剂等自喷压力容器；安全火柴 2 小盒；普通打火机 2 个。

旅客违章携带物品按下列规定处理：

（1）在发站禁止进站上车；

（2）在车内或下车站，对超过免费重量的物品，其超重部分应补收四类包裹运费。对不可分拆的整件超重、超大物品、动物，按该件全部重量补收上车站至下车站四类包裹运费。

（3）发现危险品或国家禁止、限制运输的物品，妨碍公共卫生的物品，损坏或污染车辆的物品，按该件全部重量加倍补收乘车站至下车站四类包裹运费。危险物品交前方停车站处理，必要时移交公安部门处理。对有必要就地销毁的危险品应就地销毁，使之不能为害并不承担任何赔偿责任。没收危险品时，应向被没收人出具书面证明。

（4）如旅客超重、超大的物品价值低于运费时，可按物品价值的 50%核收运费。

（5）补收运费时，不得超过本次列车的始发和终点站。

车站开展携带品搬运、暂存服务业务时，可核收搬运、暂存费。

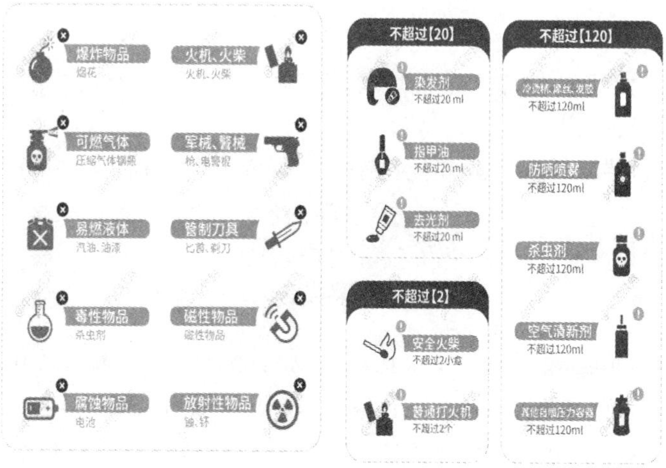

图 3-4　禁止和限制携带物品

六、行李、包裹运输

（一）行李、包裹运输合同

铁路行李包裹运输合同是指承运人与托运人、收货人之间明确行李、包裹运输权利义务关系的协议。

行李、包裹运输合同的基本凭证是行李票、包裹票。

（二）行李票、包裹票内容

行李票、包裹票应当注明：

（1）发站和到站；

（2）托运人、收货人的姓名、地址、联系电话、邮政编码；

（3）行李和包裹的品名、包装、件数、重量；

（4）运费；

（5）声明价格；

（6）承运日期、运到期限、承运站站名戳及经办人员名章。

行李、包裹运输合同自承运人接受行李、包裹并填发行李票、包裹票时起成立，到行李、包裹运至到站交付给收货人止履行完毕。

（三）托运人的基本权利和义务

1. 权利

（1）要求承运人将行李、包裹按期、完好地运至目的地；

（2）行李、包裹灭失、损坏、变质、污染时要求赔偿。

2. 义务

（1）缴纳运输费用，完整、准确填写托运单，遵守国家有关法令及铁路规章制度，维护铁路运输安全；

（2）因自身过错给承运人或其他托运人、收货人造成损失时应负赔偿责任。

（四）承运人的基本权利和义务

1. 权利

（1）按规定收取运输费用，要求托运的物品符合国家政策法令和铁路规章制度。对托运的物品进行安全检查，对不符合运输条件的物品拒绝承运。

（2）因托运人、收货人的责任给他人或承运人造成损失时向责任人要求赔偿。

2. 义务

（1）为托运人提供方便、快捷的运输条件，将行李、包裹安全、及时、准确运送到目的地；

（2）行李、包裹从承运后至交付前，发生灭失、损坏、变质、污染时，负赔偿责任。

任务二 《铁路旅客运输办理细则》认知

《铁路旅客运输办理细则》的内容包括：铁路旅客运输合同的含义及凭证、车票的作用，售票基本规定，车票签证及有效期延长的办理，检票、验票、误售、误购、误乘的处理，丢失车票的处理，拒绝运送和运输合同的终止，乘车条件，不符合乘车条件的处理，旅行变更，旅客携带品、旅客遗留携带品的处理。

一、旅客运输

（一）旅客运输合同

铁路旅客运输合同是明确承运人与旅客之间权利及义务关系的协议。

（二）车票和其他乘车凭证

车票的作用：车票是旅客乘车的凭证，同时也是旅客加入铁路旅客意外伤害强制保险的凭证。

除车票外，还可以持铁路乘车证和特种乘车证乘车。特种乘车证包括：

（1）全国铁路通用乘车证；

（2）中央和各省、市、自治区机要部门使用的软席乘车证（限乘指定的乘车位置）；

（3）邮政部门使用的机要通信人员免费乘车证，包括押运员、检查员（只限乘坐邮车及铁路指定的位置）；

（4）邮局押运人员免费乘车证（只限乘坐邮车及铁路指定的位置）；

（5）邮局视导员免费乘车证（只限乘坐邮车及铁路指定的位置）；

（6）口岸站的海关、边防军、银行使用的往返免费乘车书面证明；

（7）我国铁路邀请的外国铁路代表团使用的中华人民共和国铁路免费乘车证；

（8）用于到外站装卸作业及抢险的调度命令。

中国铁路免费乘车证：中国铁路免费乘车证”可乘坐除国际列车以外各种等级、席别的列车。“中国铁路免费乘车证”由国务院铁路主管部门制定和管理。

（三）售票

售票途径：车票由车站或铁路运输企业设立的其他售票处所发售。为了方便旅客，也可委托其他部门代售车票。

售票基本规定：有计算机售票设备的车站，除系统设备故障等特殊情况外，不得发售手工车票。发售车票按以下规定办理：

（1）车站发售客票时，不能使用到站不同但票价相同的车票互相代替。

（2）在软卧车有空余包房的条件下，车站可根据列车长的预报发售软座车票。发站给中途站预留的包房，可利用其发售最远至预留站的软座车票，但涉及夜间（20点~7点）乘车，不得超过2小时。

（3）发售去边境地区的车票时，应要求旅客出示国务院铁路主管部门、公安部规定的边境居民证、身份证或边境通行证。

发售加快票时，应在符合《铁路旅客运输规程》规定的前提下，其发到站之间全程都应有快车运行。如中间有无快车运行的区段时，则不能发售全程加快票。

购买卧铺票的旅客要求在中途站开始乘车时，售票员须在客票背面签注某站上车，加盖站名戳，并在"中途预留卧铺通知单"上注明，以便通知列车预留。

为测量儿童的身高，在售票窗口、检票口、出站口、列车端门口应涂有测量儿童身高的标准线。通学的小学生不论身高多少，均按学生票办理。成人无论身高多少均应购买全价票。

（四）发售学生票

发售学生票除要求出示相应的证件外，还应按如下原则发售：

（1）普通大、专院校，中、小学和中等专业学校、技工学校是指符合政府教育部门所规定的年限、学期和课程等制度并经相应级别的教育机关注册的院校，不包括各类职工大学、电视大学、业余广播大学、函授学校。

（2）"没有工资收入的学生"是指没有固定工资收入的学生。学生有无工资收入，由学校确定，铁路凭学校发给的减价优待证售票。能够确认有工资收入的学生持减价优待证购票时，车站可以拒绝发售学生票，并通知学校处理。

（3）学生父、母都不在学校所在地，并分两处居住时，由学生选择其中一处，并登记在学生减价优待证上。如学生父母迁居时，根据学生申请，经学校确认，可将学生减价优待证上的乘车区间更改并加盖公章或更换新证。学生回家后，院校迁移或调整，也可凭学校证明和学生减价优待证，发售从家庭所在地到院校新所在地的学生票。

（4）学生每年仅限于购买四次单程减价票，当年未使用的次数，不能留作下年使用。

（5）学生票应按近径路发售，但有直达列车或换乘次数少的远径路也可发售。学生购买联程票或乘车区间涉及动车组列车的，可分段购票。学生票分段发售时，由发售第一段车票的车站在学生优惠卡中划销次数，中转站凭上一段车票售票，不再划销乘车次数。

（6）在乘降所上车的学生（其减价优待证上注明上车地点为乘降所），可以在列车上售给全程学生票，并在减价优待证相当栏内，有列车长注明"×年×月×日乘××列车"，加盖名章，作为登记一次乘车次数。

（7）减价优待证记载的车站是没有快车或直通车停靠的车站时，离该站最近的大站（可以超过减价优待证规定的区间）可以发售学生票。

（8）超过减价优待证上记载的区间乘车时，对超过区间按一般旅客办理，核收全价。

（9）华侨学生和港澳台学生回家时，车票发售至边境车站。

（10）符合减价优待条件的学生无票乘车时，除补收票款外，同时应在减价优待证上登记盖章，作为登记一次乘车次数。

站台票发售规定：为便于进站接送旅客，车站应积极发售站台票。对确有需要的单位，可发售定期站台票。定期站台票可按实际需要分为季票和月票。季度站台票的式样和价格由国务院铁路主管部门统一制定。月度站台票的式样和价格由铁路局自定，价格应不少于每日一次。

（五）代用票发售规定

发售代用票应按如下方法填写：

（1）在事由栏填写相应的略语：

① 客票“客”；

② 加快票“普快”或“特快”；

③ 卧铺票“卧”；

④ 客快联合票普快或特快分别为“客快”或“客特快”；

⑤ 客快卧联合票分别为“客快卧”或“客特快卧”；

⑥ 儿童超高“超高”；

⑦ 丢失车票“丢失”；

⑧ 变更座别、铺别、径路分别为“变座”“变铺”“变径”；

⑨ 无普快或无特快分别为“无快”或“无特快”；

⑩ 改乘高等级列车为“补价”；

⑪ 乘车日期、车次、径路不符“不符”；

⑫ 误撕车票“误撕”；

⑬ 不符合减价规定“减价不符”；

⑭ 有效期终了“过期”；

⑮ 退加快票“退快”；

⑯ 退卧铺票“退卧”；

⑰ 持站台票来不及下车“送人”；

⑱ 空调、包车、无票、越席、误售、误购、越站、分乘、团体按本项定语填写。

（2）原票栏按收回的原票转记。

（3）乘车区间栏填写发到站站名、经由、乘车里程。

（4）人数栏分别全价、半价、儿童栏内用大写字体填写，不用栏用“#”划消。

（5）票价栏按收费种别分别填写在适当栏内。其他费用应在空白栏内注明收费种别和款额，卧铺栏前加“上、中、下”，不用栏用斜线划消，合计栏为收款总计。补收过程中有退款相冲抵时，退款金额前用减号表示。发生退款时在空白栏注明退款种别，在合计栏的金额数前用减号表示退款额。

（6）记事栏内记载下列事项：

① 发售学生票时，记载“学”字。

② 发售包车时，注明包车的车种、车号和定员数。

③ 办理团体票时，注明团体旅客证的起止号。

④ 在列车上发生退款时，应注明“到站净退××元”。

⑤ 其他需记载的事项。

（7）票面填写禁止涂改，乙联按合计栏款额在相应的剪断线剪断后交旅客，其余随丙联上报。

（六）车票签证及通票有效期延长的办理

车票签证及通票有效期延长的办理条件：因列车满员或意外事件列车停止运行，旅客不能按票面指定的日期、车次乘车时，车站应积极为旅客办理签证及通票有效期延长手续。

办理规定：办理时，应在通票背面注明“因××延长有限期×日”并加盖站名戳。旅客托运行李时，还应在行李票上签注“因××原因改乘×月×日××车次”，加盖站名戳，作为到站提取行李时、计算免费保管日数的凭证。

（七）检票、验票

检票：车站的检票口、出站口应有明显的标志。车站对进站人员持用的车票、站台票经确认后加剪（市郊定期客票、卧铺票不剪）。计算机票、代用票、区段票应销角后交给旅客。出站人员的站台票应将其副券撕下。误撕车票时，应换发代用票。

验票：列车车门口验票由列车员负责，列车内的验票工作由列车长负责组织实施，由乘警、列车值班员等有关人员配合。验票原则上每 400 千米一次，运行全程不足 400 千米的列车应查验一次，特殊区段由列车长决定查验次数的增减。

（八）乘车条件

乘车条件：一般情况下旅客持乘车凭证即可乘车，但对烈性传染病患者（尤其是对人身健康危害严重、有暴发性流行可能的疾病患者），车站发现时应告之铁路规定并给予办理退票手续。列车上发现时，列车长编制客运记录交车站。必要时，应通知铁路防疫部门处理污染现场。

（九）不符合乘车条件的处理

对不符合乘车条件的旅客、人员，站车均应了解原因，区别不同情况予以处理。对有意不履行义务的，应补收票款并加收票款。对主动补票并经站、车同意上车的人员和儿童，只补收票价，核收手续费。

对持定期客票违章需按往返及天数加收票价时，按下列公式计算：加收票价=单程应收票价×2×天数。

对需补收票款差额的，办理时，发售补价票或收回原票，换发代用票。换发代用票时，补收的差额票价填写在代用票补收栏内，收回的原票随代用票丙联上报。

列车内发现旅客车票漏剪口时应补剪并核收手续费；如漏剪是由车站责任造成的，

责列车补剪不收手续费。到站发现车票漏剪则不予追究。

旅客持票提前乘车并已经过车站剪口时，列车应予补签，或者收回原票、换发代用票。代用票上记载实际乘车的日期、车次，原票栏按原票实际填写，原票随丙联上报。

（十）旅行变更

车票改签的定义：旅客变更乘车日期、车次、席位、铺位时需要办理的签证手续称为改签。

改签的规定：旅客在发站办理车票改签时，应收回原票换发新票，票面打印“始发改签”字样。计算票价时，在联合票价基础上计算。旅客在中途站办理签证不需补差价时，只打印签证号；需补差价时，发售有价签证票。除售票系统设备故障等特殊情况外，不得手工改签车票。

变更的规定：旅客在列车上要求办理变更座位、铺位时，在列车有能力的情况下应当予以办理。需补收差价时，发售一张补价票，随同原票使用有效。

旅客要求变径需补收票价时，车站可使用常备专用补价票或计算机票补价。补价时，应收回原票。

符合使用原票乘车的规定时，可在原票背面注明“变更经由××站”，加盖站名戳或列车长名章，凭原票乘车。

旅客在到站前要求越过到站继续旅行时，在列车有能力的情况下应予以办理。办理时核收越站区间的票价，不足起码里程时，按起码里程计算；旅客同时提出变更座别、铺别和越站时，应先办理越站，后办理变更，使用一张代用票，核收一次手续费。遇有下列情况不能办理越站：

（1）列车严重超员；

（2）乘坐卧铺的旅客买的是给中途站预留的卧铺；

（3）乘坐的回转车，途中需要甩车。

旅客要求退票时，按下列规定办理：

（1）在车站退还带有“行”字戳记车票时，应先将托运的行李取消托运或改按包裹托运。

（2）在列车上，旅客因病不能继续旅行时，列车长应编制客运记录交中途有医疗条件的车站，同行人同样办理。

因铁路责任造成旅客退票时，无论在发站、中途站还是到站，均应积极为旅客办理，不得互相推诿，继续给旅客造成困难。

因线路中断致使旅客中途退票时，应退还已收票价与已乘区间票价差额，已乘区间不足起码里程时，按起码里程计算，不收退票费。

退还票价时，按客、快、卧起码里程分别计算。旅客需报销退票费时，应开具退票费报销凭证。

（十一）误售、误购、误乘的处理

因站名相似或口音不同发生误售、误购时，站、车均应积极主动处理。应补收时，补收正当到站票价与已收票价的差额，收回原票。换发代用票。应退还时，凭原票和客运记录乘车至到站退款。

旅客因误售、误购、误乘或坐过了站需送回时，列车长应编制客运记录交前方停车站。车站应在车票背面注明“误乘”并加盖站名戳，指定最近列车免费返回。在免费送回区间，站车均应告之旅客不得自行中途下车。如中途下车，对往返乘车的免费区间，按返程所乘列车等级分别核收往返区间的票价，核收一次手续费。

（十二）丢失车票的处理

旅客丢失车票另行购票时，车站另发新票。列车上补票时，注明丢失。由于站车工作人员工作失误，造成旅客车票丢失时，站车均应填发代用票，在记事栏内注明“因某某原因丢失”，将款额剪断线全部剪下随丙联上报。

旅客丢失车票另行补票后又找到原票时，列车长应编制客运记录，连同原票和后补车票一并交给旅客，作为旅客在到站出站前退还后补车票的依据。列车长与车站办理交接时，车站不得拒绝。处理站在办理时，填写退票报告，并核收退票费，列车长编制的客运记录随退票报告联一并上报。

（十三）旅客携带品

旅客携带品的保管：对旅客随身携带品应动员放在行李架上和座位下面，并做到平稳牢固，不妨碍其他旅客乘坐或通行。对旅客按《铁路旅客运输规程》规定携带少量带有危险性质的物品或佩带枪支、子弹乘车时，应告之妥善保管，避免发生意外。

旅客违章携带物品的处理：现旅客违章携带物品（包括几人同时携带一件超更或超大物品）时，在车站，应拒绝进站或动员旅客办理托运；对已带入车内的，应补收运费，妥善安排，必要时可放入行李车内。

对已带入车内的猫、狗、猴等宠物，应安排在列车通过台由旅客自己照看，宠物发生意外或伤害其他旅客时，由携带者负责。

对违章携带的物品补收运费时，一律填写客运运价杂费收据，注明日期、发到站、车次、事由、件数、重量。具体处理过程中，应本着实事求是的态度，区别不同的违章情况，妥善处理。携带品超重不足 5 千克时，应免收运费。

旅客携带品的暂存：三等及其以上车站应设携带品暂存处。暂存处应公布收费标准和注意事项。暂存物品需包装良好，箱袋必须加锁，包装不良的，不予存放。办理暂存手续时，必须填写暂存票，注明品名、包装、日期、件数等。提取时还应注明提取日期、寄存日数和核收款额，并在暂存票乙票上加盖戳记后交给旅客。暂存票应按顺号装订，保管一年。

旅客遗留携带品的处理：对旅客遗失物品应设法归还失主。如旅客已经下车，应编制客运记录，详细注明品名、件数等移交下车站，不能判明旅客下车站时，移交列车终点站。

车站对本站发现或列车移交的遗失物品，应在遗失物品登记簿上详细登记，注明日期、地点、移交车次、品名、包装及内含物品、数量、重量、交物人、经办人、处理结果等内容。

客流量较大的车站应设遗失物品招领处，遗失物品招领处应有明显的招领揭示。对遗失物品应妥善保管，正确交付。失主来领取时，应查验身份证，核对时间、地点、车次、品名、件数、重量，确认无误后，由失主签收，并记录身份证号码。

拾到现金应开具“客运运价杂费收据”（以下简称“客杂”）上交，并在登记簿上注明“客杂”收据号码，当失主来领取时，开具退款证明书办理退款。

遗失物品需要通过铁路向失主所在站转送时，内附清单，物品加封，填写客运记录和行李、包裹交接证，交列车行李员签收。

遗失物品中的危险品、国家禁止或限制运输的物品、机要文件应立即移交公安机关或有关部门处理，不办理转送。

鲜活易腐物品和食品不负责保管和转送。

（十四）拒绝运送和运输合同的终止

列车上对拒绝补票的人，应编制客运记录交列车前方县、市三等以上车站处理，但不能超过无票人员的到站。车站对列车移交和本站发现的人员应按章追补票价，对当时无力补票的应设法通知其单位或家属帮助补交票款。

对于在列车内寻衅滋事、扰乱公共秩序被列车工作人员责令下车的旅客，列车应编制客运记录交车站。车站工作人员对在站内发现的和列车移交的上述旅客应带出站外，情节严重者应送交公安部门处理。对被站、车拒绝乘车和责令下车旅客的车票应在车票背面作相应记载，作为不予改签或退票的依据。

二、行李、包裹运输

以下从行李、包裹运输合同订立，行李、包裹的范围，行李、包裹的托运与承运，包裹的押运，运到期限等几方面进行学习。

（一）行李、包裹运输合同

办理行李及包裹运输，托运人与承运人之间必须签订运输合同。铁路行李、包裹运输合同是指承运人与托运人、收货人之间明确行李、包裹运输权利、义务及关系的协议。

（二）行李的范围

行李仅指为方便旅客的旅行生活所限定的少量物品和残疾旅客代步所用的残疾人车。超过规定范围应按包裹运输。

行李中不得夹带的物品一般有：

（1）货币：含各币种的纸币和金属辅币；

（2）证券：含股票、彩券、国库券及具有支付、清偿功能的票据等；

（3）珍贵文物：具有一定年代的有收藏、研究或观赏价值的物品；

（4）档案材料：人事、技术档案，组织关系，户口簿或户籍关系，各种证件、证书、合同、契约等；

（5）危险品：国务院铁路主管部门公布的《危险货物品名表》内的品名。对其性质有怀疑的物品也按危险品处理。如雷管、炸药、鞭炮、汽油、煤油等。

【案例分析】

案例梗概：2017 年 1 月 17 日上午 10 时许，旅客姚某携带一个用衣服包裹的白色乳胶桶来到某站进站口。经安检发现，乳胶桶内有一个装满液体的金龙鱼油桶，其自称是食用油。民警当场打开瓶盖，立刻飘出刺鼻的煤油味。此时，姚某才承认，自己携带的是 4.5 升煤油，准备带回玉屏老家杀年猪用。

判决结果：鉴于其明知故犯，情节恶劣，民警在依法收缴其所携煤油后，给予其行政拘留 10 日的处罚。

结果分析：煤油属于国务院铁路主管部门公布的《危险货物品名表》中的危险品。危险品是禁止旅客带进车站及列车的，所以一旦发现有携带危险品的要立即送交公安部门处理。

（三）包裹的范围

包裹中下列品名是指：

报纸为有国务院或省级新闻出版管理部门的统一刊号（CN×××）的报纸。宣传用非卖品为中央、省级政府（含国务院各部委和解放军各大军区）宣传国家政策、法律、法规的挂图、图片、图板等。中、小学生课本仅为教育部门规定的教学课本，不含各种教学参考书。

杂志、书籍应为有国家规定的统一书刊号的各种刊物、著作、工具书以及内部发行的规章等。国务院铁路主管部门可以调度命令或运输命令特许运输某种物品。

不能按行李、包裹运输的物品范围主要为：

妨碍公共卫生和安全的物品；国家政策法令规定禁止运输的物品。国家禁止和限制运输的物品以国务院及各部委颁发的文件为准。活动物中能够主动攻击伤害人的猛兽、猛禽和蛇、蝎子、蜈蚣、蜂等以及大动物不能承运。

（四）行李、包裹的托运与承运

承运行李应要求旅客出具车票。市郊定期客票不能托运行李，铁路乘车证不能免费托运行李。

下列物品托运应提供运输证明：

（1）托运金银珠宝、货币证券应提供中国人民银行的正式文件或当地铁路公安局（处）或公安分局（分处）的免检证明。

（2）托运枪支应提供运往地市（县）公安局的运输证明。

（3）托运警犬应提供公安部门的书面证明；托运国家法律保护的野生动物应提供国家林业主管部门的运输证明。

（4）托运免检物品应提供当地铁路公安局（处）、公安分局（分处）的免检证明。

（5）托运国家禁止或限制运输的物品应提供主管部门的运输证明。托运精神和麻醉药品应提供国家卫生主管部门的运输证明。

（6）托运运动、植物时应提供动、植物检疫证明。办理时，将检疫证明的二联附在运输报单上以便运输过程中查验。

（7）托运Ⅰ级或辐射水平 H≤1mrem/h 的Ⅱ级放射性同位素时（气体放射性物质除外），应提供经铁路卫生防疫部门核查签发的“铁路运输放射性物品包装件表面污染及辐射水平检查证明书”，包装件表面放射性污染及其内容物的放射性活度均不得超过《铁路危险货物运输规则》表 1 与表 2 规定的限值。一批或一辆行李车内装载的件数不得超过 20 件，每件重量不得超过 50 千克，并不得与感光材料以及活动物配装，与食品配装需要隔开 2 米以上的距离。

（8）托运油样箱时，必须使用铁路规定的专用油样箱并提供国务院铁路主管部门签发的油样箱使用证。到站后由收货人直接到行李车提取。

办理承运行李、包裹时，应确认品名、件数、包装并进行检查核对，正确检斤。承运加水、加冰的物品或途中喂养动物的饲料应单独检斤，作为到站因此产生减量或重量消失的依据。车站在办理承运手续时应填写行李、包裹票，填写时应逐项正确填写，字迹清楚，使用规范文字，加盖规定印章。

（五）包裹的押运

托运金银珠宝、货币证券、文物、枪支、鱼苗、蚕种和途中需要饲养的动物，必须派人押运。对运输距离在 200 千米以内、不需要饲养的家禽、家畜，托运人提出不派人押运时，也可以办理托运。车站应向托运人说明并在托运单上注明“途中逃逸、死亡铁路免责”。

押运的包裹应装行李车，由押运人自行看管，车站负责装车和卸车，在行李车押运时，列车行李员应将押运人姓名、人数、工作单位、住址和品名、件数、发到站登记押运人员登记簿内，并向押运人员说明以下事项：

（1）行李车内严禁吸烟；

（2）不准打开车门乘凉；

（3）不得移动车内备品、物件；

（4）不要靠近放射性物品。

（六）运到期限

运到期限一般以运价里程计算，在运输过程中发生水灾、地震、飓风、雪害、冰雹、风沙等人力不能抗拒的灾害或疫情、战争、执法机关扣留等，发生的停留时间应加算在行李、包裹的运到期限内，由停留的车站或列车行李员在行李、包裹票背面注明“因×××原因停留×天”，并加盖站名戳或规定的行李员名章。

行李、包裹超过规定的运到期限时，到站应凭行李、包裹票向收货人支付逾期运到的违约金。部分逾期时，到站应收回行李、包裹票，给收货人开具客运记录，作为领取部分逾期行李、包裹和要求支付违约金的依据。违约金按所收运费的百分比计算，不足0.1元的尾数按四舍五入处理到0.1元。支付逾期违约金时，填写“退款证明书”。

三、特定运输

本部分主要介绍特定运输中的包车以及租车及自备车辆的挂运和行驶，其中包车部分包括包车办理规定、包车停留费含义及计费、包车空驶费含义及计费，以及租车及自备车辆挂运和行驶的租车办理手续及规定。

（一）包车办理规定

包车人要求包车或单独使用加挂车辆时，一般应于开车前15日，要求单独使用专用列车时应于开车前30日向乘车站或其上级主管部门联系，并提交全程路程单，经同意后签订合同、交付定金。

车站接到包车单位提出的全程路程单后报请上级批准，批准命令应于开车前4天以调度命令形式下达车站。车站应于开车前3日通知包车人前来办理运输费用的交纳手续。包用专用列车的编组中作隔离或宿营的车辆不另计费，但用隔离车装运行李、包裹时则应按包车办理。

包车停留费含义及计费：包车停留费是指包用人要求在发站、中途站、折返站停留时应付的费用。由于车辆换挂接续列车或铁路指定开车时间所产生的停留时间不收停留费。停留费按日计算，自0时起至24小时为一日，不足12小时按半日计算。停留时间以列车到达时刻至开车时刻为准。

包车空驶费含义及计费：空驶费是指在包用人指定日期内乘车站没有所需车辆，需从外站向乘车站调送车辆以及使用完毕后将车辆回送至原车辆所在站或单程使用后由到站回送车辆所在站所产生的费用。空驶费按最短径路并全程通算。

办理包车不受加挂列车终到站及往返乘车限制。车票有效期按所提路程单日期计算。

包车单位在未交付运费前取消用车计划时，定金不退。交付运费后取消用车计划时，应核收因调用车辆产生的空驶区间空驶费和停止使用费。应核收的空驶费和停止使用费均填写“客杂”。

包车单位在中途站请求变更到站、延长或缩短使用时，由中途变更站报请上级批准后，核收变更到站产生的已收和应收运费差额或延长使用区间的运输费用。缩短使用时，已收费用不退。

（二）租车及自备车辆的挂运和行驶

租车是指租用人租用铁路车辆自用，出租车辆核收租车费。办理租车手续时，使用租车合同并按下列规定办理：

（1）承运人租出的车辆必须技术状态良好，保证安全，符合列车运行条件，设备、配件应齐全。租用时双方办理交接手续。

（2）车辆交付租用人使用后，因租用人责任造成车辆损坏，修车所需费用，由租用人负担。定检的车辆，由租用人提前提出计划，由路方进行定检，所发生的费用均由路方车辆配属段负担。

租用车或企业自备机车、车辆利用铁路线路运行时，按下列规定办理：

（1）向所在地车站提出书面要求，注明挂车（开行）日期、区间、空车或重车，挂客车或货车以及挂车（开行）目的。自备动力运行时应注明日期和区间并注明按客运还是按货运办理。

（2）车站接到租车人的书面要求后应报请铁路局，由铁路局与有关单位签订合同，并向车站下达调度命令。

（3）车站接到挂车（开行）调度命令后应先办理收费手续。由货运办理时，货运负责收费，填写货票，票据由运转车长转交到站。随货物列车挂运的空客车如有随车押运人员，按货运押运人收费标准核收押运费；随客运列车挂运的空客车随车押运人员应购买所挂列车等级的硬座车票。

（4）铁路机车车辆工厂（包括车辆研究所）新造车或检修车出厂在正式营业线上进行试验时，同样收取挂运费或行驶费。

（5）军运、邮政部门租车和自备车辆挂运及行驶的收费办法，按军运和邮运有关规定办理。

四、运输事故的处理

本部分主要讲述铁路运输事故的处理规定，包括线路中断对旅客的安排，绕道中断对行李、包裹的安排，事故赔偿及纠纷处理及行李、包裹事故案卷内容等。

（一）线路中断对旅客的安排

线路中断的处理：线路中断造成列车不能继续运行时，列车长应迅速了解停运的原因，组织列车工作人员稳定车内秩序。发生火灾爆炸等事故时，应组织旅客撤离现场，抢救伤员，扑救火灾（必要时应分解列车），调查取证并迅速与就近车站联系，向客调及上级有关领导报告情况。

列车停运且不能在短时间内恢复运行时，站车应做好服务工作，解决旅客的困难，做好饮食供应工作，必要时，向地方政府报告请求援助。

事故发生局还应向国务院铁路主管部门请求命令后向全路发出停办客运业务的电

报。恢复通车时也照此办理。

对旅客车票按如下规定处理：

（1）停止运行站和被阻列车应在车票背面注明“日期、原因、返回××站”字样或贴同样内容的小条，加盖站名戳或列车长名章，作为旅客免费返回发站或中途站办理退票或改签的凭证。

（2）在发站或由中途站返回发站停止旅行时，退还全部票价，其中包括在列车上补购的车票，但罚款、手续费和携带品超重、超大补收的费用不退。已使用至到站的车票不退。

（3）停止运行站或返回中途站退票时，退还已收票价与发站至停止旅行站的票价差额，不足起码里程按起码里程计算。

（4）铁路组织已购票的被阻旅客乘原列车绕道运输时持原票有效。组织旅客换乘其他列车绕道运输，车站应为旅客办理签证手续，在车票背面注明“因××绕道××站（线）乘车”并加盖站名戳。绕道运输乘坐原座别、铺别时票价不补不退，变更座别、铺别时，补收或退还差额。中途下车车票失效。

（5）旅客要求在发站或一个中途站（返回途中自行下车无效）等候继续旅行，凭原票在通车10日内可恢复旅行。旅客要求恢复旅行时，车站应办理签证手续。

（6）由于线路中断影响旅行，旅客要证明时，车站应开具文字证明，加盖站名戳。

（二）绕道中断对行李、包裹的安排

线路中断后，对已承运行李、包裹按下列规定办理：

（1）未装运的行李、包裹留在发站待运或备托运人办理取消托运。

（2）已装运在途被阻的行李、包裹，列车折返时由折返局根据具体情况指定卸在折返站或临近较大车站（列车不折返、待命继续运行的不卸）。如折返区段均为中间小站时，可与邻局协商，返回邻局较大的车站卸下保管。线路恢复后，应优先装运被阻的行李、包裹，并在票据记事栏注明被阻日数，加盖站名戳。

（3）根据托运人的要求，在发站和由中途站返回发站的行李、包裹取消托运时，收回行李、包裹票，在旅客页和报单页记事栏注明“线路中断，取消托运”，填开“退款证明书”退还全部运费并将收回的行李、包裹票附在“退款证明书”报告页上报。

（4）旅客或收货人、托运人在中途站领取时，收回行李、包裹票，填写“退款证明书”，退还已收运费与发站至领取站间的运费差额，不足起码里程按起码里程计算，并在行李、包裹票旅客页、报单页、记事栏注明“线路中断、中途提取”，附在“退款证明书”报告页上报。

（5）旅客在发站停止旅行，行李已运至到站，要求将行李运回发站取消托运时，在行李票报销页加盖“交付讫”戳，在记事栏注明“因线路中断、行李运至到站返回，运费不退”，交旅客作为报销凭证。

（6）旅客在发站或中途站停止旅行，要求仍将行李运至到站时，补收全程或中止旅行站至到站的行李和包裹差价。

（7）包裹在中途被阻，托运人要求变更到站，补收或退还已收运费与发站至新到站的运费差额，不收变更手续费。在“客杂”或“退款证明书”记事栏注明“因××线路中断，变更到站”。

（8）鲜活包裹在运输途中被阻，卸车站应及时与发站联系，征求托运人处理意见。要求返回发站或变更到站时，按上述办法处理。托运人要求铁路处理时，卸车站应处理，处理所得款填“客杂”上交，在记事栏内注明情况，并编制客运记录写明情况，附处理单据寄送发站，处理所得款由处理站所属铁路局收入部门汇付发站所属铁路局收入部门。发站凭记录和单据填写“退款证明书”退还已收运费与发站至处理站间运费差额和物品处理所得款。记录、处理单据及收回的包裹票随“退款证明书”报告页上报。

（9）组织行李、包裹绕道运输时，应在行李、包裹记事栏注明“线路中断，绕道运输被阻×日”并加盖站名戳，原车绕道时加盖列车行李员名章，到站根据实际运输里程加上被阻日数计算运到期限。

（10）线路中断后承运包裹，经铁路局批准，按实际径路计算运费。

（三）事故赔偿及纠纷处理

发生旅客人身伤害或急病时，站、车均应尽力救助。列车在向车站移交受伤旅客时应开具客运记录与车站办理交接。

行李、包裹事故的立案调查和处理一般由到站办理。行李、包裹在发站装车前全部灭失、毁损时，由发站办理。

事故立案时，车站应会同有关人员编制行李、包裹事故记录一式三份，一份留站存查，一份调查用，一份交托运人或收货人作为提出赔偿要求书的凭证。

行李、包裹事故立案后，处理站应向有关站、段立即发出查询电报或事故查复书。有关站段接到电报或事故查复书后应立即调查并在规定的时间内答复处理站。如不是本单位责任时，还应顺序向下一个运输环节查找。查询电报和事故查复书应抄送铁路局；跨铁路局时，应抄送有关铁路局。

行李、包裹事故经过调查能够确认是铁路运输企业需要承担责任范围的，不论责任单位是否确定，均应先行办理赔偿。

车站受理赔偿要求时，应审查赔偿要求人提出的有关资料和受偿资格。接受赔偿要求后应在赔偿要求书收据上加盖站名戳和经办人规定的名章，交给赔偿要求人，并抄知有关单位。

经确认责任不属铁路不予赔偿时，处理站应使用正式文件，说明理由和依据，连同全部赔偿材料（赔偿要求书除外）退给赔偿要求人，抄知有关单位。

（四）行李、包裹事故案卷内容

行李、包裹事故案卷内应有如下内容：

（1）行李、包裹票；

（2）行李、包裹事故记录；

（3）损失物品清单；
（4）物品所有权证明；
（5）查询电报或事故查复书；
（6）赔偿要求书；
（7）事故结论；
（8）赔偿通知书。
事故案卷一案一卷。协议赔偿案卷保存 3 年，诉讼案卷保存 4 年。

任务三 《铁路客运运价规则》认知

一、《铁路客运运价规则》基础知识

目的：为维护承运人、旅客、托运人、收货人的合法权益。

分类：《铁路客运运价规则》所指客运运价包括旅客票价和行李、包裹运价。客运运价与客运杂费构成全部运输费用。

二、旅客票价

铁路旅客票价，是铁路旅客运输产品的销售价格，是国民经济价格体系的组成部分。其基本票价率由国务院铁路主管部门拟定，报国务院批准。

铁路旅客运输是直接为城乡广大人民服务的，其中个人旅行占了相当大的比重。旅客票价在一定程度上体现了国家与个人之间的交换与分配关系，价值规律将起一定的调节作用，旅客票价的高低，对旅客流量乘车座别以及客运量在各种运输方式之间的分配，都有一定的影响。在确定旅客票价时，必须考虑人民生活水平，妥善处理国家积累与照顾人民生活需要的关系以及各种运输工具的合理利用。

（一）旅客票价的定义

旅客票价是以每人每千米的票价率为基础，按照旅客旅行的距离和不同的列车设备条件，采取递远递减的办法确定。具体票价以国务院铁路主管部门公布的票价表为准。

包房式硬卧票价分别按硬卧中、下铺另加 30%计算。

（二）旅客票价的分类

根据列车种类、车辆类型、设备条件、客票的使用期间及减收票价的有关规定。旅客票价分为两部分：

客票票价：分为硬座、软座客票票价。

附加票票价：分为加快、卧铺、空调票票价。

（三）旅客票价的单位

国家铁路的旅客票价，以 5 角为计算单位，不足 5 角的尾数按 2.5 角以下舍去、2.5 角及以上进为 5 角处理。国家铁路的行李、包裹运价及客运杂费的尾数保留至角。对浮动票价应分别按票种处理尾数。

下列用语在《铁路客运运价规则》中的含义：

“以上”“以下”“以内”“以外”“以前”“以后”——均包括本数。

“超过”“大于”“不满”“小于”“不足”“不够”——不包括本数。

（四）旅客票价的构成要素

1. 基本票价率与票价比例关系

旅客票价以硬座票价率为基础，是决定全部旅客票价水平最重要的因素。其他各种票价均以它为基准按照旅客运输成本和各列车等级的合理分工制定其相应的票价率。

在制定硬座客票基本票价率时，应认真执行党和国家的方针和政策，根据旅客运输成本，考虑人民生活水平和旅行需要，并参照其他运输方式的旅客票价在调查研究的基础上通过核算加以确定。当硬座客票基本票价率确定后，其他各种票价率就按其加成或减成比例计算。

2. 旅客票价里程区段

旅客票价并不是完全按运输里程计算的，而是考虑旅客较合理地支付票价，将运输里程分为若干区段，对同一里程区段，核收同一票价。旅客票价里程区段应适当地划分，使旅客支付票价既合理又简便。

旅客票价要按里程区段划分，区段间距随里程的增长而逐渐加大，区段中的票价按该区段的中间里程计算，即计价里程=票价里程区段中的最后一个区段的中间里程。

3. 票价计算

基本票价的计算，除初始区段不足起码里程按起码里程和最后一个区段按中间区段计算外，其余各区段分别按其区段里程计算，根据各区段的递减票价率求出各个区段的全程票价和最后一个区段按中间里程求出的票价加总，即为基本票价。

根据票价历史演变，原客票票价含有保险费，当时的保险费不分软、硬座客票，均按硬座客票的基本票价的 2%计算（附加票票价由基本票价单一组成，不含保险费），并以角为单位，不足 1 角进为 1 角。然后，将基本票价和保险费相加，即得原客票票价。各种票价均以元为单位，不足 1 元的尾数，按四舍五入处理。

4. 优待票

儿童票可享受客票、加快票和空调票的优惠，儿童票票价按相应客票和附加票票价的 50%计算。免费乘车及持儿童票乘车的儿童单独使用卧铺时，应另收全价卧铺票价，有空调时还应另收半价空调票票价。

学生票可享受硬座客票、加快票和空调票的优惠，学生票票价按相应客票和附加票票价的 50%计算。持学生票乘车的学生使用硬卧时，应另收全价硬卧票价，有空调时还应另收半价空调票票价。

残疾军人票可享受客票和附加票的优惠，残疾军人票票价按相应客票和附加票票价的 50%计算。

享受优惠的儿童、学生、伤残军人乘坐市郊、棚车时，仍按硬座半价计算，不再减价。

三、运价里程

旅客和行李、包裹的票、运价里程，以国务院铁路主管部门公布的《铁路客运运价里程表》为计算依据。发到站间跨及两条及其以上线路时，应按规定的接算站接算；通过轮渡时，应将规定的轮渡里程加入运价里程内计算。

（一）旅客票价里程的计算

旅客票价里程，按旅客乘车的实际径路计算。

（二）行李运价里程的计算

行李运价里程，按行李实际运送的径路计算，旅客要求行李由近径路运送时，如有直达列车可按近径路计算。超过车票终到站以远的行李计费径路比照包裹计费径路办理。

（三）包裹运价里程的计算

包裹运价里程按最短径路计算，有指定径路时，按指定径路计算。带运、押运包裹的运价里程按实际径路计算。

有直达列车的（指挂有行李车，下同）按直达列车径路计算，有多条直达径路的，按其中最短径路计算。

没有直达列车的，按中转次数最少的列车径路计算，中转次数相同的，按最短列车径路计算。

（四）旅客票价，行李、包裹运价的起码里程

计算旅客票价，行李、包裹运价的起码里程为：客票 20 千米；空调票 20 千米；加快票 100 千米；卧铺票 400 千米（特殊区段另有规定者除外）；行李 20 千米；包裹 100 千米。

四、行李、包裹运价

铁路行李、包裹运价，是根据运输条件，并参照铁路零担货物运价和民航等其他运输工具的行李、包裹运价而制定的。行李、包裹使用行李车运送，送达速度快，并由行李员全程负责运送，运输质量高。由于行李、包裹的特点和装载方法等因素，行李车的载重利用率低，而行李车的容量有限，因此，根据行李、包裹的运输条件和与其他运输工具合理分工的原则，行李、包裹运价应高于铁路零担货物运价，但低于民航行李、包裹运价。

（一）行李、包裹运价率

行李运价率为硬座客票票价率的 1%，即每 100 千克千米的行李运价率等于 1 人千米的硬座客票基本票价率。

包裹运价率是以三类包裹运价率为基数，其他各类包裹运价率按三类包裹的运价率加成或减成的比例确定。

（二）行李、包裹运价的计价

行李、包裹运价是根据规定的运价区段，以每千克每千米的运价率乘以通过递远递减后而确定的计价里程，再乘以 1 千克，即得 1 千克为单位的运价基数。行李、包裹起码重量为 5 千克。行李、包裹的运费，根据《行李包裹运价表》按每张票据计算，以元为单位，尾数保留至角。每张行李、包裹票的起码运费为 1 元。运价不同的物品混装为一件时，按其中运价高的计算。

行李、包裹均按物品重量计算运价，但有规定计价重量的物品按规定重量计价，见表 3-1。

表 3-1　行李、包裹规定计价重量

物品名称	计价单位	规定计价重量（千克）	备注
残疾人用车	每辆	25	以包裹托运时，按实际重量计算
自行车	每辆	25	
助力自行车	每辆	40	含机动自行车
两轮轻型摩托车	每辆	50	① 含轻骑； ② 汽缸容量 50 立方厘米以下时
两轮重型摩托车	每辆	按汽缸容量每立方厘米折合 1 千克计算	汽缸容量超过 50 立方厘米时
警犬、猎犬	每头	20	超重时，按实际重量计算

注：行李、包裹运价的计价重量以千克为单位，不足 1 千克按 1 千克计算。

（三）保价运输

按保价运输的行李、包裹核收保价费。行李保价费按声明价格的 0.5%、包裹保价费按声明价格的 1%计算。

（四）行李托运

旅客可凭客票办理一次行李托运。托运的行李在 50 千克以内，按行李运价计算，超过 50 千克时（行李中有残疾人用车时为 75 千克），对超过部分按行李运价加倍计算。

五、特定运价

（一）特定运价的定义

特定运价是对一些特殊运输方式和特殊运价区段而制定的客运运价。包括以下两个方面：

（1）包车、租车、挂运、行驶等运价的计算；

（2）国家铁路、地方铁路及特殊运价区段间办理直通、过轨运输运价的计算。

（二）包车的相关规定

凡旅客要求单独使用加挂车辆（含普通客车、公务车）或加开专用列车（含豪华列车）时，均按包车办理。包车人应与承运人签订包车合同，签订包车合同时，包车人应预付相当于运输费用 20%的定金。

包车合同应载明：包车人、承运人的名称、地址、联系人姓名、电话；包用车辆的种类、数量、时间；发站和到站站名；包车运输费用；违约责任；双方商定的其他内容。

包车时按下列标准，根据运行里程（娱乐车、餐车根据使用日数）核收票价、运费、使用费：

（1）客车和合造车的客车部分，按客车种别、定员核收全价客票票价。成人与儿童（含享受减价优待的学生、伤残军人）混乘一辆车，人数不足时，按定员核收全价客票票价；实际乘车人数超过定员时，对超过人数按实际分别核收全价或半价客票票价。

（2）卧车按种别、定员核收客票及卧铺票的全价票价。

（3）公务车按 40 个定员核收软座客票及高级软卧票（上下铺各二分之一）的全价票价。

（4）豪华列车每辆按 32 个定员核收软座客票及高级软卧票（上下铺各二分之一）的全价票价。

（5）棚车代用客车，按车辆标记载重计算定员（每吨按 1.5 人折算）核收棚车客票票价。

（6）娱乐车、餐车使用费每日每辆 5 000 元，餐车合造车每日每辆 2 500 元（不足 1 日按 1 日核收）。

（7）行李车和合造车的行李车部分，按车辆标记载重核收行李或包裹运费。用棚车代用行李车时，按行李或包裹的实际重量核收行李或包裹运费。起码计费重量按标记载重的三分之一计算（不足 1 吨的尾数进整为 1 吨）。行李、包裹混装时，按其中运价高的核收。

（8）包用的客车、公务车加挂在普通快车、特别快车列车上或加开的专用列车、豪华列车按上述等级速度运行时，都应根据核收客票票价人数核收相应的加快票价；途中发生中转换挂（或开行）不同列车等级时，按首次挂运（或开行）的列车等级核收加快票价。

（9）包用车辆使用空调设备时，还应按核收客票票价的人数核收空调费。娱乐车、餐车的空调费按使用费的 25%计算。

（10）包车全部运行途中，里程采取通算。

（三）租车的相关规定

厂矿、企业等单位租用客车在本单位使用时，按包车停留费标准，按日核收租车费。单独租用发电车时，租车费每日每辆 2 100 元。

租用客车或企业自备客车在国家铁路的旅客列车或货物列车挂运时，按下列标准核收挂运费：

（1）空车：不分车种，按每轴每千米 0.534 元核收。

（2）重车：按标记定员票价的 80%核收。

（3）客车：按标记定员票价的 80%核收。

（4）行李车：按标记载重运费的 80%核收。

（5）餐车、娱乐车、发电车：按租车费的 80%核收。

（四）企业自备车收费规定

企业自备机车、车辆或租用车，利用国家铁路线路运行时，不论空车或重车，均按每轴（含机车轴数）每千米 0.468 元核收行驶费。

（五）过轨运输的相关规定

国家铁路、合资铁路、地方铁路及特殊运价区段间相互办理直通过轨运输时，应分别按各段里程计算客运运价，加总核收。国家铁路涉及几个地段时，里程采取通算。上述各段由于分段计算，有不足起码里程区段时，按起码里程计算，但卧铺票价按表 3-2 所列比例计算。客运杂费按实际产生的核收。

国家铁路、合资铁路、地方铁路及特殊运价区段间办理行李、包裹直通运输的，执行国铁行李、包裹统一运价及相关计费标准，里程通算，运费在发站一次核收。

表 3-2　卧铺票价计算比例

里程	占 400 千米卧铺票价的比例/%
1～100	25
101～200	50
201～300	75
301～400	100

六、客运杂费

客运杂费是指在铁路运输过程中，除去旅客车票票价、行李包裹运价以外，铁路运输企业向旅客、托运人、收货人提供的辅助作业、劳务及物耗等所收的费用。

（一）客运杂费的种类

1. 付出劳务所核收的费用

该费用包括搬运费、送票费、接取送达费、手续费、行李包裹变更手续费、查询费、装卸费等。核收这类费用，是因为旅客或托运人、收货人提出要求，为其特殊服务时而收取。

2. 违反运输规定所核收的费用

该费用包括各种无票乘车加收的票款及违章运输加倍补收的运费等。

为了维护站、车秩序，对无票乘车或者持失效车票乘车的人员，应根据铁路法及客运规章有关规定加收票款。

3. 使用有关单据及其他用品所核收的物耗费用

该费用包括货签费、安全标志费、其他用品费等。对这类费用应本着为人民服务的精神，核收适当的费用。

4. 为加强资金与物资管理所核收的费用

该费用包括迟交金、保价费、保管费等。这类费用是按照有关款额的百分比或保管的日数进行计算收取的。

（二）客运杂费的收费项目和收费标准

客运杂费的收费项目和收费标准由国务院铁路主管部门制定，统一规定的部分杂费收费项目和收费标准见表 3-3。

表 3-3　客运杂费收费项目及收费标准

收费项目		计费条件	收费标准	备注
1	站台票		1 元/张	
2	手续费	列车上补卧铺	5 元/人次	同时发生时按最高标准核收一次手续费
		其他	2 元/人次	
3	退票费	按每张车票面额计算	5%（以 5 角为单位，2.5 角以下舍去、2.5 角及以上进为 5 角）	最低按 2 元计收
4	送票费	送到集中取票点	3 元/人次	
		送到旅客所在地	5 元/人次	
5	标签费	货签费	0.25 元/个	
		安全标志费	0.2 元/个	
6	行李、包裹变更手续费	装运前	5 元/票次	
		装运后	10 元/票次	
7	行李、包裹查询费	行李、包裹交付后，旅客或收货人还要求查询时	5 元/票次	
8	行李、包裹装卸费	从行李房收货地点至装上行李车，或从行李车卸下至交付地点，各为一次装卸作业	2 元/件次	超过每件规定重量的，按其超重倍数增收
9	行李、包裹保管费	超过免费保管期限，每日核收	3 元/件	超过每件规定重量的，按其超重倍数增收
10	行李、包裹搬运费	从车站广场停车地点搬运至行包房办理处或从行包交付处搬运至广场停车地点各为一次搬运作业；由汽车搬上、搬下时，每搬一次，另计一次搬运作业	1 元/件次	超过每件规定重量的，按其超重倍数增收
11	行李、包裹接取送达费	接取、送达各为一次作业每 5 千米（不足 5 千米按 5 千米计算）核收：	5 元/件次	超过每件规定重量的，按其超重倍数增收
12	携带品暂存费		3 元/件	每件重量以 20 千克为限，超重时按其超重倍数增收
13	携带品搬运费	从广场停车地点搬运至站台或从站台搬运至广场停车地点各为一次搬运作业；由火车、汽车搬上、搬下时，每搬一次，另计一次搬运作业	2 元/件次	每件重量以 20 千克为限，超重时按其超重倍数增收

（三）行李、包裹逾期的相关规定

迟交票款、运费、杂费时从应收该项费用之次日起至付款日止，每迟交一日，按迟交总额的 1%核收运输费用迟交金。

行李、包裹实际运到日数超过规定的运到期限时，铁路运输企业应按所收运费的百分比，向收货人支付运到逾期的违约金，但最多不超过运费的 30%。

一批行李、包裹部分逾期时，按逾期部分的运费比例支付运到逾期的违约金。

（四）包车的收费标准

包车时，根据包车人提出的全程路程单，对要求在发站、中途站、折返站停留（因换挂接续列车除外），按下列标准核收包车停留费，在停留当日不足 12 小时的减半核收。

（1）娱乐车、餐车，每日每辆 5 000 元；餐车合造车，每日每辆 2 500 元。

（2）公务车、高级软卧车，每日每辆 3 300 元。

（3）软座车、软卧车、软硬卧车、硬卧车、软座硬卧合造车，每日每辆 1 800 元。

（4）硬座车、行李车、软硬座合造车、行李邮政车、软座行李合造车、硬座行李合造车，每日每辆 1 400 元。

（5）棚车，每日每辆 139 元。

（6）包用公务车、豪华列车的服务费，按车票票价的 15%核收。

（7）包用娱乐车、餐车，一日内同时发生停留费、使用费两项费用时只收一项整日费用。

（8）包用专用列车、豪华列车，当列车编成辆数不足 12 辆时，应按实际运行日数，每欠编一辆每日核收欠编费 850 元，当日不足 12 小时的减半核收。

包用的车辆，自车辆所在站向乘车（装运）站空送时起至回送至车辆原所在站止，产生空驶时，对空驶区段（里程按最短径路并采取通算），不分车种，每车每千米核收 3. 458 元的空驶费，但棚车不核收空驶费。

（五）包车变更的费用计算

包车单位在始发站停止使用，除退还已收空驶费与已产生的空驶区段往返空驶费差额外，其他费用按下列规定办理：

（1）开车 48 小时以前退还全部费用，核收票价、使用费、运费 10%的停止使用费。

（2）开车前 6 小时至不足 48 小时时，退还全部费用，核收票价、使用费、运费 20%的停止使用费。

（3）开车前不足 6 小时退还全部费用，核收票价、使用费、运费 50%的停止使用费。

（4）开车后要求停止使用，只退还尚未产生的包车停留费。

包用单位在始发站延期使用，在开车前 6 小时以前提出时，按规定核收包车停留费；在开车前不足 6 小时提出时，核收票价、使用费、运费 50%延期使用费，并重新办理包车手续。

包车单位在中途站延长使用时，经中途变更站报请铁路局（集团公司）同意后，核收票价、运费、使用费或包车停留费；如包车单位付款有困难，可根据书面要求，由变更站电告发站或到站补收应收费用。包车单位中途缩短使用时，所收费用不退。

习 题

1. 有效身份证件包括哪 24 种？

2. 旅客购票后丢失车票时，符合哪些条件的，可到车站售票窗口办理挂失补办手续？

3. 路风监察工作机构的主要职责是什么？

4. 路风问题主要包括哪七大类？

5. 铁路运输收入票据是铁路企业的什么？

6. 铁路总公司收入管理部门及经铁路总公司授权的国家铁路的铁路局收入管理部门，负责对印刷厂的铁路客货运输票据的哪些工作进行监督检查？

7. 铁路火灾事故应急处置应遵循的基本原则是什么？

4 项目四

铁路安全生产相关法规认知

项目描述

随着社会的不断进步，人们对物质生活条件有了更高要求，为保障生命和财产安全，强化和落实生产经营单位的主体责任，建立生产经营单位负责、职工参与、政府监管、行业自律和社会监督的机制，国家颁布了《中华人民共和国安全生产法》(下文简称《安全生产法》)。本项目主要阐述了《安全生产法》和《铁路安全管理条例》的基础知识并对重点条款进行了解读，以增强铁路专业学生的运输安全生产意识，提高对旅客运输的责任心。

教学目标

(一)知识目标

认知铁路安全生产法的意义、性质和内容；熟悉铁路安全生产法的适用范围和原则；掌握国家铁路局制定的与确保运输安全有关的规程和规则。

(二)技能目标

认识铁路安全生产法的重要性；熟悉铁路旅客运输过程中应遵循的原则；掌握《安

全生产法》和《铁路安全管理条例》在铁路旅客运输过程的运用。

（三）素质目标

掌握《安全生产法》的概况；了解铁路旅客运输的管理措施；熟悉安全生产法内容；在铁路旅客运输过程中发生紧急情况时会进行应急处理。

案例导入

2008 年 4 月 28 日，北京开往青岛的 T195 次旅客列车运行至山东境内胶济铁路周村至王村间，第 9 节至 17 节车厢在铁路弯道处脱轨，冲向上行线路基外侧。此时，正常运行的烟台至徐州的 5034 次旅客列车刹车不及，以每小时 70 千米的速度与脱轨车辆发生撞击，机车和第 1 至第 5 节车厢脱轨。事故造成 72 人死亡，416 人受伤，被认定是一起人为责任的特别重大交通事故。

事故调查组认为，胶济铁路特大交通事故是一起典型的责任事故，济南铁路局在这次事故中暴露出两点突出问题：一是用文件代替限速调度指令，二是漏发临时限速指令，从而造成事发列车在限速 80 千米的路段上实际时速居然达到了 131 千米，每小时超速 51 千米，超速达 60%，这充分暴露了一些铁路运营企业安全生产认识不到位、领导不到位、责任不到位、隐患排查治理不到位和监督管理不到位的严重问题；反映了基层安全意识薄弱，现场管理存在严重漏洞。

2009 年 5 月 26 日，国务院对此次安全事故的调查处理报告作出批复，共 37 名事故责任人受到追究。济南铁路局常务副局长、局党委常委郭吉光等 6 名事故责任人被依法追究刑事责任，另外 31 名相关责任人受到处分，给予时任济南铁路局局长陈功行政撤职、撤销党内职务处分，给予时任济局党委书记柴铁民撤销党内职务处分，给予时任铁总副部长胡亚东记大过处分，给予时任铁总部长刘志军记过处分。

2009 年 12 月 3 日，法院做出宣判：原北京机务段机车司机李振江、原王村站助理值班员崔和光、原王村站值班员张法胜、原济南铁路局调度所列车调度员蒲晓军、原济南铁路局调度所施工调度员郑日成、原济南铁路局副局长郭吉光身为铁路职工，违反铁路规章制度，导致发生特别重大交通事故，后果特别严重，均构成铁路运营安全事故罪。法院根据各被告人在事故中的责任，判处李振江有期徒刑 4 年 6 个月；判处崔和光有期徒刑 4 年；判处张法胜有期徒刑 3 年 6 个月；判处蒲晓军有期徒刑 3 年，缓刑 5 年；判处郑日成有期徒刑 3 年；判处郭吉光有期徒刑 3 年，缓刑 3 年。

任务一　《安全生产法》认知

《安全生产法》是为了加强安全生产工作，防止和减少生产安全事故，保障人民群众生命和财产安全，促进经济社会持续健康发展而制定的。生产经营单位必须执行依法制定的保障安全生产的国家标准或者行业标准。在中华人民共和国领域内从事生产经营活动的单位（以下统称生产经营单位）的安全生产，适用《安全生产法》；有关法律、行政法规对消防安全和道路交通安全、铁路交通安全、水上交通安全、民用航空安全以及核与辐射安全、特种设备安全另有规定的，适用其规定。

一、《安全生产法》概述

（一）《安全生产法》基础知识

近些年来，我国重大、特大生产安全事故屡有发生，造成的损失巨大，安全生产形势严峻，引起了社会的广泛关注。分析这些事故发生的原因，主要集中在以下方面：一是生产经营单位的领导对安全生产和防范安全事故工作的重要性认识不到位，片面强调经济效益，忽视安全生产；二是生产经营单位安全生产投入严重不足，安全生产条件差，基础工作薄弱；三是地方政府及有关监督管理部门对安全生产监督管理重视不够、不到位；四是有关安全生产的法律、法规难以满足目前安全生产监督管理工作的实际需要。为了落实中央领导“隐患险于明火，防范胜于救灾，责任重于泰山”的重要批示，遵照党中央、国务院有关领导同志的指示精神，根据近年来我国安全生产的实际状况以及国家安全生产监督管理体制的变化，制定了这部综合性的《安全生产法》。

《安全生产法》自 2002 年 6 月 29 日发布、2002 年 11 月 1 日实施以来，历经两次修改。

第一次修改时间为 2009 年 8 月 27 日，被《全国人民代表大会常务委员会关于修改部分法律的决定》修改；

第二次修改时间为 2014 年 8 月 31 日，被《全国人民代表大会常务委员会关于修改〈中华人民共和国安全生产法〉的决定》修改。

（二）铁路行业学习宣传贯彻《安全生产法》的现实意义

铁路行业认真学习宣传贯彻《安全生产法》，对于加强铁路安全生产法制化建设，深入推进运输安全“规范管理、强基达标”，实现有序可控、基本稳定的安全管理目标，具有十分重要的意义。

一是贯彻实施《安全生产法》，为加强和规范铁路安全生产管理确立了必须遵循的行为准则；

二是贯彻实施《安全生产法》，为从根本上解决影响铁路安全生产的突出问题提供了强有力的法律保障；

三是贯彻实施《安全生产法》，为进一步健全完善铁路行业安全法规创造了基本前提条件。

（三）《安全生产法》的主要内容

《安全生产法》共七章，一百一十四条，涵盖范围较大，面向各个行业，是一部通用式法典。其主要内容如下：一是确立了《安全生产法》的基本原则；二是确立了生产经营单位的安全生产保障制度；三是确立了从业人员的安全生产权利义务制度；四是确立了安全生产的监督管理制度；五是确立了生产安全事故的应急救援与调查处理制度；六是确立了相关法律责任。本项目只讨论与铁路旅客运输相关的条文。

（四）《安全生产法》的基本原则

（1）管生产必须管安全的原则。

（2）安全具有否决权的原则。

（3）三同时原则。三同时原则，是指凡是我国境内新建、改建、扩建的基本建设项目(工程)、技术改造项目（工程）和引进的建设项目，其劳动安全卫生设施必须符合国家规定的标准，必须与主体工程同时设计、同时施工、同时投入生产和使用。

（4）五同时原则。五同时原则，是指企业的生产组织及领导者在计划、布置、检查、总结、评比生产工作的时候，同时计划、布置、检查、总结、评比安全工作。

（5）四不放过原则。四不放过原则，是指在调查处理工伤事故时，必须坚持事故原因分析不清不放过，事故责任者和群众没有受到教育不放过，没有采取切实可行的防范措施不放过和事故责任者没有被处理不放过。

（6）三个同步原则。“三个同步”是指安全生产与经济建设、深化改革、技术改造同步规划、同步发展、同步实施。

二、生产经营单位的安全生产保障

生产经营单位应当具备《安全生产法》和有关法律、行政法规和国家标准或者行业标准规定的安全生产条件；不具备安全生产条件的，不得从事生产经营活动。

生产经营单位的主要负责人对本单位安全生产工作负有下列职责：

（1）建立、健全本单位安全生产责任制；

（2）组织制定本单位安全生产规章制度和操作规程；

（3）组织制定并实施本单位安全生产教育和培训计划；

（4）保证本单位安全生产投入的有效实施；

（5）督促、检查本单位的安全生产工作，及时消除生产安全事故隐患；

（6）组织制定并实施本单位的生产安全事故应急救援预案；

（7）及时、如实报告生产安全事故。

生产经营单位应当具备的安全生产条件所必需的资金投入，由生产经营单位的决策机构、主要负责人或者个人经营的投资人予以保证，并对由于安全生产所必需的资金投入不足导致的后果承担责任。有关生产经营单位应当按照规定提取和使用安全生产费用，专门用于改善安全生产条件。安全生产费用在成本中据实列支。安全生产费用提取、使用和监督管理的具体办法由国务院财政部门会同国务院安全生产监督管理部门征求国务院有关部门意见后制定。

矿山、金属冶炼、建筑施工、道路运输单位和危险物品的生产、经营、储存单位，应当设置安全生产管理机构或者配备专职安全生产管理人员。其他生产经营单位，从业人员超过一百人的，应当设置安全生产管理机构或者配备专职安全生产管理人员；从业人员在一百人以下的，应当配备专职或者兼职的安全生产管理人员。

生产经营单位的安全生产管理机构以及安全生产管理人员履行下列职责：

（1）组织或者参与拟订本单位安全生产规章制度、操作规程和生产安全事故应急救援预案；

（2）组织或者参与本单位安全生产教育和培训，如实记录安全生产教育和培训情况；督促落实本单位重大危险源的安全管理措施；

（3）组织或者参与本单位应急救援演练；

（4）检查本单位的安全生产状况，及时排查生产安全事故隐患，提出改进安全生产管理的建议；

（5）制止和纠正违章指挥、强令冒险作业、违反操作规程的行为；

（6）督促落实本单位安全生产整改措施。

生产经营单位的安全生产管理机构以及安全生产管理人员应当恪尽职守，依法履行职责。生产经营单位作出涉及安全生产的经营决策，应当听取安全生产管理机构以及安全生产管理人员的意见。生产经营单位不得因安全生产管理人员依法履行职责而降低其工资、福利等待遇或者解除与其订立的劳动合同。危险物品的生产、储存单位以及矿山、金属冶炼单位的安全生产管理人员的任免，应当告知主管的负有安全生产监督管理职责的部门。

生产经营单位的主要负责人和安全生产管理人员必须具备与本单位所从事的生产经营活动相应的安全生产知识和管理能力。危险物品的生产、经营、储存单位以及矿山、金属冶炼、建筑施工、道路运输单位的主要负责人和安全生产管理人员，应当由主管的负有安全生产监督管理职责的部门对其安全生产知识和管理能力考核合格。考核不得收费。危险物品的生产、储存单位以及矿山、金属冶炼单位应当有注册安全工程师从事安全生产管理工作。鼓励其他生产经营单位聘用注册安全工程师从事安全生产管理工作。注册安全工程师按专业分类管理，具体办法由国务院人力资源和社会保障部门、国务院安全生产监督管理部门会同国务院有关部门制定。

生产经营单位应当对从业人员进行安全生产教育和培训，保证从业人员具备必要的安全生产知识，熟悉有关的安全生产规章制度和安全操作规程，掌握本岗位的安全操作技能，了解事故应急处理措施，知悉自身在安全生产方面的权利和义务。未经安全生产教育和培训合格的从业人员，不得上岗作业。生产经营单位使用被派遣劳动者的，应当将被派遣劳动者纳入本单位从业人员统一管理，对被派遣劳动者进行岗位安全操作规程和安全操作技能的教育和培训。劳务派遣单位应当对被派遣劳动者进行必要的安全生产教育和培训。生产经营单位接收中等职业学校、高等学校学生实习的，应当对实习学生进行相应的安全生产教育和培训，提供必要的劳动防护用品。学校应当协助生产经营单位对实习学生进行安全生产教育和培训。生产经营单位应当建立安全生产教育和培训档案，如实记录安全生产教育和培训的时间、内容、参加人员以及考核结果等情况。

生产经营单位采用新工艺、新技术、新材料或者使用新设备，必须了解、掌握其安全技术特性，采取有效的安全防护措施，并对从业人员进行专门的安全生产教育和培训。

生产经营单位的特种作业人员必须按照国家有关规定经专门的安全作业培训，取得相应资格，方可上岗作业。特种作业人员的范围由国务院安全生产监督管理部门会同国务院有关部门确定。

生产经营单位新建、改建、扩建工程项目（以下统称建设项目）的安全设施，必须与主体工程同时设计、同时施工、同时投入生产和使用。安全设施投资应当纳入建设项目概算。

生产经营单位应当在有较大危险因素的生产经营场所和有关设施、设备上，设置明显的安全警示标志。

安全设备的设计、制造、安装、使用、检测、维修、改造和报废，应当符合国家标准或者行业标准。生产经营单位必须对安全设备进行经常性维护、保养，并定期检测，保证正常运转。维护、保养、检测应当作好记录，并由有关人员签字。

生产经营单位使用的危险物品的容器、运输工具，以及涉及人身安全、危险性较大的海洋石油开采特种设备和矿山井下特种设备，必须按照国家有关规定，由专业生产单位生产，并经具有专业资质的检测、检验机构检测、检验合格，取得安全使用证或者安全标志，方可投入使用。检测、检验机构对检测、检验结果负责。

生产、经营、运输、储存、使用危险物品或者处置废弃危险物品的，由有关主管部门依照有关法律、法规的规定和国家标准或者行业标准审批并实施监督管理。生产经营单位生产、经营、运输、储存、使用危险物品或者处置废弃危险物品，必须执行有关法律、法规和国家标准或者行业标准，建立专门的安全管理制度，采取可靠的安全措施，接受有关主管部门依法实施的监督管理。

生产经营单位应当建立健全生产安全事故隐患排查治理制度，采取技术、管理措施，及时发现并消除事故隐患。事故隐患排查治理情况应当如实记录，并向从业人员通报。县级以上地方各级人民政府负有安全生产监督管理职责的部门应当建立健全重大事故隐患治理督办制度，督促生产经营单位消除重大事故隐患。

生产经营单位应当教育和督促从业人员严格执行本单位的安全生产规章制度和安全操作规程；并向从业人员如实告知作业场所和工作岗位存在的危险因素、防范措施以及事故应急措施。

生产经营单位必须为从业人员提供符合国家标准或者行业标准的劳动防护用品，并监督、教育从业人员按照使用规则佩戴、使用。

生产经营单位的安全生产管理人员应当根据本单位的生产经营特点，对安全生产状况进行经常性检查；对检查中发现的安全问题，应当立即处理；不能处理的，应当及时报告本单位有关负责人，有关负责人应当及时处理。检查及处理情况应当如实记录在案。生产经营单位的安全生产管理人员在检查中发现重大事故隐患，依照前款规定向本单位有关负责人报告，有关负责人不及时处理的，安全生产管理人员可以向主管的负有安全生产监督管理职责的部门报告，接到报告的部门应当依法及时处理。

生产经营单位应当安排用于配备劳动防护用品、进行安全生产培训的经费。

从业人员发现直接危及人身安全的紧急情况时，有权停止作业或者在采取可能的应急措施后撤离作业场所。生产经营单位不得因从业人员在紧急情况下停止作业或者采取紧急撤离措施而降低其工资、福利等待遇或者解除与其订立的劳动合同。

因生产安全事故受到损害的从业人员；除依法享有工伤社会保险外，依照有关民事法律尚有获得赔偿的权利的，有权向本单位提出赔偿要求。

三、从业人员的安全生产权利义务

生产经营单位与从业人员订立的劳动合同，应当载明有关保障从业人员劳动安全、防止职业危害的事项，以及依法为从业人员办理工伤保险的事项。生产经营单位不得以任何形式与从业人员订立协议，免除或者减轻其对从业人员因生产安全事故伤亡依法应承担的责任。

生产经营单位的从业人员有权了解其作业场所和工作岗位存在的危险因素、防范措施及事故应急措施，有权对本单位的安全生产工作提出建议。

从业人员有权对本单位安全生产工作中存在的问题提出批评、检举、控告；有权拒绝违章指挥和强令冒险作业。生产经营单位不得因从业人员对本单位安全生产工作提出批评、检举、控告或者拒绝违章指挥、强令冒险作业而降低其工资、福利等待遇或者解除与其订立的劳动合同。

从业人员发现直接危及人身安全的紧急情况时，有权停止作业或者在采取可能的应急措施后撤离作业场所。生产经营单位不得因从业人员在紧急情况下停止作业或者采取紧急撤离措施而降低其工资、福利等待遇或者解除与其订立的劳动合同。

因生产安全事故受到损害的从业人员，除依法享有工伤保险外，依照有关民事法律尚有获得赔偿的权利的，有权向本单位提出赔偿要求。

从业人员在作业过程中，应当严格遵守本单位的安全生产规章制度和操作规程，服从管理，正确佩戴和使用劳动防护用品。

从业人员应当接受安全生产教育和培训，掌握本职工作所需的安全生产知识，提高安全生产技能，增强事故预防和应急处理能力。

从业人员发现事故隐患或者其他不安全因素，应当立即向现场安全生产管理人员或者本单位负责人报告；接到报告的人员应当及时予以处理。

工会有权对建设项目的安全设施与主体工程同时设计、同时施工、同时投入生产和使用进行监督，提出意见。工会对生产经营单位违反安全生产法律、法规，侵犯从业人员合法权益的行为，有权要求纠正；发现生产经营单位违章指挥、强令冒险作业或者发现事故隐患时，有权提出解决的建议，生产经营单位应当及时研究答复；发现危及从业人员生命安全的情况时，有权向生产经营单位建议组织从业人员撤离危险场所，生产经营单位必须立即作出处理。工会有权依法参加事故调查，向有关部门提出处理意见，并要求追究有关人员的责任。

生产经营单位使用被派遣劳动者的，被派遣劳动者享有本法规定的从业人员的权利，并应当履行本法规定的从业人员的义务。

四、安全生产的监督管理

县级以上地方各级人民政府应当根据本行政区域内的安全生产状况，组织有关部门按照职责分工，对本行政区域内容易发生重大生产安全事故的生产经营单位进行严格检查。安全生产监督管理部门应当按照分类分级监督管理的要求，制定安全生产年度监督检查计划，并按照年度监督检查计划进行监督检查，发现事故隐患，应当及时处理。

负有安全生产监督管理职责的部门依照有关法律、法规的规定，对涉及安全生产的事项需要审查批准（包括批准、核准、许可、注册、认证、颁发证照等，下同）或者验收的，必须严格依照有关法律、法规和国家标准或者行业标准规定的安全生产条件和程序进行审查；不符合有关法律、法规和国家标准或者行业标准规定的安全生产条件的，不得批准或者验收通过。对未依法取得批准或者验收合格的单位擅自从事有关活动的，负责行政审批的部门发现或者接到举报后应当立即予以取缔，并依法予以处理。对已经依法取得批准的单位，负责行政审批的部门发现其不再具备安全生产条件的，应当撤销原批准。

负有安全生产监督管理职责的部门对涉及安全生产的事项进行审查、验收，不得收取费用；不得要求接受审查、验收的单位购买其指定品牌或者指定生产、销售单位的安全设备、器材或者其他产品。

安全生产监督管理部门和其他负有安全生产监督管理职责的部门依法开展安全生产行政执法工作，对生产经营单位执行有关安全生产的法律、法规和国家标准或者行业标准的情况进行监督检查，行使以下职权：

（1）进入生产经营单位进行检查，调阅有关资料，向有关单位和人员了解情况；

（2）对检查中发现的安全生产违法行为，当场予以纠正或者要求限期改正；对依法应当给予行政处罚的行为，依照本法和其他有关法律、行政法规的规定作出行政处罚决定；

（3）对检查中发现的事故隐患，应当责令立即排除；重大事故隐患排除前或者排除过程中无法保证安全的，应当责令从危险区域内撤出作业人员，责令暂时停产停业或者停止使用相关设施、设备；重大事故隐患排除后，经审查同意，方可恢复生产经营和使用；

（4）对有根据认为不符合保障安全生产的国家标准或者行业标准的设施、设备、器材以及违法生产、储存、使用、经营、运输的危险物品予以查封或者扣押，对违法生产、储存、使用、经营危险物品的作业场所予以查封，并依法作出处理决定。监督检查不得影响被检查单位的正常生产经营活动。

（5）生产经营单位对负有安全生产监督管理职责的部门的监督检查人员（以下统称安全生产监督检查人员）依法履行监督检查职责，应当予以配合，不得拒绝、阻挠。

（6）安全生产监督检查人员应当忠于职守，坚持原则，秉公执法。安全生产监督检查人员执行监督检查任务时，必须出示有效的监督执法证件；对涉及被检查单位的技术秘密和业务秘密，应当为其保密。

（7）安全生产监督检查人员应当将检查的时间、地点、内容、发现的问题及其处理情况，作出书面记录，并由检查人员和被检查单位的负责人签字；被检查单位的负责人拒绝签字的，检查人员应当将情况记录在案，并向负有安全生产监督管理职责的部门报告。

（8）负有安全生产监督管理职责的部门在监督检查中，应当互相配合，实行联合检查；确需分别进行检查的，应当互通情况，发现存在的安全问题应当由其他有关部门进行处理的，应当及时移送其他有关部门并形成记录备查，接受移送的部门应当及时进行处理。

（9）负有安全生产监督管理职责的部门依法对存在重大事故隐患的生产经营单位作出停产停业、停止施工、停止使用相关设施或者设备的决定，生产经营单位应当依法执行，及时消除事故隐患。生产经营单位拒不执行，有发生生产安全事故的现实危险的，在保证安全的前提下，经本部门主要负责人批准，负有安全生产监督管理职责的部门可以采取通知有关单位停止供电、停止供应民用爆炸物品等措施，强制生产经营单位履行决定。通知应当采用书面形式，有关单位应当予以配合。负有安全生产监督管理职责的部门依照前款规定采取停止供电措施，除有危及生产安全的紧急情形外，应当提前二十四小时通知生产经营单位。生产经营单位依法履行行政决定、采取相应措施消除事故隐患的，负有安全生产监督管理职责的部门应当及时解除前款规定的措施。

（10）监察机关依照行政监察法的规定，对负有安全生产监督管理职责的部门及其工作人员履行安全生产监督管理职责实施监察。

（11）承担安全评价、认证、检测、检验的机构应当具备国家规定的资质条件，并对其作出的安全评价、认证、检测、检验的结果负责。

（12）负有安全生产监督管理职责的部门应当建立举报制度，公开举报电话、信箱或者电子邮件地址，受理有关安全生产的举报；受理的举报事项经调查核实后，应当形成书面材料；需要落实整改措施的，报经有关负责人签字并督促落实。

（13）任何单位或者个人对事故隐患或者安全生产违法行为，均有权向负有安全生产监督管理职责的部门报告或者举报。

（14）居民委员会、村民委员会发现其所在区域内的生产经营单位存在事故隐患或者安全生产违法行为时，应当向当地人民政府或者有关部门报告。

（15）县级以上各级人民政府及其有关部门对报告重大事故隐患或者举报安全生产违法行为的有功人员，给予奖励。具体奖励办法由国务院安全生产监督管理部门会同国务院财政部门制定。

（16）新闻、出版、广播、电影、电视等单位有进行安全生产公益宣传教育的义务，有对违反安全生产法律、法规的行为进行舆论监督的权利。

（17）负有安全生产监督管理职责的部门应当建立安全生产违法行为信息库，如实记录生产经营单位的安全生产违法行为信息；对违法行为情节严重的生产经营单位，应当向社会公告，并通报行业主管部门、投资主管部门、国土资源主管部门、证券监督管理机构以及有关金融机构。

五、生产安全事故的应急救援与调查处理

国家加强生产安全事故应急能力建设，在重点行业、领域建立应急救援基地和应急救援队伍，鼓励生产经营单位和其他社会力量建立应急救援队伍，配备相应的应急救援装备和物资，提高应急救援的专业化水平。国务院安全生产监督管理部门建立全国统一的生产安全事故应急救援信息系统，国务院有关部门建立健全相关行业、领域的生产安全事故应急救援信息系统。

县级以上地方各级人民政府应当组织有关部门制定本行政区域内生产安全事故应急救援预案，建立应急救援体系。

生产经营单位应当制定本单位生产安全事故应急救援预案，与所在地县级以上地方人民政府组织制定的生产安全事故应急救援预案相衔接，并定期组织演练。

危险物品的生产、经营、储存单位以及矿山、金属冶炼、城市轨道交通运营、建筑施工单位应当建立应急救援组织；生产经营规模较小的，可以不建立应急救援组织，但应当指定兼职的应急救援人员。危险物品的生产、经营、储存、运输单位以及矿山、金属冶炼、城市轨道交通运营、建筑施工单位应当配备必要的应急救援器材、设备和物资，并进行经常性维护、保养，保证正常运转。

生产经营单位发生生产安全事故后，事故现场有关人员应当立即报告本单位负责人。单位负责人接到事故报告后，应当迅速采取有效措施，组织抢救，防止事故扩大，减少人员伤亡和财产损失，并按照国家有关规定立即如实报告当地负有安全生产监督管理职责的部门，不得隐瞒不报、谎报或者迟报，不得故意破坏事故现场、毁灭有关证据。

负有安全生产监督管理职责的部门接到事故报告后，应当立即按照国家有关规定上报事故情况。负有安全生产监督管理职责的部门和有关地方人民政府对事故情况不得隐瞒不报、谎报或者迟报。

有关地方人民政府和负有安全生产监督管理职责的部门的负责人接到生产安全事故报告后，应当按照生产安全事故应急救援预案的要求立即赶到事故现场，组织事故抢救。参与事故抢救的部门和单位应当服从统一指挥，加强协同联动，采取有效的应急救援措施，并根据事故救援的需要采取警戒、疏散等措施，防止事故扩大和次生灾害的发生，减少人员伤亡和财产损失。事故抢救过程中应当采取必要措施，避免或者减少对环境造成的危害。任何单位和个人都应当支持、配合事故抢救，并提供一切便利条件。

事故调查处理应当按照科学严谨、依法依规、实事求是、注重实效的原则，及时、准确地查清事故原因，查明事故性质和责任，总结事故教训，提出整改措施，并对事

故责任者提出处理意见。事故调查报告应当依法及时向社会公布。事故调查和处理的具体办法由国务院制定。事故发生单位应当及时全面落实整改措施，负有安全生产监督管理职责的部门应当加强监督检查。

生产经营单位发生生产安全事故，经调查确定为责任事故的，除了应当查明事故单位的责任并依法予以追究外，还应当查明对安全生产的有关事项负有审查批准和监督职责的行政部门的责任，对有失职、渎职行为的，依照《安全生产法》第八十七条的规定追究法律责任。

任何单位和个人不得阻挠和干涉对事故的依法调查处理。

县级以上地方各级人民政府安全生产监督管理部门应当定期统计分析本行政区域内发生生产安全事故的情况，并定期向社会公布。

六、法律责任条文解读

负有安全生产监督管理职责的部门的工作人员，有下列行为之一的，给予降级或者撤职的处分；构成犯罪的，依照刑法有关规定追究刑事责任：

（1）对不符合法定安全生产条件的涉及安全生产的事项予以批准或者验收通过的；

（2）发现未依法取得批准、验收的单位擅自从事有关活动或者接到举报后不予取缔或者不依法予以处理的；

（3）对已经依法取得批准的单位不履行监督管理职责，发现其不再具备安全生产条件而不撤销原批准或者发现安全生产违法行为不予查处的；

（4）在监督检查中发现重大事故隐患，不依法及时处理的。负有安全生产监督管理职责的部门的工作人员有前款规定以外的滥用职权、玩忽职守、徇私舞弊行为的，依法给予处分；构成犯罪的，依照刑法有关规定追究刑事责任。

负有安全生产监督管理职责的部门，要求被审查、验收的单位购买其指定的安全设备、器材或者其他产品的，在对安全生产事项的审查、验收中收取费用的，由其上级机关或者监察机关责令改正，责令退还收取的费用；情节严重的，对直接负责的主管人员和其他直接责任人员依法给予处分。

承担安全评价、认证、检测、检验工作的机构，出具虚假证明的，没收违法所得；违法所得在十万元以上的，并处违法所得二倍以上五倍以下的罚款；没有违法所得或者违法所得不足十万元的，单处或者并处十万元以上二十万元以下的罚款；对其直接负责的主管人员和其他直接责任人员处二万元以上五万元以下的罚款；给他人造成损害的，与生产经营单位承担连带赔偿责任；构成犯罪的，依照刑法有关规定追究刑事责任。对有上述违法行为的机构，吊销其相应资质。

生产经营单位的决策机构、主要负责人或者个人经营的投资人不依照本法规定保证安全生产所必需的资金投入，致使生产经营单位不具备安全生产条件的，责令限期改正，提供必需的资金；逾期未改正的，责令生产经营单位停产停业整顿。有上述违法行为，导致发生生产安全事故的，对生产经营单位的主要负责人给予撤职处分，对个人经营的投资人处二万元以上二十万元以下的罚款；构成犯罪的，依照刑法有关规定追究刑事责任。

生产经营单位的主要负责人未履行本法规定的安全生产管理职责的，责令限期改正；逾期未改正的，处二万元以上五万元以下的罚款，责令生产经营单位停产停业整顿。生产经营单位的主要负责人有上述违法行为，导致发生生产安全事故的，给予撤职处分；构成犯罪的，依照刑法有关规定追究刑事责任。生产经营单位的主要负责人依照上述规定受刑事处罚或者撤职处分的，自刑罚执行完毕或者受处分之日起，五年内不得担任任何生产经营单位的主要负责人；对重大、特别重大生产安全事故负有责任的，终身不得担任本行业生产经营单位的主要负责人。

生产经营单位的主要负责人未履行本法规定的安全生产管理职责，导致发生生产安全事故的，由安全生产监督管理部门依照下列规定处以罚款：

（1）发生一般事故的，处上一年年收入百分之三十的罚款；

（2）发生较大事故的，处上一年年收入百分之四十的罚款；

（3）发生重大事故的，处上一年年收入百分之六十的罚款；

（4）发生特别重大事故的，处上一年年收入百分之八十的罚款。

【案例分析】

2015 年 10 月 18 日，某石化设备有限公司的二期 120 万吨/年石脑油综合利用项目催化重整联合装置加热炉炉管蠕胀破裂造成管内原料石脑油、氢气泄漏，导致火灾事故，未造成人员伤亡，直接经济损失约 311 万元。事故调查组经调查发现，事故起因是操作工违规操作引起炉管管道短期过热致使炉管破裂。事故调查组认定，该事故是一起一般生产安全责任事故，某石化设备有限公司安全生产主体责任不落实，对事故发生负有责任。公司主要负责人未履行法定安全生产管理职责，导致发生生产安全事故。判决，根据《安全生产法》第一百零九条第（一）项规定，区安监部门对事故责任单位某石化设备有限公司作出罚款 20 万元的行政处罚。根据《安全生产法》第九十二条第（一）项规定，区安监部门对该公司总经理处以上一年年收入 30%的罚款。

生产经营单位的安全生产管理人员未履行本法规定的安全生产管理职责的，责令限期改正；导致发生生产安全事故的，暂停或者撤销其与安全生产有关的资格；构成犯罪的，依照刑法有关规定追究刑事责任。

生产经营单位有下列行为之一的，责令限期改正，可以处五万元以下的罚款；逾期未改正的，责令停产停业整顿，并处五万元以上十万元以下的罚款，对其直接负责的主管人员和其他直接责任人员处一万元以上二万元以下的罚款：

（1）未按照规定设置安全生产管理机构或者配备安全生产管理人员的；

（2）危险物品的生产、经营、储存单位以及矿山、金属冶炼、建筑施工、道路运输单位的主要负责人和安全生产管理人员未按照规定经考核合格的；

（3）未按照规定对从业人员、被派遣劳动者、实习学生进行安全生产教育和培训，或者未按照规定如实告知有关的安全生产事项的；

（4）未如实记录安全生产教育和培训情况的；

（5）未将事故隐患排查治理情况如实记录或者未向从业人员通报的；

（6）未按照规定制定生产安全事故应急救援预案或者未定期组织演练的；

（7）特种作业人员未按照规定经专门的安全作业培训并取得相应资格，上岗作业的。

生产经营单位有下列行为之一的，责令停止建设或者停产停业整顿，限期改正；逾期未改正的，处五十万元以上一百万元以下的罚款，对其直接负责的主管人员和其他直接责任人员处二万元以上五万元以下的罚款；构成犯罪的，依照刑法有关规定追究刑事责任：

（1）未按照规定对矿山、金属冶炼建设项目或者用于生产、储存、装卸危险物品的建设项目进行安全评价的；

（2）矿山、金属冶炼建设项目或者用于生产、储存、装卸危险物品的建设项目没有安全设施设计或者安全设施设计未按照规定报经有关部门审查同意的；

（3）矿山、金属冶炼建设项目或者用于生产、储存、装卸危险物品的建设项目的施工单位未按照批准的安全设施设计施工的；

（4）矿山、金属冶炼建设项目或者用于生产、储存危险物品的建设项目竣工投入生产或者使用前，安全设施未经验收合格的。

生产经营单位有下列行为之一的，责令限期改正，可以处五万元以下的罚款；逾期未改正的，处五万元以上二十万元以下的罚款，对其直接负责的主管人员和其他直接责任人员处一万元以上二万元以下的罚款；情节严重的，责令停产停业整顿；构成犯罪的，依照刑法有关规定追究刑事责任：

（1）未在有较大危险因素的生产经营场所和有关设施、设备上设置明显的安全警示标志的；

（2）安全设备的安装、使用、检测、改造和报废不符合国家标准或者行业标准的；

（3）未对安全设备进行经常性维护、保养和定期检测的；

（4）未为从业人员提供符合国家标准或者行业标准的劳动防护用品的；

（5）危险物品的容器、运输工具，以及涉及人身安全、危险性较大的海洋石油开采特种设备和矿山井下特种设备未经具有专业资质的机构检测、检验合格，取得安全使用证或者安全标志，投入使用的；

（6）使用应当淘汰的危及生产安全的工艺、设备的。

未经依法批准，擅自生产、经营、运输、储存、使用危险物品或者处置废弃危险物品的，依照有关危险物品安全管理的法律、行政法规的规定予以处罚；构成犯罪的，依照刑法有关规定追究刑事责任。

生产经营单位有下列行为之一的，责令限期改正，可以处十万元以下的罚款；逾期未改正的，责令停产停业整顿，并处十万元以上二十万元以下的罚款，对其直接负责的主管人员和其他直接责任人员处二万元以上五万元以下的罚款；构成犯罪的，依照刑法有关规定追究刑事责任：

（1）生产、经营、运输、储存、使用危险物品或者处置废弃危险物品，未建立专门安全管理制度、未采取可靠的安全措施的；

（2）对重大危险源未登记建档，或者未进行评估、监控，或者未制定应急预案的；

（3）进行爆破、吊装以及国务院安全生产监督管理部门会同国务院有关部门规定的其他危险作业，未安排专门人员进行现场安全管理的；

（4）未建立事故隐患排查治理制度的。

生产经营单位未采取措施消除事故隐患的，责令立即消除或者限期消除；生产经营单位拒不执行的，责令停产停业整顿，并处十万元以上五十万元以下的罚款，对其直接负责的主管人员和其他直接责任人员处二万元以上五万元以下的罚款。

生产经营单位将生产经营项目、场所、设备发包或者出租给不具备安全生产条件或者相应资质的单位或者个人的，责令限期改正，没收违法所得；违法所得十万元以上的，并处违法所得二倍以上五倍以下的罚款；没有违法所得或者违法所得不足十万元的，单处或者并处十万元以上二十万元以下的罚款；对其直接负责的主管人员和其他直接责任人员处一万元以上二万元以下的罚款；导致发生生产安全事故给他人造成损害的，与承包方、承租方承担连带赔偿责任。生产经营单位未与承包单位、承租单位签订专门的安全生产管理协议或者未在承包合同、租赁合同中明确各自的安全生产管理职责，或者未对承包单位、承租单位的安全生产统一协调、管理的，责令限期改正，可以处五万元以下的罚款，对其直接负责的主管人员和其他直接责任人员可以处一万元以下的罚款；逾期未改正的，责令停产停业整顿。

两个以上生产经营单位在同一作业区域内进行可能危及对方安全生产的生产经营活动，未签订安全生产管理协议或者未指定专职安全生产管理人员进行安全检查与协调的，责令限期改正，可以处五万元以下的罚款，对其直接负责的主管人员和其他直接责任人员可以处一万元以下的罚款；逾期未改正的，责令停产停业。

生产经营单位有下列行为之一的，责令限期改正，可以处五万元以下的罚款，对其直接负责的主管人员和其他直接责任人员可以处一万元以下的罚款；逾期未改正的，责令停产停业整顿；构成犯罪的，依照刑法有关规定追究刑事责任：

（1）生产、经营、储存、使用危险物品的车间、商店、仓库与员工宿舍在同一座建筑内，或者与员工宿舍的距离不符合安全要求的；

（2）生产经营场所和员工宿舍未设有符合紧急疏散需要、标志明显、保持畅通的出口，或者锁闭、封堵生产经营场所或者员工宿舍出口的。

生产经营单位与从业人员订立协议，免除或者减轻其对从业人员因生产安全事故伤亡依法应承担的责任的，该协议无效；对生产经营单位的主要负责人、个人经营的投资人处二万元以上十万元以下的罚款。

生产经营单位的从业人员不服从管理，违反安全生产规章制度或者操作规程的，由生产经营单位给予批评教育，依照有关规章制度给予处分；构成犯罪的，依照刑法有关规定追究刑事责任。

违反本法规定，生产经营单位拒绝、阻碍负有安全生产监督管理职责的部门依法实施监督检查的，责令改正；拒不改正的，处二万元以上二十万元以下的罚款；对其直接负责的主管人员和其他直接责任人员处一万元以上二万元以下的罚款；构成犯罪的，依照刑法有关规定追究刑事责任。

生产经营单位的主要负责人在本单位发生生产安全事故时，不立即组织抢救或者在事故调查处理期间擅离职守或者逃匿的，给予降级、撤职的处分，并由安全生产监督管理部门处上一年年收入百分之六十至百分之一百的罚款；对逃匿的处十五日以下拘留；构成犯罪的，依照刑法有关规定追究刑事责任。生产经营单位的主要负责人对生产安全事故隐瞒不报、谎报或者迟报的，依照前款规定处罚。

有关地方人民政府、负有安全生产监督管理职责的部门，对生产安全事故隐瞒不报、谎报或者迟报的，对直接负责的主管人员和其他直接责任人员依法给予处分；构成犯罪的，依照刑法有关规定追究刑事责任。

生产经营单位不具备本法和其他有关法律、行政法规和国家标准或者行业标准规定的安全生产条件，经停产停业整顿仍不具备安全生产条件的，予以关闭；有关部门应当依法吊销其有关证照。

发生生产安全事故，对负有责任的生产经营单位除要求其依法承担相应的赔偿等责任外，由安全生产监督管理部门依照下列规定处以罚款：

（1）发生一般事故的，处二十万元以上五十万元以下的罚款；

（2）发生较大事故的，处五十万元以上一百万元以下的罚款；

（3）发生重大事故的，处一百万元以上五百万元以下的罚款；

（4）发生特别重大事故的，处五百万元以上一千万元以下的罚款；情节特别严重的，处一千万元以上二千万元以下的罚款。

《安全生产法》规定的行政处罚，由安全生产监督管理部门和其他负有安全生产监督管理职责的部门按照职责分工决定。予以关闭的行政处罚由负有安全生产监督管理职责的部门报请县级以上人民政府按照国务院规定的权限决定；给予拘留的行政处罚由公安机关依照治安管理处罚法的规定决定。

生产经营单位发生生产安全事故造成人员伤亡、他人财产损失的，应当依法承担赔偿责任；拒不承担或者其负责人逃匿的，由人民法院依法强制执行。生产安全事故的责任人未依法承担赔偿责任，经人民法院依法采取执行措施后，仍不能对受害人给予足额赔偿的，应当继续履行赔偿义务；受害人发现责任人有其他财产的，可以随时请求人民法院执行。

任务二 《生产安全事故报告和调查处理条例》认知

生产安全事故的报告和调查处理，是安全生产工作的重要环节。国务院 1989 年公布施行的《特别重大事故调查程序暂行规定》和 1991 年公布施行的《企业职工伤亡事故报告和调查处理规定》，对规范事故报告和调查处理发挥了重要作用。但是，随着社会主义市场经济的发展，安全生产领域出现了一些新情况、新问题。因此为了规范生产安全事故的报告和调查处理，落实生产安全事故责任追究制度，防止和减少生产安全事故，根据《安全生产法》和有关法律，制定《生产安全事故报告和调查处理条例》。2007年3月28日国务院第172次常务会议通过《生产安全事故报告和调查处理条例》，自2007年6月1日起施行，条例共六章，四十六条。国务院1989年3月29日公布的《特别重大事故调查程序暂行规定》和1991年2月22日公布的《企业职工伤亡事故报告和处理规定》同时废止。

一、立法目的及法律适用范围

（一）立法目的

近年来，随着《安全生产法》的颁布实施，经过各方面的努力，全国安全生产呈现总体稳定、趋于好转的发展态势。事故的总量有较大幅度下降，重特大事故明显减少。但是，我国的安全生产工作形势依然严峻，为了规范生产安全事故的报告和调查处理，落实生产安全事故责任追究制度，防止和减少生产安全事故，须制定一部政治性、政策性、法律性很强的行政法规，专门解决生产安全事故的报告和调查处理问题。

（二）法律适用范围

生产经营活动中发生的造成人身伤亡或者直接经济损失的生产安全事故的报告和调查处理，适用《生产安全事故报告和调查处理条例》。法律主体为中华人民共和国领域范围内的生产经营单位。没有造成人身伤亡，但是社会影响恶劣的事故，国务院或者有关地方政府认为有必要调查处理的，依照《生产安全事故报告和调查处理条例》的有关规定执行。环境污染事故、核设施事故、国防科研生产事故的报告和调查处理不适用《生产安全事故报告和调查处理条例》。

二、生产安全事故等级和调查处理总则

根据生产安全事故（以下简称事故）造成的人员伤亡或者直接经济损失，事故一般分为四个等级，见表4-1。

表4-1　事故等级的划分

事故等级	死亡人数	或重伤人数	或直接经济损失金额
一般事故	3人以下	10人以下（包括急性工业中毒）	1 000万元以下
较大事故	3人以上10人以下	10人以上50人以下（包括急性工业中毒）	1 000万元以上 5 000万元以下
重大事故	10人以上30人以下	50人以上100人以下（包括急性工业中毒）	5 000万元以上 1亿元以下
特别重大事故	30人以上	100人以上(包括急性工业中毒)	1亿元以上

注：表中所称的“以上”包括本数，“以下”不包括本数。

【案例分析】

2014 年 8 月，某实业公司与大连某公司签订打砂油漆工程协议，由大连某公司承包某公司车间内的打砂油漆施工工程。2015 年 9 月 17 日，大连某公司工人张某在某实业公司涂装车间打砂房内操作推砂机时，违章将头伸出驾驶室窗外，被自己操作的机械夹到头部造成本人死亡。经事故调查组调查发现，大连某公司对发包工程疏于安全管理，未与工程承包单位签订安全生产管理协议，未对某实业公司安全管理落实情况进行检查，存在以包代管现象。某实业公司安排未经安全生产教育和操作培训的从业人员（包括死者）上岗作业，未能层层签订安全责任书，有效落实监管责任。事故调查组认定某实业公司和大连某公司均对事故发生负有责任。某实业公司总经理和大连某公司未认真履行《安全生产法》第十八条规定的主要负责人安全生产管理职责，没有组织实施安全生产教育和培训计划，没有及时消除生产安全事故隐患。事故调查组认定事故性质为一般安全生产责任事故。判决，根据《安全生产法》第一百零九条第（一）项规定，区安监部门对事故责任单位某实业公司和大连某公司均作出罚款人民币 25 万元的行政处罚。根据《安全生产法》第九十二条第（一）项规定，区安监部门对某实业公司总经理和大连某公司总经理均处以上一年年收入 30%的罚款。

事故报告应当及时、准确、完整，任何单位和个人对事故不得迟报、漏报、谎报或者瞒报。事故调查处理应当坚持实事求是、尊重科学的原则，及时、准确地查清事故经过、事故原因和事故损失，查明事故性质，认定事故责任，总结事故教训，提出整改措施，并对事故责任者依法追究责任。

县级以上人民政府应当依照本条例的规定，严格履行职责，及时、准确地完成事故调查处理工作。事故发生地有关地方人民政府应当支持、配合上级人民政府或者有关部门的事故调查处理工作，并提供必要的便利条件。参加事故调查处理的部门和单位应当互相配合，提高事故调查处理工作的效率。

工会依法参加事故调查处理，有权向有关部门提出处理意见。

任何单位和个人不得阻挠和干涉对事故的报告和依法调查处理。

对事故报告和调查处理中的违法行为，任何单位和个人有权向安全生产监督管理部门、监察机关或者其他有关部门举报，接到举报的部门应当依法及时处理。

三、事故报告的规定

事故发生后，事故现场有关人员应当立即向本单位负责人报告；单位负责人接到报告后，应当于 1 小时内向事故发生地县级以上人民政府安全生产监督管理部门和负有安全生产监督管理职责的有关部门报告。情况紧急时，事故现场有关人员可以直接向事故发生地县级以上人民政府安全生产监督管理部门和负有安全生产监督管理职责的有关部门报告。

安全生产监督管理部门和负有安全生产监督管理职责的有关部门接到事故报告后，应当依照下列规定上报事故情况，并通知公安机关、劳动保障行政部门、工会和人民检察院：

（1）特别重大事故、重大事故逐级上报至国务院安全生产监督管理部门和负有安全生产监督管理职责的有关部门；

（2）较大事故逐级上报至省、自治区、直辖市人民政府安全生产监督管理部门和负有安全生产监督管理职责的有关部门；

（3）一般事故上报至设区的市级人民政府安全生产监督管理部门和负有安全生产监督管理职责的有关部门。

安全生产监督管理部门和负有安全生产监督管理职责的有关部门依照规定上报事故情况，应当同时报告本级人民政府。国务院安全生产监督管理部门和负有安全生产监督管理职责的有关部门以及省级人民政府接到发生特别重大事故、重大事故的报告后，应当立即报告国务院。必要时，安全生产监督管理部门和负有安全生产监督管理职责的有关部门可以越级上报事故情况。

安全生产监督管理部门和负有安全生产监督管理职责的有关部门逐级上报事故情况，每级上报的时间不得超过 2 小时。

报告事故应当包括下列内容：

（1）事故发生单位概况；

（2）事故发生的时间、地点以及事故现场情况；

（3）事故的简要经过；

（4）事故已经造成或者可能造成的伤亡人数（包括下落不明的人数）和初步估计的直接经济损失；

（5）已经采取的措施；

（6）其他应当报告的情况。

事故报告后出现新情况的，应当及时补报。自事故发生之日起 30 日内，事故造成的伤亡人数发生变化的，应当及时补报。道路交通事故、火灾事故自发生之日起 7 日内，事故造成的伤亡人数发生变化的，应当及时补报。

事故发生单位负责人接到事故报告后，应当立即启动事故相应应急预案，或者采取有效措施，组织抢救，防止事故扩大，减少人员伤亡和财产损失。

事故发生地有关地方人民政府、安全生产监督管理部门和负有安全生产监督管理职责的有关部门接到事故报告后，其负责人应当立即赶赴事故现场，组织事故救援。

事故发生后，有关单位和人员应当妥善保护事故现场以及相关证据，任何单位和个人不得破坏事故现场、毁灭相关证据。因抢救人员、防止事故扩大以及疏通交通等原因，需要移动事故现场物件的，应当做出标志，绘制现场简图并做出书面记录，妥善保存现场重要痕迹、物证。

事故发生地公安机关根据事故的情况，对涉嫌犯罪的，应当依法立案侦查，采取强制措施和侦查措施。犯罪嫌疑人逃匿的，公安机关应当迅速追捕归案。

安全生产监督管理部门和负有安全生产监督管理职责的有关部门应当建立值班制

度，并向社会公布值班电话，受理事故报告和举报。

四、事故调查的规定

特别重大事故由国务院或者国务院授权有关部门组织事故调查组进行调查。重大事故、较大事故、一般事故分别由事故发生地省级人民政府、设区的市级人民政府、县级人民政府负责调查。省级人民政府、设区的市级人民政府、县级人民政府可以直接组织事故调查组进行调查，也可以授权或者委托有关部门组织事故调查组进行调查。未造成人员伤亡的一般事故，县级人民政府也可以委托事故发生单位组织事故调查组进行调查。详见表 4-2。

表 4-2　事故的分级调查和权限

事故分级	调查权限	备注
特别重大事故	国务院或者国务院授权有关部门组织事故调查组进行调查	
重大事故	事故发生地省级人民政府	省级人民政府、设区的市级人民政府、县级人民政府可以直接组织事故调查组进行调查，也可以授权或者委托有关部门组织事故调查组进行调查
较大事故	事故发生地设区的市级人民政府	
一般事故	事故发生地县级人民政府	
未造成人员伤亡的一般事故		县级人民政府也可以委托事故发生单位组织事故调查组进行调查

上级人民政府认为必要时，可以调查由下级人民政府负责调查的事故。自事故发生之日起 30 日内（道路交通事故、火灾事故自发生之日起 7 日内），因事故伤亡人数变化导致事故等级发生变化，依照规定应当由上级人民政府负责调查的，上级人民政府可以另行组织事故调查组进行调查。

特别重大事故以下等级事故，事故发生地与事故发生单位不在同一个县级以上行政区域的，由事故发生地人民政府负责调查，事故发生单位所在地人民政府应当派人参加。

事故调查组的组成应当遵循精简、效能的原则。根据事故的具体情况，事故调查组由有关人民政府、安全生产监督管理部门、负有安全生产监督管理职责的有关部门、监察机关、公安机关以及工会派人组成，并应当邀请人民检察院派人参加。事故调查组可以聘请有关专家参与调查。

事故调查组成员应当具有事故调查所需要的知识和专长，并与所调查的事故没有直接利害关系。

事故调查组组长由负责事故调查的人民政府指定。事故调查组组长主持事故调查组的工作。

事故调查组履行下列职责：

（1）查明事故发生的经过、原因、人员伤亡情况及直接经济损失；

（2）认定事故的性质和事故责任；

（3）提出对事故责任者的处理建议；

（4）总结事故教训，提出防范和整改措施；

（5）提交事故调查报告。

事故调查组有权向有关单位和个人了解与事故有关的情况，并要求其提供相关文件、资料，有关单位和个人不得拒绝。事故发生单位的负责人和有关人员在事故调查期间不得擅离职守，并应当随时接受事故调查组的询问，如实提供有关情况。事故调查中发现涉嫌犯罪的，事故调查组应当及时将有关材料或者其复印件移交司法机关处理。

事故调查中需要进行技术鉴定的，事故调查组应当委托具有国家规定资质的单位进行技术鉴定。必要时，事故调查组可以直接组织专家进行技术鉴定。技术鉴定所需时间不计入事故调查期限。

事故调查组成员在事故调查工作中应当诚信公正、恪尽职守，遵守事故调查组的纪律，保守事故调查的秘密。未经事故调查组组长允许，事故调查组成员不得擅自发布有关事故的信息。

事故调查组应当自事故发生之日起 60 日内提交事故调查报告；特殊情况下，经负责事故调查的人民政府批准，提交事故调查报告的期限可以适当延长，但延长的期限最长不超过 60 日。

事故调查报告应当包括下列内容：

（1）事故发生单位概况；

（2）事故发生经过和事故救援情况；

（3）事故造成的人员伤亡和直接经济损失；

（4）事故发生的原因和事故性质；

（5）事故责任的认定以及对事故责任者的处理建议；

（6）事故防范和整改措施。事故调查报告应当附具有关证据材料。事故调查组成员应当在事故调查报告上签名。

事故调查报告报送负责事故调查的人民政府后，事故调查工作即告结束。事故调查的有关资料应当归档保存。

五、事故处理

重大事故、较大事故、一般事故，负责事故调查的人民政府应当自收到事故调查报告之日起 15 日内做出批复；特别重大事故，30 日内做出批复，特殊情况下，批复时间可以适当延长，但延长的时间最长不超过 30 日。有关机关应当按照人民政府的批复，依照法律、行政法规规定的权限和程序，对事故发生单位和有关人员进行行政处罚，对负有事故责任的国家工作人员进行处分。事故发生单位应当按照负责事故调查的人民政府的批复，对本单位负有事故责任的人员进行处理。负有事故责任的人员涉嫌犯罪的，依法追究刑事责任。

事故发生单位应当认真吸取事故教训，落实防范和整改措施，防止事故再次发生。防范和整改措施的落实情况应当接受工会和职工的监督。安全生产监督管理部门和负有安全生产监督管理职责的有关部门应当对事故发生单位落实防范和整改措施的情况进行监督检查。

事故处理的情况由负责事故调查的人民政府或者其授权的有关部门、机构向社会公布，依法应当保密的除外。

六、法律责任

事故发生单位主要负责人有下列行为之一的，处上一年年收入40%至80%的罚款；属于国家工作人员的，并依法给予处分；构成犯罪的，依法追究刑事责任：

（1）不立即组织事故抢救的；

（2）迟报或者漏报事故的；

（3）在事故调查处理期间擅离职守的。

事故发生单位及其有关人员有下列行为之一的，对事故发生单位处100万元以上500万元以下的罚款；对主要负责人、直接负责的主管人员和其他直接责任人员处上一年年收入60%至100%的罚款；属于国家工作人员的，并依法给予处分；构成违反治安管理行为的，由公安机关依法给予治安管理处罚；构成犯罪的，依法追究刑事责任：

（1）谎报或者瞒报事故的；

（2）伪造或者故意破坏事故现场的；

（3）转移、隐匿资金、财产，或者销毁有关证据、资料的；

（4）拒绝接受调查或者拒绝提供有关情况和资料的；

（5）在事故调查中作伪证或者指使他人作伪证的；

（6）事故发生后逃匿的。

事故发生单位对事故发生负有责任的，依照下列规定处以罚款：

（1）发生一般事故的，处10万元以上20万元以下的罚款；

（2）发生较大事故的，处20万元以上50万元以下的罚款；

（3）发生重大事故的，处50万元以上200万元以下的罚款；

（4）发生特别重大事故的，处200万元以上500万元以下的罚款。

事故发生单位主要负责人未依法履行安全生产管理职责，导致事故发生的，依照下列规定处以罚款；属于国家工作人员的，依法给予处分；构成犯罪的，依法追究刑事责任：

（1）发生一般事故的，处上一年年收入30%的罚款；

（2）发生较大事故的，处上一年年收入 40%的罚款；

（3）发生重大事故的，处上一年年收入 60%的罚款；

（4）发生特别重大事故的，处上一年年收入 80%的罚款。

有关地方人民政府、安全生产监督管理部门和负有安全生产监督管理职责的有关部门有下列行为之一的，对直接负责的主管人员和其他直接责任人员依法给予处分；构成犯罪的，依法追究刑事责任：

（1）不立即组织事故抢救的；

（2）迟报、漏报、谎报或者瞒报事故的；

（3）阻碍、干涉事故调查工作的；

（4）在事故调查中作伪证或者指使他人作伪证的。

事故发生单位对事故发生负有责任的，由有关部门依法暂扣或者吊销其有关证照；对事故发生单位负有事故责任的有关人员，依法暂停或者撤销其与安全生产有关的执业资格、岗位证书；事故发生单位主要负责人受到刑事处罚或者撤职处分的，自刑罚执行完毕或者受处分之日起，5 年内不得担任任何生产经营单位的主要负责人。为发生事故的单位提供虚假证明的中介机构，由有关部门依法暂扣或者吊销其有关证照及其相关人员的执业资格；构成犯罪的，依法追究刑事责任。

参与事故调查的人员在事故调查中有下列行为之一的，依法给予处分；构成犯罪的，依法追究刑事责任：

（1）对事故调查工作不负责任，致使事故调查工作有重大疏漏的；

（2）包庇、袒护负有事故责任的人员或者借机打击报复的。

违反规定，有关地方人民政府或者有关部门故意拖延或者拒绝落实经批复的对事故责任人的处理意见的，由监察机关对有关责任人员依法给予处分。

《生产安全事故报告和调查处理条例》规定的罚款的行政处罚，由安全生产监督管理部门决定。法律、行政法规对行政处罚的种类、幅度和决定机关另有规定的，依照其规定。

任务三　铁路旅客运输安全认知

一、铁路安全生产的意义

安全生产是铁路运输的永恒主题，是铁路运输生产的主要运输指标，是保障运输畅通的重要前提。

我国目前铁路安全管理可以分为现代化安全管理和传统安全管理两大部分，但不论传统安全管理还是现代化安全管理，都必须保证安全和效率的一致性，只讲安全不谈效率就会失去安全的意义，只讲效率不谈安全会酿成事故。

铁路是国民经济大动脉，铁路运输不安全所带来的经济、政治和心理上的后果都是极其严重的。要搞好安全必须借助安全管理，安全生产的意义可以表述为：

1. 安全生产可以从理论上弄清问题，使人有一个正确的思想作指导

在正常情况下事故是可以避免的，铁路运输事故是否必然发生，取决于他有无必然条件，什么是必然条件呢？那就是有关技术设备不正常，人员操作技能低、不懂或不受规章制度的约束，以及由于认识的局限，个别规章制度尚有漏洞，上述任何一项都可以成为事故的必然条件，导致事故发生。但是铁路运输生产和运输事故的必然条件是不能等同的，更不能认为运输生产就是运输事故的必然条件。纵观铁路运输现状，确保安全的主要因素是人、规章制度和设备，只要加强管理，还是可以满足安全需要的。事故之所以发生，必然有其发生的原因，这是事故的偶然性。事故的发生也是不按规律办事所受到的惩罚。

2. 安全生产可以帮助和促进人们自觉地按客观规律办事

安全是一个涉及政治、经济、技术、心理等许多方面的综合性的问题。这就要求人们必须在保证安全的基础上，建立起一定的相互关系和秩序，使安全生产形成一个系统，真正做到综合问题综合治理。

3. 安全生产是保证铁路运输业生存发展必不可少的条件

铁路运输安全生产可以说从铁路产生时便存在，有安全才有效益。我国铁路运输业发展到今天，无论在技术上、能力上和过去都不能同日而语，但是安全问题也同样提到了从未有过的高度。安全运输本身就是最现实的生产力，搞好安全就是最现实的挖潜提效，铁路运输企业必须加强安全生产，不断改进安全管理方法，使其规范化、科学化。

二、铁路安全生产的原则

安全生产的原则是指人的活动规律，这些规律反映了安全生产的客观要求，它具有客观性。

（一）铁路一定要把安全运输放在第一位

必须树立安全第一的思想。安全决不能放第二、第三位去考虑，这是铁路运输的性质和任务决定的，这不能有丝毫的犹豫和变通。

必须加大安全第一的系数，对安全上有重要作用、但尚未解决的问题要加快攻关速度。

必须突出一个严字。这是强化安全生产最关键、最核心的问题，否则认识再高、规章制度再完善、设备再好，管理不严都无济于事。

（二）集中统一领导

集中统一领导是保证运输安全生产必不可少的条件，铁路运输生产分工精确，联劳协作严密，所以运输生产安全作业必须集中统一指挥。

（三）以人为中心的管理

车站的管理首先是对人的管理，对人的管理如何，对安全有着决定性的意义。

善于有效地利用人力，要了解每个职工的特长和性格特点，根据安全的需要合理搭配，并要搞好人、机、环境的科学组合，实现劳动者与物质条件和劳动环境的最佳结合。善于开发智力和培养人才，要不断地提高职工业务水平和政治思想素质，并且把竞争机制引入人事管理。善于做好激励工作。一个人的积极性发挥得如何，取决于需要产生的动机，动机又激发行为，可以对职工进行目标激励、强化激励、支持激励、关怀激励、榜样激励、数据激励、荣誉激励、物质激励等，使其不断地为安全做出贡献而去发展自己、实现自身的价值。

（四）坚持实事求是

调查研究是坚持实事求是的根本途径，官僚主义是阻碍安全生产的重要因素，它在铁路安全生产中的表现形式也是多种多样的，对安全的危害也是十分严重的，因此要坚持实事，求是必须大兴调查研究之风。

出了事故必须坚持“四不放过”的原则。“四不放过”就是事故原因分析不清不放过，没有防范措施不放过，事故责任者和群众没有受到教育不放过，对领导者没有追究不放过。不搞大事化小，小事化了，不算事故，大家都好的不正之风。

三、旅客人身伤害事故的处理

（一）旅客人身伤害事故的定义

凡持有效车票的旅客，经检票口进站验票加剪开始，至到达目的地出站缴销车票时止（中转和中途下车的旅客自出站至进站期间除外），在旅行中遭受到外来、剧烈、明显的意外伤害事故（包括战争所致者在内）以及承运人的过错，致使旅客人身受到伤害以至死亡、残废或丧失身体机能者，均属旅客人身伤害事故。

（二）旅客人身伤害事故的现场处理

在站内或旅客列车上发生旅客人身伤害时，列车长或车站客运主任（三等以下车站为站长，以下同）、客运值班员应当会同铁路公安人员查看旅客受伤程度，及时采取抢救措施。列车上受伤旅客需交车站处理时，应提前通知车站做好救护准备工作。

旅客列车或车站发生三人以上食物中毒时，列车长车站客运主任（站长）应当及时通知前方停车站或所在站卫生防疫部门（疾控所）和公安部门，并做好现场保护工作。

发生旅客人身伤害人数较多时，应当封锁事故现场，禁止与救援、调查无关的人员进入。

发生旅客伤亡人数较多的事故车站、列车认为必要时，应请求地方政府协助组织抢救。

发现旅客在区间坠车时应当立即停车处理（特快旅客列车不危及本列车运行安全时除外）。在不具备停车条件或迟延发现时，列车长应当通过运转车长通知就近车站派人寻找。同时，列车长应在前方停车站拍发电报，向事故发生地所属铁路局和列车担当铁路局主管部门报告。

发生旅客人身伤害事故时，列车长、车站客运主任应当会同铁路公安部门及时勘验事故现场，检查旅客所持车票的票种、票号、发到站、车次、有效期及加剪情况等，收集不少于两份同行人或见证人的证言和有关证据并保护好证据材料。

收集证人证言时，应当记录证人姓名、性别、年龄、地址、联系方式、身份证号码等内容。证言、证据应当准确、真实，并能够证明事故发生的过程和原因。

列车上发生旅客人身伤害事故，应当将受伤旅客移交三等以上车站（在区间停车处理时为就近车站）处理，车站不得拒绝受理。列车向车站办理移交手续时，编制客运记录一式两份（一份存查，一份办理站、车交接），连同车票、旅客随身携品清单、证据材料一起移交。旅客身伤害事故及斗殴等治安或刑事案件所致，列车乘警应在客运记录上签字。

因特殊情况来不及编写记录的，列车长必须指派专人下车与车站办理交接，并必须在 3 日以内向事故处理站补交有关材料。

当次列车因故未能将受伤旅客及有关材料及时移交，旅客在法定时限内向铁路运输企业索赔且能够证明伤害是在运输过程中发生的，事故发生列车应本着方便旅客的原则，移交旅客就医所在地车站或旅客发、到站处理，被移交站应当受理。

车站对本站发生、发现或列车移交的受伤旅客应当及时送附近有救治条件的医院抢救。送医院须先缴纳押金时，可用站进款垫付。动用站进款时，须填写或补填“运输进款动支凭证”（财收-29），5 日内由核算站或车务段财务拨款归还。

受伤旅客住院期间的生活费由旅客垫付，如旅客或其家属确有困难，经事故处理站站长（车务段长）批准，用站进款垫付。待事故责任明确后，由责任人或责任单位承担。

受伤旅客在现场抢救无效死亡或在站内、区间发现的旅客尸体，经公安机关或医疗部门确认死亡后，车站应当暂时派人看守并尽快转送殡仪馆存放。对死者的车票、衣物等应当妥善保管并通知其家属来站处理。如死者身份、地址不清或家属不来时，或死亡原因系伤害致死需立案侦查时，可根据公安机关意见处理死者尸体，必要时应对尸体做法医鉴定。尸体存放原则上不超过 7 天。

四、事故责任划分

（一）车站责任

（1）旅客持票进站或下车后在检票口以内因组织不当造成伤害的；

（2）缺乏引导标志或有关引导标志不准确而误导旅客发生伤害的；

（3）车站设备、设施不良造成旅客伤害的；

（4）车站销售的食物造成旅客食物中毒的；

（5）因误售、误剪不停车站车票造成旅客跳车的；

（6）在规定停止检票后继续检票放行或检票放行时间不足，致使旅客抢上列车造成伤害的；

（7）因违章操作、管理不善造成火灾、爆炸，发生旅客伤害的；

（8）事故处理工作组有理由认为属于车站责任的。

（二）列车责任

（1）由于车门未锁造成旅客跳车、坠车或站内背门下车造成旅客伤害的；

（2）因列车工作人员的过失，致使旅客在不办理乘降的车站（包括区间停车）下车造成人身伤害的；

（3）由于组织不力，旅客下车挤、摔造成伤害的；

（4）车站误售、误剪车票，列车未能妥善处理造成旅客跳车伤害的；

（5）因列车报错站名致使旅客误下车造成伤害的；

（6）因列车工作人员的过失造成旅客挤伤、烫伤的；

（7）因餐车、售货销售的食物造成旅客食物中毒的；

（8）因违章操作、管理不善造成火灾、爆炸，发生旅客伤害的；

（9）因列车设备不良造成旅客人身伤害的；

（10）事故处理工作组有理由认为属于列车责任的。

（三）有关旅客乘车事项

有关旅客搭乘列车的 7 种严重失信行为：

（1）扒车门：扰乱铁路站车运输秩序且危及铁路安全、造成严重社会不良影响的；

（2）吸烟：在动车组列车上吸烟或者在其他列车的禁烟区域吸烟的；

（3）倒卖车票：倒卖车票、制贩假票的；

（4）冒用证件：冒用优惠（待）身份证件、使用伪造或无效优惠（待）身份证件购票乘车的；

（5）无票乘车：持伪造、过期等无效车票或冒用挂失补车票乘车的；

（6）拒不补票：无票乘车、越站（席）乘车且拒不补票的；

（7）行政处罚：依据相关法律法规予以行政处罚的。

针对以上 7 种严重失信行为，分别制订了相应的惩戒措施：

（1）发生上述第（1）（2）（3）（7）种情形即认定为失信行为。自公示期满无有效异议之日起 180 天内限制其购买车票。

（2）发生上述第（4）（5）（6）种情形即认定为失信行为。其中，发生第（4）（5）种情形即使旅客按规定补票也认定为失信行为，发生第 6 种情形旅客在结束本次旅行前最终按规定补票则不认定为失信行为。旅客未补票的，自公示期满无有效异议之日起至失信人补齐所欠票款前限制其购买车票；失信人补齐第一次所欠票款后（自补票次日算起）一年内，三次发生上述第（4）（5）（6）种情形的，失信人补齐所欠票款后 90 天（含 90 天）内限制其购买车票。

（3）失信人的限制购票期限期满次日起自动解除对其的购票限制。

对于失信人的相关信息，铁路总公司将在每月的第一个工作日，在中国铁路客户服务中心（12306）网站、“信用中国”网站进行发布，信息自发布之日起 7 个工作日为公示期。

公示期内，被公示人可通过铁路“12306”客服电话提出异议。被公示人未提出异议或者提出异议经审查未予支持的，公示期满后，开始按照公示名单执行惩戒措施。

人无信不立，当今社会，一处失信，处处受限。郑重提醒：“为避免对个人信用造成影响，请自觉遵守铁路安全运输相关规定。”

习　题

1.《安全生产法》的性质是什么？
2.《安全生产法》的内容是什么？
3. 根据《生产安全事故报告和调查处理条例》，安全生产事故一般分为几类？
4. 简述铁路安全生产的原则。
5. 安全生产工作应当坚持的工作方针是什么？
6.《铁路安全管理条例》的意义是什么？

项目五 5

铁路交通事故调查与处理规则认知

项目描述

随着铁路的快速发展，铁路事故持续发生，安全形势严峻。2007 年 9 月 1 日开始实施的《铁路交通事故调查处理规则》是自 1949 年 6 月之后颁布施行的第十二部“事规”，也是按照国务院颁布的《铁路交通事故应急救援和调查处理条例》制定的具有法律属性，满足了铁路运输新形势、新技术、新设备的要求，适合铁路安全管理特点的法律法规。本项目主要介绍了铁路交通事故的形式以及调查处理规则，并以案例的形式分析了铁路事故调查处理工作。

教学目标

（一）知识目标

认识铁路交通事故的定义；掌握《铁路交通事故调查处理规则》的适用范围和处理规则的内容和意义；了解事故调查中违规行为的处理方法。

（二）技能目标

认识《铁路交通事故调查处理规则》的内容；了解事故的等级划分，掌握处理事故的报告的基本内容，熟悉分析事故责任判定和损失认定的方法。

（三）素质目标

掌握处理铁路交通事故的方法；能做出关于事故的各项统计分析。

案例导入

福州铁路运输检察院起诉书中陈述：2015 年 6 月 6 日 12 时 30 分许，被告人陈某用铁锤将水泥栏条砸断进入昌福线路，用铁锤将昌福线下行线 K540+820M 处铁轨扣件砸坏 21 个，把黄油涂抹在该段铁轨上，再浇上机油。随后又窜至昌福线福州至杜坞区间 K540+020N 处上行线左侧，用铁锤砸、脚踹等方式，强行打开该处铁轨旁的信号控制箱，破坏了箱内的电路板等设施，之后把附近的电缆槽盖板翻开，用断线钳剪断电缆槽内的八根通信光缆。当日 14 时 26 分收到红网报警后，福州车站发出调度命令，于 14 时 41 分封锁该区间，经抢修，19 时 36 分区间线路恢复正常。经南昌铁路局安全监察室认定，被告人陈某的破坏行为足以造成列车脱轨、倾覆等严重后果，2015 年 6 月 7 日，陈某到案后如实供述，自愿认罪。

福州铁路运输法院审理认为，被人陈某破坏正在使用中的高速铁路设施，足以使火车发生倾覆、毁坏危险，但尚未造成严重后果，依照《中华人民共和国刑法》第一百一十七条以破坏交通设施罪判处被告人陈某有期徒刑七年。判决后，陈某提出上诉，认为原判量刑过重。福州铁路运输检察院提出抗诉，认为陈某破坏高铁设施的行为，阻断高铁正常发行 5 小时左右，致使列车晚点，大量旅客滞留，后果严重，应当适用《中华人民共和国刑法》第一百一十九条定罪量刑。南昌铁路运输中级法院二审审理认为，上诉人陈某的行为已构成破坏交通设施罪且已造成严重后果，依照《中华人民共和国刑法》第一百一十九条第一款，改判陈某有期徒刑十年。

任务一　铁路交通事故调查规则认知

铁路交通事故的发生具有其特定的规律性，而开展铁路交通事故调查处理应探究和遵循事故发生的规律性。很多铁路交通事故是原因复杂的随机事件。在一定综合条件实现的情况下，事故能否发生、事故发生的时间与地点，以及事故后果的严重程度，事先都不能肯定。然而事故有其必然的统计规律性。事故的最终发生是许许多多相互关联的事件相继发生的结果。产生事故的原因是多层次的。不能把事故的发生简单地归咎为“违章”等笼统的原因，必须从表面的直接可以观察的原因追踪到各个深层次的间接原因，直到揭示铁路交通事故发生的根本原因，这样才能有效地预防事故的发生。

产生事故的直接原因是人的不安全行为和物的不安全状态。当人的不安全行为的运动轨迹与物的不安全状态的运动轨迹交叉，事故就会发生。人与物的运动都是在环境（自然环境与社会环境）中运行的。环境因素的扰动，往往是产生事故的诱因（起因），因此，要弄清环境对人产生不安全行为、对物产生不安全状态的影响。人、机（物）、环境都是受管理因素支配，管理失误是在很多情况下是产生事故的根本原因，即起决定性作用的原因。

《铁路交通事故调查处理规则》自 2007 年 9 月 1 日起施行，《铁路行车事故处理规则》《铁路企业伤亡事故处理规则》《关于重新修订〈铁路路外伤亡事故报告、处理、统计办法〉的通知》同时废止。防止发生事故归根结底应从改进管理做起，铁总、铁路安全监督管理办公室（以下简称安全监管办）要加强铁路运输安全监督管理，建立健全铁路交通事故调查处理工作制度，发生事故后应当按照法定的权限和程序，及时组织、参与事故的调查处理。铁总、安全监管办的安全监察部门负责铁路交通事故调查处理的日常工作。铁总、安全监管办派驻各地的安全监察机构，依据本规则的规定，分别承担铁总、安全监管办指定的事故调查处理工作。作为《铁路交通事故应急救援和调查处理条例》的下级规章，《铁路交通事故调查处理规则》以《安全生产法》《铁路法》和《铁路交通事故应急救援和调查处理条例》为编写依据，目的在于全面落实以人为本的科学发展观，坚持源头治理、超前防范、抓小防大、防微杜渐，通过加强事故调查处理规章制度建设，减少和防范铁路交通事故的发生，最大限度地减少人员伤亡和财产损失，促进铁路安全发展、科学发展。国家铁路、合资铁路、地方铁路、专用铁路和铁路专用线发生事故，造成人员伤亡、财产损失、中断行车及其他影响铁路正常行车，需要实施应急救援的，适用本规则。签发有关文电与本规则相抵触的一律以本规则为准。

一、铁路交通事故的定义及分类

铁路机车车辆在运行过程中发生冲突、脱轨、火灾、爆炸等影响铁路正常行车的事故，包括影响铁路正常行车的相关作业过程中发生的事故，或者铁路机车车辆在运行过程中与行人、机动车、非机动车、牲畜及其他障碍物相撞的事故，均为铁路交通事故。

铁路交通事故一般分为行车事故、旅客伤亡事故、行李包裹事故、货运事故和路外伤亡事故（道口事故）。

二、铁路交通事故的等级

铁路事故可分为特别重大事故、重大事故、较大事故和一般事故等四个等级。

（1）有下列情形之一的，为特别重大事故：

造成 30 人以上死亡；

造成 100 人以上重伤（包括急性工业中毒，下同）；

造成 1 亿元以上直接经济损失；

繁忙干线客运列车脱轨 18 辆以上并中断铁路行车 48 小时以上；

繁忙干线货运列车脱轨 60 辆以上并中断铁路行车 48 小时以上。

（2）有下列情形之一的，为重大事故：

造成 10 人以上 30 人以下死亡；

造成 50 人以上 100 人以下重伤；

造成 5000 万元以上 1 亿元以下直接经济损失；

客运列车脱轨 18 辆以上；

货运列车脱轨 60 辆以上；

客运列车脱轨 2 辆以上 18 辆以下，并中断繁忙干线铁路行车 24 小时以上或者中断其他线路铁路行车 48 小时以上；

货运列车脱轨 6 辆以上 60 辆以下，并中断繁忙干线铁路行车 24 小时以上或者中断其他线路铁路行车 48 小时以上。

（3）有下列情形之一的，为较大事故：

造成 3 人以上 10 人以下死亡；

造成 10 人以上 50 人以下重伤；

造成 1000 万元以上 5000 万元以下直接经济损失；

客运列车脱轨 2 辆以上 18 辆以下；

货运列车脱轨 6 辆以上 60 辆以下；

中断繁忙干线铁路行车 6 小时以上；

中断其他线路铁路行车 10 小时以上。

（4）一般事故分为：一般 A 类事故、一般 B 类事故、一般 C 类事故、一般 D 类事故等四类事故。

① 有下列情形之一，未构成较大以上事故的，为一般 A 类事故：

A1. 造成 2 人死亡；

A2. 造成 5 人以上 10 人以下重伤；

A3. 造成 500 万元以上 1000 万元以下直接经济损失；

A4. 列车及调车作业中发生冲突、脱轨、火灾、爆炸、相撞，造成下列后果之一的：

A4.1 繁忙干线双线之一线或单线行车中断 3 小时以上 6 小时以下，双线行车中断 2 小时以上 6 小时以下；

A4.2 其他线路双线之一线或单线行车中断 6 小时以上 10 小时以下，双线行车中断 3 小时以上 10 小时以下；

A4.3 客运列车耽误本列 4 小时以上；

A4.4 客运列车脱轨 1 辆；

A4.5 客运列车中途摘车 2 辆以上；

A4.6 客车报废 1 辆或大破 2 辆以上；

A4.7 机车大破 1 台以上；

A4.8 动车组中破 1 辆以上；
A4.9 货运列车脱轨 4 辆以上 6 辆以下；
② 有下列情形之一，未构成一般 A 类以上事故的，为一般 B 类事故：
B1. 造成 1 人死亡；
B2. 造成 5 人以下重伤；
B3. 造成 100 万元以上 500 万元以下直接经济损失；
B4. 列车及调车作业中发生冲突、脱轨、火灾、爆炸、相撞，造成下列后果之一的：
B4.1 繁忙干线行车中断 1 小时以上；
B4.2 其他线路行车中断 2 小时以上；
B4.3 客运列车耽误本列 1 小时以上；
B4.4 客运列车中途摘车 1 辆；
B4.5 客车大破 1 辆；
B4.6 机车中破 1 台；
B4.7 货运列车脱轨 2 辆以上 4 辆以下；
③ 有下列情形之一，未构成一般 B 类以上事故的，为一般 C 类事故：
C1. 列车冲突；
C2. 货运列车脱轨；
C3. 列车火灾；
C4. 列车爆炸；
C5. 列车相撞；
C6. 向占用区间发出列车；
C7. 向占用线接入列车；
C8. 未准备好进路接、发列车；
C9. 未办或错办闭塞发出列车；
C10. 列车冒进信号或越过警冲标；
C11. 机车车辆溜入区间或站内；
C12. 列车中机车车辆断轴，车轮崩裂，制动梁、下拉杆、交叉杆等部件脱落；
C13. 列车运行中碰撞轻型车辆、小车、施工机械、机具、防护栅栏等设备设施或路料、坍体、落石；
C14. 接触网接触线断线、倒杆或塌网；
C15. 关闭折角塞门发出列车或运行中关闭折角塞门；
C16. 列车运行中刮坏行车设备设施；
C17. 列车运行中设备设施、装载货物（包括行包、邮件）、装载加固材料（或装置）超限（含按超限货物办理超过电报批准尺寸的）或坠落；
C18. 装载超限货物的车辆按装载普通货物的车辆编入列车；
C19. 电力机车、动车组带电进入停电区；
C20. 错误向停电区段的接触网供电；
C21. 电气化区段攀爬车顶耽误列车；

C22. 客运列车分离；

C23. 发生冲突、脱轨的机车车辆未按规定检查鉴定编入列车；

C24. 无调度命令施工，超范围施工，超范围维修作业；

C25. 漏发、错发、漏传、错传调度命令导致列车超速运行；

④ 有下列情形之一，未构成一般 C 类以上事故的，为一般 D 类事故：

D1. 调车冲突；

D2. 调车脱轨；

D3. 挤道岔；

D4. 调车相撞；

D5. 错办或未及时办理信号致使列车停车；

D6. 错办行车凭证发车或耽误列车；

D7. 调车作业碰轧脱轨器、防护信号，或未撤防护信号动车；

D8. 货运列车分离；

D9. 施工、检修、清扫设备耽误列车；

D10. 作业人员违反劳动纪律、作业纪律耽误列车；

D11. 滥用紧急制动阀耽误列车；

D12. 擅自发车、开车、停车、错办通过或在区间乘降所错误通过；

D13. 列车拉铁鞋开车；

D14. 漏发、错发、漏传、错传调度命令耽误列车；

D15. 错误操纵、使用行车设备耽误列车；

D16. 使用轻型车辆、小车及施工机械耽误列车；

D17. 应安装列尾装置而未安装发出列车；

D18. 行包、邮件装卸作业耽误列车；

D19. 电力机车、动车组错误进入无接触网线路；

D20. 列车上工作人员往外抛掷物体造成人员伤害或设备损坏；

D21. 行车设备故障耽误本列客运列车 1 小时以上，或耽误本列货运列车 2 小时以上；固定设备故障延时影响正常行车 2 小时以上（仅指正线）。

铁总可对影响行车安全的其他情形，列入一般事故。因事故死亡、重伤人数 7 日内发生变化，导致事故等级变化的，相应改变事故等级。

三、事故处理

（一）事故处理流程

事故发生后，事故现场的铁路运输企业工作人员或者其他人员应当立即向邻近铁路车站、列车调度员、公安机关或者相关单位负责人报告。有关单位和人员接到报告后，应立即将事故情况向企业负责人和事故发生地安全监管办安全监察值班人员报告，安全监管办安全监察值班人员按规定向安全监管办负责人报告。

铁路运输企业列车调度员要认真填写铁路交通事故(设备故障)概况表(安监报 1)，分别向事故发生地安全监管办安全监察值班人员、铁总列车调度员报告。事故发生地安全监管办安全监察值班人员接到“安监报 1”或现场事故报告后，要立即填写铁路交通事故基本情况表（安监报 3），并向铁总安全监察司值班人员报告。报告后要进一步了解事故情况，及时补报“安监报 3”。

涉及其他安全监管办辖区的事故，发生地安全监管办安全监察值班人员应及时将“安监报 3”传送至相关安全监管办的安全监察部门。

铁总列车调度员接到事故报告后，应及时收取或填写“安监报 1”，并立即向值班处长和安全监察司值班人员报告；值班处长、安全监察司值班人员按规定分别向本部门负责人、铁总办公厅部长办公室报告，由部门负责人向部领导报告。事故涉及其他部门时，由办公厅部长办公室通知相关部门负责人。

发生特别重大事故、重大事故，由铁总办公厅负责向国务院办公厅报告，并通报国家安全生产监督管理总局等有关部门。发生特别重大事故、重大事故、较大事故或者有人员伤亡的一般事故，安全监管办应向事故发生地县级以上地方人民政府及其安全生产监督管理部门通报。

事故报告的主要内容：

事故发生的时间、地点、区间（线名、公里、米）、线路条件、事故相关单位和人员；

发生事故的列车种类、车次、机车型号、部位、牵引辆数、吨数、计长及运行速度；

旅客人数，伤亡人数、性别、年龄以及救助情况，是否涉及境外人员伤亡；

货物品名、装载情况，易燃、易爆等危险货物情况；

机车车辆脱轨辆数、线路设备损坏程度等情况；

对铁路行车的影响情况；

事故原因的初步判断，事故发生后采取的措施及事故控制情况；

应当立即报告的其他情况。

事故报告后，人员伤亡、脱轨辆数、设备损坏等情况发生变化时，应及时补报。

事故现场通话按“117”立接制应急通话级别办理。

铁总、安全监管办、铁路运输企业应向社会公布事故报告值班电话，受理事故报告和举报。

（二）事故调查流程

《铁路交通事故调查处理规则》第三十五条规定：事故调查组到达现场前，组织事故调查组的机关可指定临时调查组组长，组成临时调查组，勘察现场，掌握人员伤亡、机车车辆脱轨，设备损坏等情况，保存痕迹和物证，查找事故线索及原因，做好调查记录，及时向事故调查组报告。这是因为铁路点多线长，铁路安监部门不可能在每个点设置派出结构，而铁路运输的特点是在交通事故发生后，必须以恢复列车运行秩序为第一要务，如果等事故调查组来进行调查后才开始救援，可能大大延误事故的调查处理的时间，影响铁路迅速恢复通车。既不符合现行的铁路交通事故调查处理体制，也可能影响铁路运输畅通，对国民经济和社会发展造成不利后果。

在目前体制情况下，临时调查组的组成，一般采取分级指定的原则，根据事故调查权限，国务院可指定国务院铁路主管部门，国务院铁路主管部门可指定铁路安监办，铁路安监办可指定事故发生地的基层站段的负责人组成临时调查组，也就是说，事故临时调查组也可以分级指定，不存在转受权的问题。而国务院铁路主管部门和铁路安监办设置的派出机构，本身就是代表国务院铁路主管部门和铁路安监办，不存在指定的问题，只有先行到达。因此，向事故调查组报告调查的情况，也同样是分级报告，事故发生地的基层站段是事故调查最先出动的单位，必须做好痕迹和物证的保存和调查的原始记录。

特别重大事故按《铁路交通事故应急救援和调查处理条例》规定由国务院或国务院授权的部门组织事故调查组进行调查。重大事故由铁总组织事故调查组进行调查。调查组组长由铁总负责人或指定人员担任，安全监察司、运输局、公安局等部门和铁总派出机构、相关安全监管办等部门（单位）派员参加。

较大事故和一般事故由事故发生地安全监管办组织事故调查组进行调查。调查组组长由安全监管办负责人或指定人员担任，安全监管办安全监察部门、有关业务处室、公安机关等部门派员参加。铁总认为必要时，可以参与或直接组织对较大事故和一般事故进行调查。

根据事故的具体情况，事故调查组还可由工会、监察机关有关人员以及有关地方人民政府、公安机关、安全生产监督管理部门等单位派人组成，并应当邀请人民检察院派人参加。事故调查组认为必要时，可以聘请有关专家参与事故调查。

发生一般 B 类以上、重大以下事故（不含相撞的事故），涉及其他安全监管办辖区时，事故发生地安全监管办应当在事故发生后 12 小时内发出电报通知相关安全监管办。相关安全监管办接到电报后，应当立即派员参加事故调查组。

自事故发生之日起 7 日内，因事故伤亡人数变化导致事故等级发生变化，依照《铁路交通事故应急救援和调查处理条例》规定由上级机关调查的，原事故调查组应当及时报告上级机关。

事故调查组在事故发生后应当及时通知相关单位和人员；一般 B 类以上、重大以下的事故（不含相撞的事故）发生后，应当在 12 小时内通知相关单位，接受调查。

事故调查组到达现场前，组织事故调查组的机关可指定临时调查组组长，组成临时调查组，勘察现场，掌握人员伤亡、机车车辆脱轨、设备损坏等情况，保存痕迹和物证，查找事故线索及原因，做好调查记录，及时向事故调查组报告。

事故调查组到达后，发生事故的有关单位必须主动汇报事故现场真实情况，并为事故调查提供便利条件。事故发生单位的负责人和有关人员在事故调查期间应当随时接受事故调查组的询问，如实提供有关资料和物证。事故调查组有权向有关单位和个人了解与事故有关的情况，并要求其提供相关文件、资料，有关单位和个人不得拒绝。

事故调查组根据需要，可组建若干专业小组，进行调查取证。

（1）搜集事故现场物证、痕迹，测量并按专业绘制事故现场示意图，标注现场设备、设施、遗留物的名称、尺寸、位置、特征等。需要搬动伤亡者、移动现场物体的，应做出标记，妥善保存现场的重要痕迹、物证；暂时无法移动的，应予守护，并设明显标志。

（2）询问事故当事人及相关人员，收取口述、笔述、笔录、证照、档案，并复制、拍照。不能书写书面材料的，由事故调查组指定人员代笔记录并经本人签认。无见证人或者当事人、相关人员拒绝签字的，应当记录在案。

（3）对事故现场全貌、方位、有关建筑物、相关设备设施、配件、机动车、遗留物、致害物、痕迹、尸体、伤害部位等进行拍照、摄像。及时转储、收存安全监控、监测、录音、录像等设备的记录。

（4）收取伤亡人员伤害程度诊断报告、病理分析、病程救治记录、死亡证明、既往病历和健康档案资料等。

（5）对有涂改、灭失可能或以后难以取得的相关证据进行登记封存。

（6）查阅有关规章制度、技术文件、操作规程、调度命令、作业记录、台账、会议记录、安全教育培训记录、上岗证书、资质证书、承（发）包合同、营业执照、安全技术交底资料等，必要时将原件或复印件附在调查记录内。

（7）对有关设备、设施、配件、机动车、器具、起因物、致害物、痕迹、现场遗留物等进行技术分析、检测和试验，组织笔迹鉴定，必要时组织法医进行尸表检验或尸体解剖，并写出专题报告。

（8）脱轨事故发生后，在全面调查的基础上，必要时应对事故地点前后一定长度范围内的线路设备进行检查测量，并调阅近期内该段线路质量检测情况；对事故地点前方（列车运行相反方向）一定长度的线路范围内，有无机车车辆配件脱落、刮碰行车设备的痕迹等进行检查，对脱轨列车中有关的机车车辆进行检查测量，并调阅脱轨机车车辆近期内运行情况监测记录。

事故调查中需要对相关的铁路设备、设施进行技术鉴定或者对财产损失状况以及中断铁路行车造成的直接经济损失进行评估的，事故调查组应当委托具有国家规定资质的机构进行技术鉴定或者评估。技术鉴定或者评估所需时间不计入事故调查期限。

各专业小组应按调查组组长的要求，及时提交专业小组调查报告。调查组组长应组织审议专业小组调查报告，并研究形成《铁路交通事故调查报告》，由调查组所有成员签认。调查组成员意见不一致时，应在事故报告中分别进行表述，报组织调查的机关审议、裁定。事故调查中发现涉嫌犯罪的，事故调查组应当及时将有关证据、材料移交司法机关。

（三）铁路交通事故调查报告

《铁路交通事故调查报告》应包括下列内容：

（1）事故概况；

（2）事故造成的人员伤亡和直接经济损失；

（3）事故发生的原因和事故性质；

（4）事故责任的认定以及对事故责任者的处理建议；

（5）事故防范和整改措施建议；

（6）与事故有关的证明材料。

事故调查组应在下列期限内向组织事故调查组的机关提交《铁路交通事故调查报告》：特别重大事故的调查期限为60日；重大事故的调查期限为30日；较大事故的调查期限为20日；一般事故的调查期限为10日；事故调查期限自事故发生之日起计算。

事故调查组形成《铁路交通事故调查报告》，报组织事故调查的机关同意后，事故调查组的工作即告结束。铁总、安全监管办的安全监察部门应在事故调查组工作结束后15日之内，根据事故报告，制作《铁路交通事故认定书》，经批准后，送达相关单位。一般B类以上、重大以下事故（相撞事故为较大事故）的档案材料，应报铁总备案（3份）。

铁总发现安全监管办对事故认定不准确时，应予以纠正。必要时，可另行组织调查。

事故调查组成员在事故调查工作中应诚信公正、恪尽职守，遵守事故调查组的纪律，保守事故调查的秘密。未经事故调查组组长允许，调查组成员不得擅自发布有关事故的调查信息。

调查事故应配备必要的调查设备和装备，保证调查工作顺利进行。调查设备和装备包括通信设备、摄影摄像设备、录音设备、绘图制图设备、便携电脑以及其他必要的装备。

（四）铁路交通事故认定书

《铁路交通事故认定书》是事故赔偿、事故处理以及事故责任追究的依据。《铁路交通事故认定书》应按照铁总规定的统一格式制作，内容包括：

（1）事故发生的原因和事故性质；

（2）事故造成的人员伤亡和直接经济损失；

（3）事故责任的认定；

（4）对有关责任单位及人员的处理决定或建议。

事故责任单位接到《铁路交通事故认定书》后，于7日内，填写《铁路交通事故处理报告表》（安监报2），按规定报送《铁路交通事故认定书》制作机关，并存档。

四、铁路交通事故调查

（一）事故调查程序

1. 勘察现场

勘察事故现场是事故调查人员的一项重要调查活动。其目的是为了查明事故造成的破坏情况；发现或判明事故原点；收集物证，以确定事故发生和发展的过程；了解事故概貌，初步确定调查方向和重点。能否及时地、全面地、客观地对事故现场进行勘察，往往是决定全部事故调查成败的关键。所采用的方法主要有拍照、摄像、绘图、作勘察记录等。

勘察事故现场，查看列车冲突、脱轨位置、线路破损、火灾爆炸等现状。分析、判明事故原点，简单事故可以确定事故原点。

客运列车事故查证旅客及有关人员伤亡情况；火灾爆炸情况；行包、邮件的损失或损坏情况。

检查货物装载状态。调查列车编组和运行情况。查看货物装载加固状况，超限集重等货物的原状标记线，是否有位移，如有位移要照相，并按《铁路货物装载加固规则》《铁路超限超重货物运输规则》的有关规定，测量纪录有关尺寸并对其重心位置，偏移量进行计算。按照《铁路危险货物运输管理规则》规定检查纪录最危险货物的装载、隔离等情况。

专业部门检查机车、车辆、线路、信号等设备技术状态，鉴定破损部件。

查找事故现场物证，如散落、破损部件、碎片、痕迹等以及发生的可疑物，由公安部门负责按照《铁路交通事故调查处理规则》规定进行拍照或者录像。特别是对于不能长时间保存的物证、痕迹应及时采取拍照、摄像等方式予以保留。

在现场搜集到的所有物体应保持原样，不准冲洗擦拭。均应贴上标签，注明地点、时间、管理者。

对于不易移动的物证、痕迹等，应当指定人员进行妥善保护。

注意是否有人为的破坏迹象，主要调查在技术上是否有人为的破坏；在操作上是否有认为的破坏；在操作上是否有人违反规定而造成破坏性事故；对人为破坏的事故应进行技术性鉴定。属于人为破坏的事故，应由公安参与勘察及立案侦破。

2. 听取汇报

事故调查组听取事故现场临时调查小组关于事故初步调查情况的汇报。查看先期赶到事故现场的调查人员拍摄的录像和照片，以及收集的各种证据资料，了解事故概貌和调查发现的问题。

3. 查证资料

通过查明相关规程规章以及作业标准、管理制度的规定和工作记录，全面了解实际作业情况和管理状况，作为对规、对标、技术鉴定和分析事故原因的依据，是事故调查的一项重要工作。事故相关的各种行车设备的监测记录；录音录像视听资料的记录；有关的规章规定和技术文件资料；反映作业情况的行车登记簿册的登记；反映管理方面的制度，办法和执行情况记录均包括在内。可通过封存、转储、拍照、整理成文字、摘抄等方法，但要记录何人、何时、何地、何种方式收集与保管的。

4. 调查事故关系人

对事故关系人员分别调查，由本人写出书面材料或口头叙述（由事故调查组负责人指定人员代笔记录并经本人签字）。调查事故关系人主要方法是询问，询问事故关系人是事故调查必须进行的主要内容，是事故调查的一项重要工作。通过向当事人、见证人询问作业过程、事故发生经过、事故发生后看到、听到、想到了什么。以了解事故发生过程，为查明事故原因提供依据和调查线索。询问工作应当依法由两人以上共同进行，并制作笔录，询问完毕后，询问笔录应当交被询问人阅读。被询问人认为记录有遗漏或有差错，有权提出补充或者改正，被询问人应当签字或盖章，进行询问的人员也应当在笔录上签字。询问应当坚持个别询问的原则。询问事故当事人或证人一般要求要隔离开来、个别地进行，不允许询问的数人在同一场合同一时间接受询问，更不允许开座谈会的形式进行集体回忆、集体陈述。询问应坚持先行询问的原则，应当在询问之前尽量熟悉事故情况与相关规定和标准。有事故材料的应当认真阅读以便在询问时及时发现陈述和证言之间存在的矛盾，并做到把握全局、突出重点地进行询问，提高询问质量和效率。询问应坚持禁止威逼的原则。就是事故调查人员要以平等、尊重、耐心的态度，以说服教育和启发引导的方式对待被询问人员，便于被调查人能够清晰、完整、准确、真实地叙述事故过程。当第一次询问时，应当让当事人和证人连贯地、充分地进行陈述，然后向其提出疑问，保证询问的客观性和公正性，不要带着先入为主的思想打断其不合己意的陈述。询问事故重要的关系人，必要时应当使用录音录像设备，将询问过程固定下来。

5. 临场讨论

临场讨论是事故现场调查的一个重要组成部分，在整个事故调查中占有重要位置，是事故调查过程中关键性环节。主要作用表现在：一是对事故调查的过程的全面检查。通过对各个材料的分析和研究，能够从多方面验证调查材料的真实性，能够及时发现调查中的漏洞和不足并且及时采取补救措施，从而保持调查质量。二是正确认识事故的基本途径。通过对各个材料的分析和研究，可以找出事物之间的内在联系，对事故的发生、发展的全貌有一个整体概念。三是可以确定下一步深入调查的方向和重点。临场讨论只是个认识过程，应让大家充分发表意见，但讨论时间不宜过长，待进一步收集材料后再作分析判断。复杂事故可进行多次临场讨论。

6. 拍发电报

根据调查结果，初步判定事故原因及责任，及时向铁路管理机构、国务院铁路主管部门详细汇报，构成较大以上事故，须在 24 小时内铁路管理机构，国务院铁路主管部门拍发事故电报。

（二）事故调查报告

调查组组长应组织审议专业小组调查报告，在规定期限内，研究形成《铁路交通事故调查报告》，由调查组所有成员签认。调查组成员意见不一致时，应在事故报告中分别进行表述，报组织调查的机关审议、裁定。事故调查报告的主要内容包括事故发生的原因和事故性质、事故造成的人员伤亡和直接经济损失、事故责任的认定、对有关责任单位及人员的处理决定或建议等。

具体的事故调查报告应包括以下内容：

（1）概况；

（2）事故调查组的牵头单位、参加单位和人员组成；

（3）设备损坏、人员伤亡、中断行车时间及第三人损失情况；

（4）事故调查过程；

（5）事故原因分析；

（6）事故教训；

（7）事故整改措施或纠缺意见及有关防范同类事故重复发生的建议；

（8）对事故的定性（什么性质的事故，如破坏、生产性作业、操作失误、设备故障、自然灾害等造成的某铁路交通某类事故）、定责意见（什么单位、什么责任）；

（9）组长和参加调查人员签字，牵头单位加盖公章；

（10）附件，包括勘察现场资料、查证资料记录、调查事故关系人（含讯问笔录）记录、临场讨论记录、技术鉴定和评估材料、伤残鉴定资料，除此以外，还应有现场照片、录像、录音等资料。

说明：行车中断造成的"直接经济损失"费用，按公式计算（因事故造成线路中断的停运损失，为事故影响区段的客货运密度、营业里程、上年度客货运平均收入率和线路中断事件四者的乘积）。

事故调查报告形成后，报经组织事故调查组的机关或者铁路管理机构同意，事故调查组工作即告结束。组织事故调查组的机关或者铁路管理机构根据事故调查报告，制作事故认定书。根据事故认定书，组织事故调查机关或铁路管理机构应对事故处理进行批复。有关机关依照法律、行政法规规定的权限和程序，对事故发生单位和有关人员进行行政处罚，负有事故责任的人员涉嫌犯罪的，依法追究刑事责任

（三）事故调查中的主要工作和分工

考虑到铁路交通事故的专业性和复杂性，对重大事故和特别重大事故的调查，一般还在调查组中设置若干工作小组，每一工作小组负责某一方面的具体调查工作，通常分设综合组、技术调查组、管理调查组等。各工作小组要根据事故调查的实际情况，合理分工、责任到人，确保事故调查不漏项。工作小组的分工大致如下：

（1）综合组：主要负责资料搜集和保管、信息报送、协调内务、对外联络、宣传报道、汇总材料、协助善后工作、写出事故调查报告。

（2）技术调查组：由生产业务、安全监察、工程技术等人员组成，主要负责现场勘察、收集现场资料和物证，对事故现场技术状况进行分析，为事故抢救工作提供决策支持，并对事故的技术原因进行分析，认定事故性质，写出技术报告。在一些复杂事故的分析中，特别是在争议比较大的情况下，可能还要通过试验或模拟分析的方法进行论证。些许情况下，组织法医进行尸体解剖或尸表检验，组织笔迹鉴定。

（3）管理调查组：主要负责调查事故发生单位和相关部门在铁路安全生产管理、安全培训和政府监管监察等方面存在的问题，并负责提出对责任人的处理建议，写出管理组调查报告。

（4）善后处理组：由劳动工资、社会保险、工会等人员组成，主要负责事故造成

的人员伤亡救治、丧葬费用的落实，伤亡人员家属的安抚和财产损失的清查、谈判、调解和赔付工作。

（5）保护稳定组：主要负责事故现场的保护、稳定现场人员情绪、在事故现场一定范围内设路巡防人员确保铁路行车安全工作。各工作小组应按调查组组长的要求，及时提交小组调查报告。调查组组长应组织审议各工作小组的调查报告，并研究形成《铁路交通事故调查报告》，由调查组所有成员签认。对于共同认定部分，应明确态度，调查组成员意见不一致时，应在事故报告中分别进行表述，报组织调查的机关审议、裁定。

考虑到铁路交通事故的专业性和复杂性，在事故调查组中又可以根据现场的需求，组建若干不同的专业小组进行调查取证。在调查过程中合理分工、责任到人，确保事故调查不漏项。专业小组包括：运输调查组、客运调查组、货运调查组、机务及供电调查组、车辆调查组、工务调查组、电务调查组、安全监察调查组以及公安调查组（和计算机网络调查组）。各专业小组的分工大致如下：

（1）运输调查组：对事故现场情况进行勘察，查找事故线索及原因；调查车务人员的作业情况，查阅《行车日志》《行车设备检查登记簿》《行车设备施工登记簿》、列车编组顺序表、运行图、调度命令、调车作业计划、列车阶段计划，集中联锁设备的微机监测记录、计算机联锁设备记录、行车录音电话录音，车机联控录音，调车联控录音、列车到、开及通过的时分（包括邻站）。设备的使用、破封、加封登记、计数器的变号情况，了解《车站行车工作细则》的有关规定对有关人员进行询问，并做出记录；调查列尾装置使用情况；调阅与事故有关的资料、台账、管理办法；提供事故原因调查意见和可疑证物；提供本系统事故损失。

（2）客运调查组：对事故现场情况进行勘察，查找事故线索及原因；调查客运人员的作业情况，对有关人员进行询问，并做出记录；调查行包装运有关情况；调阅与事故有关的资料、台账、管理办法；提供事故原因调查意见和可疑证物；提供本系统事故损失。

（3）货运调查组：对事故现场情况进行勘察，查找事故线索及原因；调查货运人员的作业情况，对有关人员进行询问，并做出记录；调阅与事故有关的资料、台账、管理办法；检查货物装载情况；了解列车运行情况脱轨、切轴车辆的货物的装载状态，有无超载、偏载、集重情况，特别对易窜动、滚动的货物的加固捆绑是否符合《铁路货物装载加固规则》的要求。查看货运单据中记载的货物品名、发局、发站、到站及装载加固方面的技术资料；提供事故原因调查意见和可疑证物；提供本系统事故损失。

（4）机务、供电调查组：对事故现场情况进行勘察，查找事故线索及原因；调查机务、供电人员的作业情况，对有关人员进行询问，并做出记录；调阅与事故有关的资料、台账、管理办法；机车运行记录装置记录，机车录音装置录音记录，列尾的状态，牵引供电设备运行情况及技术数据，提供事故原因调查意见和可疑证物；提供机车、供电设备破损情况及本系统事故损失。

（5）车辆调查组：对事故现场车辆情况进行勘察，查找事故线索及原因；调查车辆人员的作业情况，对有关人员进行询问，并做出记录；调阅与事故有关的资料、台账、管理办法；确认造成事故的车辆，第一脱轨车辆、第一脱轨轮对、第一撞击车辆及该车辆有关技术参数（可测量）等；绘制车辆配件散落示意图；提供事故原因调查意见和可疑证物；火灾、爆炸事故车辆电器、锅炉等状态；提供车辆破损情况及本系统事故损失。

（6）工务调查组：绘制事故现场示意图；调查工务人员的作业情况，有无施工检修作业，对有关人员进行询问，并做出记录；调阅与事故有关的资料、台账、管理办法；对线路进行检测，如事故发生地点的线路遭到破坏无法检查测量线路质量时，应对事故地点前后一定长度的线路进行检查测量。确认第一脱轨点（爬轨点、跳轨点、落轨点）；提供事故原因调查意见和可疑证物；提供线路破坏情况及本系统事故损失。

（7）电务调查组：调查电务人员的作业情况，有无施工检修作业，对有关人员进行询问，并做出记录；调阅与事故有关的资料、台账、管理办法；对信号设备质量进行检测；调阅微机监测记录；事故发生当时控制台显示情况记录；机车信号状态；提供事故原因调查意见和可疑证物；负责转储通讯记录，调查通讯设备情况；提供信号设备破损情况及本系统事故损失。

（8）安全监察调查组：负责事故调查的全面工作；参与各事故调查组对事故的调查；对提取的物证进行确认，妥善保管事故物证；单独或配合公安部门对事故关系人员进行询问；独立确认事故的性质和责任；指导公安部门对事故现场进行录像和照相；对事故报告进行把关和会签；统计、组织鉴定事故损失。

（9）公安调查组：勘查事故现场，负责事故现场的拍照、摄像，保全和提取痕迹物证，制作现场勘查笔录；负责痕迹物证检验、鉴定和尸表检验、尸体解剖，依法出具检验检定报告；依法询问事故当事人、关系人、知情人，制作符合法律要求的询问笔录。

（10）计算机网络调查组：负责计算机系统的调查，调查计算机硬件、网络等设备情况，调查作业人员的工作状况，查阅有关记录、台账；提供信息系统现场示意图，提供事故原因调查意见和可疑证物；提供本系统事故损失。铁路事故现场的调查工作是在特定的条件下，一项政策性、技术性比较强的综合性的、特殊的、复杂的任务。因此在事故调查中，各专业调查小组要相互配合，发现相互间的难点、疑点要及时沟通，消除遗漏和失误，保证事故调查的统一和完整。各专业小组应按调查组组长的要求，及时提交专业小组调查 报告。

调查组组长应组织审议专业小组调查报告，并研究形成《铁路交通事故调查报告》，由调查组所有成员签认。对于共同认定部分，应明确态度，调查组成员意见不一致时，应在事故报告中分别进行表述，报组织调查的机关审议、裁定。

事故调查人员需要配备的基本装备：事故调查要有摄像机、照相机（作为事故资料时，不能使用数码电子照片）、录音机、传真机、笔记本电脑及必要的转储装备等，以保证事故调查原始材料的真实性。

（四）铁路交通事故调查步骤

1. 初步确定事故性质和等级

各类事故发生后，路局安监室值班人员根据事故情况报告，按人员伤亡和设备损坏情况，初步确定事故性质、等级，达到一般B类（不包括一般A类和B类中不中断行车的相撞事故，相撞事故中的中断行车，是指机车车辆、线路设备被破坏不能继续运行或遭遇其他情况，列车被迫停止运行）及其以上事故时，应立即报告主管局长和安监主任（副），并在通知路局总值班室通报相关专业处后，通报办事处安监室，通知相关专业监察做好出动准备。

对列车或调车作业发生：列车冲突（C1）、货运列车脱轨（C2）、列车火灾（C3）、列车爆炸（C4）、列车相撞（C5）事故，造成铁路行车中断，一时难以确定等级时，先按B类事故确定事故等级。

办事处安监室负责一般C类和D类铁路交通事故调查处理(包括一般A类和B类路外伤亡事故；不包括C1列车冲突，C3列车火灾，C4列车爆炸，C14接触网接触线断线、倒杆或塌网，C19电力机车、动车组带电进入停电区，C20错误向停电区段的接触网供电，C24无调度命令施工，超范围施工，超范围维修作业，C25漏发、错发、漏传、错传调度命令导致列车超速运行)。

办事处安监室值班人员接到路局安监室值班人员通知后，应立即报告办事处主管主任和安监室主任（副），并通知相关专业监察做好出动准备。

2. 组成事故调查组

依据《铁路交通事故调查处理规则》第三十三条要求，事故调查组履行下列职责：

（1）查明事故发生的经过、原因、人员伤亡情况及直接经济损失

（2）认定事故的性质和事故责任。

（3）提出对事故责任者的处理建议。

（4）总结事故教训，提出防范和整改措施建议。

（5）提交事故调查报告。这里需要强调的是，事故调查组事故调查报告只是向组织事故调查组的机关或者铁路管理机构提交，不应该向事故发生单位和当事人泄露，同时事故调查报告应当在事故调查期限内完成。

（五）从业人员伤亡事故

（1）属于路局调查的事故，必须到场的调查组成员：路局工会主管部长（副）及分管人员；肇事和受害单位主管业务处处长（副）和相关科长及分管工程师；铁路公安局治安处处长（副）及分管人员；安监室分管主任及劳安科科长和相关专业监察（包括办事处安监室）。

（2）属于办事处调查的事故，必须到场的调查组成员：办事处安监主任（副）、分管劳安专业监察及相关专业监察；肇事和受害单位主管领导、工会负责人、业务科长及分管工程师；铁路公安处处长（副）及分管人员。

（3）列车冲突、脱轨事故，必须到场的调查组成员：运输处处长（副）、车站科科长和主管工程师、技术科长和主管工程师；调度所副主任；机务处处长（副）、运用科科长和主管工程师、供电科科长和主管工程师（电气化区段）、检修科科长和主管工程师（涉及机车时）；车辆处客（货）车科科长和主管工程师；工务处处长（副）、线路

（路桥）科科长和主管工程师（涉及施工作业时工务处处长、施工安全科科长和主管工程师、大修科和主管工程师参加）；电务处处长（副）、信号科长和主管工程师、通信科长和主管工程师；客运处客运科科长或主管工程师（涉及客车冲突、脱轨时）；货运处货运管理科；（保价科）科长或主管工程师（货车冲突、脱轨时）；铁路公安局治安处处长（副）和分管人员；安监室分管主任及相关专业监察（包括办事处安监室）。

（六）列车火灾、爆炸事故

（1）货物列车火灾、爆炸事故，必须到场的调查组成员：货运处处长（副）、货运管理科科长和主管工程师、安全保价科科长和主管工程师；运输处车站科、技术科主管工程师；调度所安全技术室主任（副）和分管人员；安监室分管主任及相关专业监察（包括办事处安监室）。

（2）货物列车火灾、爆炸事故，必须到场的调查组成员：客运处处长（副）、客运科科长和主管工程师；涉及行包时货运处安全保价科科长和主管工程师；运输处车站科、技术科主管工程师；调度所安全技术室主任（副）或主管人员，机务处运用科科长或主管工程师；车辆处货车科科长、主管或主管工程师；铁路公安局消防处处长（副）和分管人员；安监室分管主任及相关专业监察（包括办事处安监室）。

（七）列车相撞、中断行车事故

属于路局调查事故，必须到场的调查组成员：运输处车站科、技术科主管工程师；调度所安全技术室主任（副）或主管人员，机务科业务科长及分管工程师；铁路公安处处长（副）及分管人员；安监室分管主任及相关专业监察（包括办事处安监室）。

属于办事处调查的事故，必须到场的调查组成员：办事处安监室主任（副）、分管专业监察及相关专业监察；肇事和受害单位主管领导、业务科长及分管工程师；铁路公安处处长（副）及分管人员。

属于办事处调查的其他事故，必须到场的调查组成员：办事处安监室主任（副）、分管专业监察及相关专业监察；事故相关单位的领导、业务科长及分管工程师；铁路公安处分管人员。

（八）铁路交通事故的调查处理基本原则

铁路交通事故的调查处理是一项政策性、法规性、技术性和专业性很强的工作。其总体要求是应坚持以事实为依据，以法律、法规、规章为准绳，认真调查分析，查明原因，认定损失，定性定责，追究责任，总结教训，提出整改措施。开展铁路交通事故的调查处理，必须遵循以下几项基本原则：

1. 依法调查的原则

必须按照《安全生产法》《铁路法》《生产安全事故报告和调查处理条例》《铁路交通事故应急救援和调查处理条例》《铁路交通事故调查处理规则》等法律、法规及规章的有关要求进行铁路交通事故的调查处理。

2. 实事求是、尊重科学的原则

在事故调查中要调查事故要以事实为依据，如实调查事故。调查中所采信的事实，要反复论证，认真确认，并应经得起事实和时间的考验。对事故原因的分析要以科学的理论为基础，借助于必要的、可靠的技术手段开展事故调查。

3. 及时、全面、公正的原则

接到事故通报后，要迅速出动尽快赶到，争取查看第一事故现场；对事故的调查，是对事故产生全过程的调查，必须全面调查、缺一不可；事故调查要客观公正不能带有倾向，但是要有侧重点；要立足在查明事故原因的基础上调查事故，不能站在业务部门的立场上调查事故。

4. 注重证据的原则

证据是确定事故原因的基本依据，对事故有关证据的采集必须以原始证据为主，收集的证据要和证言、证物形成证据链。在事故调查处理工作的整个过程中，应注意证据的使用和保管。

5. 协调配合的原则

事故现场的调查工作是在特定的条件下，一项政策性、技术性比较强的综合性的特殊的复杂的任务。因此在事故调查中，所有人员要服从分工、听从指挥，严格执行事故调查中的纪律，不能隐瞒事故的实际情况，尽快按要求完成调查任务。各调查小组要相互配合，发现相互间的难点、疑点要及时沟通，消除遗漏和失误，保证事故调查的统一和完整。

6. “四不放过”的原则

“四不放过”即“事故原因未查明不放过，责任人未处理不放过，整改措施未落实不放过，有关人员未受到教育不放过”。事故调查组查清事故原因的目的，不仅是为了分清事故人，追究责任者的责任，更重要的是为了更好地吸取教训，防止同类事故的再次发生。对事故应进行认真查处，依法追究事故直接责任人和相关责任人的责任，严肃查处违法违纪行为，也同时督促其他单位和部门深刻吸取事故教训，查找同类问题，制定防范措施，健全管理制度。

切实加强和改进安全生产工作，从源头上防止事故的发生。事故责任单位和有关人员应当认真反思，吸取教训，查找安全生产管理方面的不足和漏洞，对于事故调查组在查明原因的基础上，提出的有针对性的问题和意见，责任单位和有关人员必须不折不扣地予以落实。

（九）事故调查与安全管理

概括起来，事故调查工作对于安全管理的重要性可归纳为以下几个方面：

1. 事故调查工作是一种最有效的事故预防方法

事故的发生既有偶然性，也有必然性，即如果潜在事故发生的条件（一般称之为事故隐患）存在，则在什么时候发生事故是偶然的，但发生事故是必然的。因而，通过事故调查的方法，可以发现事故发生的潜在条件，包括事故的直接原因和间接原因，找出其发展的过程，防止类似事故的发生。

2. 为制定安全措施提供依据

事故的发生是有因果性和规律性的，事故调查是找出这种因果关系和事故规律的最有效的方法，掌握了这种因果关系和规律性，就能有针对性地制定出相应的安全措施，包括技术手段和管理手段，达到最佳的事故控制效果。

3. 揭示新的或未被人注意的危险

任何系统，特别是具有新设备、新工艺、新产品、新材料、新技术的系统，都在一定程度上存在着某些尚未了解、掌握或被忽视的潜在危险。事故的发生给了人们认识这类危险的机会，事故调查是人们抓住这一机会的最主要的途径，只有充分认识了这类危险，才有可能防止其产生。

4. 可以确认管理系统的缺陷

事故是管理不佳的表现形式，而管理系统缺陷的存在也会直接影响到企业的经济效益。事故的发生给了人们将坏事变成好事的机会，即通过事故调查发现管理系统存在的问题，加以改进后，就可以一举多得，既控制事故，又改进管理水平，提高企业经济效益。

5. 事故调查工作是高效的安全管理系统的重要组成部分

安全管理工作主要是事故预防、应急措施和保险补偿手段的有机结合，且事故预防和应急措施更为重要。事故调查的结果对于事故预防和应急计划的制定均有重要价值，因此，在安全管理系统中要具备事故调查处理的职能并真正发挥其作用，否则安全管理工作的目的和对象就会在人们的头脑中变得模糊起来。

【相关拓展】

2007 年 9 月 1 日开始实施的《铁路交通事故调查处理规则》（下文简称新版《事规》）是铁道部颁布施行的第十二版“《事规》”。它的发布，对铁路运输企业等有关单位，在事故调查处理和加强安全基础管理上产生了重大影响，它标志着铁路交通事故在调查处理上，真正走向了依法行政的法治化轨道。

1. 新版《事规》的特点

过去 58 年的对铁路行车事故、从业人员伤亡事故和路外交通事故，独立进行事故调查处理的“三足鼎立”格局，在这次新版《事规》制定中，实现了“三规合一”。

一是意义深远。

第一是突出了和谐铁路建设，坚持了以人为本的宗旨，在铁路交通事故调查处理中，把人的生命放在了第一位。如在一般 A、B 类事故中，突出了人员死亡、重伤的事故种类和路外“相撞”的事故前提条件。

第二是依照国务院 501 号《铁路交通事故应急救援和调查处理条例》（已于 2012 修订）的规定，最大限度地将从业人员伤亡事故的调查处理权利，纳入了新版《事规》。

二是适用范围广。

新版《事规》将原《铁路行车事故处理规则》《铁路伤亡事故处理规则》《火车与其他车辆相撞和铁路路外人员伤亡事故处理暂行规定》有关事故调查处理的内容进行了整合。涵盖了包括铁路行车事故、职工伤亡事故和路外伤亡事故三大类内容。同时，新版《事规》突破了以前仅局限于国铁范围内发生事故的调查处理，拓展为国家铁路、合资铁路、地方铁路企业以及铁路专用线、专用铁路等所有铁路交通事故的调查处理。

三是有利于事故调查处理。

新版《事规》实行有利于各级安监部门对事故进行调查处理，并有利于对事故统计、分析，整合了安监部门的监察力量，提高了监察工作效率。

2. 新旧《事规》的区别

一是新版《事规》在事故等级划分上充分体现了以人为本的基本要求，造成人员（无论作业人员还是路外人员）伤亡的事故，其等级均较以前有很大提高。旧版《事规》和《铁路企业伤亡事故处理规则》规定，造成 3 人以上死亡的构成重大事故，而新版《事规》规定，凡是发生 2 人以上死亡的，均构成一般 A 类以上事故。过去行车和人身事故造成 5 人以下重伤无事故等级规定，新版《事规》规定凡是有人员死亡或重伤的，均构成一般 B 类以上事故。同时，新版《事规》突出了客车事故，凡是涉及客运列车的，事故等级均高于其他列车的同类事故，以此促进各单位突出抓好客车安全。

二是新版《事规》把确保提速安全作为重点，突出对动车组发生的事故及与动车组运行安全有关的事故严格定性定责，特别是将近年来多次发生的货运装载加固不良、列车撞击线路防护设施或落石塌方等情形分别纳入了相应事故等级，以促进各单位全面抓好提速安全。

三是旧版《事规》的重大、大、险性、一般（A 类）四类事故，分别被纳入新版《事规》较大和一般事故中。其中，原重大事故一分为二，一部分纳入到较大事故，一部分纳入一般 A 类事故；原大事故纳入一般 B 类事故；原险性事故纳入一般 C 类事故；原一般（A 类）事故纳入一般 D 类事故。

四是保留了原有事故的基本属性，铁路险性和一般事故，是铁路行车事故管理挥之不去的管理特点，它写入铁路《事规》已 31 年，现虽然事故名称改变了，但是两个事故种类的属性和表现形式，依然在新版《事规》的一般 C、D 类事故中得到完整体现，应在新版《事规》中发挥其积极作用。

3. 铁路事故种类发生重大调整

（1）铁路事故种类调整的基本原则。

《铁路交通事故应急救援和调查处理条例》规定了铁路交通事故分为：特别重大事故、重大事故、较大事故和一般事故四个等级事故。将构成人员伤亡、重伤事故和直接经济损失，作为事故的首要条件，并根据铁路特点，确定了“冲突、脱轨、火灾、爆炸和相撞”五个前提条件，新版《事规》根据《铁路交通事故应急救援和调查处理条例》明确了客运、货运列车在繁忙干线、其他线路上，发生脱轨辆数及中断行车时间，或没有线别的脱轨辆数构成事故的条件规定。《铁路交通事故应急救援和调查处理条例》明确了铁路企业“可以对一般事故的其他情形作出补充规定”的条件。

（2）铁路事故等级的分类。

事故等级划分及构成条件发生重大变化。新版《事规》为了与国家生产安全事故等级划分相一致，根据《铁路交通事故应急救援和调查处理条例》的规定，将铁路交通事故分为四个等级：特别重大、重大、较大和一般事故。按照《铁路交通事故应急救援和调查处理条例》的授权，结合铁路安全管理的特点，铁总又将一般事故分为A、B、C、D四类。其中一般A类事故构成条件基本相当于原来的重大事故，一般B类事故基本相当于原来的大事故，一般C类事故基本相当于原来的险性事故，一般D类事故基本相当于原来的A类一般事故。原来界定的重大事故、大事故，虽然在新版《事规》中分别称为一般A类、一般B类事故，但其等级划分都是法定的国家级事故，调查处理的主体是政府部门，铁路系统内部对事故的考核也将做相应调整。因此事故等级称谓的变化并不意味着事故等级的降低，各单位一定要正确认识。对虽未构成严重事故，但有可能造成严重后果的情形，新版《事规》进行了严格定性定责，超前防范的特点很鲜明。构成一般C类事故的有25种情形，比旧版《事规》的险性事故增加11种。构成一般D类事故的有21种情形，比原A类一般事故增加5种，对运输生产影响比较大的设备故障，规定行车设备故障耽误本列客运列车1小时以上、本列货物列车2小时以上，正线固定设备故障延时影响正常行车2小时以上的情形，列为一般D类事故，体现了抓小防大、确保畅通的铁路运输生产特点。

4. 安全管理上的重难点

（1）原险性和一般事故中的大部分事故是没有后果的，以往均在铁路内部进行管理，现全部纳入新版《事规》，成为国家确定的事故种类。为此事故等级提升了，安全管理压力必然增加。

（2）铁路局发生一般A类事故，铁总将按原重大事故标准进行安全考核，同时与新版《事规》同步施行的铁路运输企业领导人员安全生产问责的办法，将按事故等级，对事故责任单位有关领导人员进行问责。

（3）原险性事故15种和一般（A类）事故17种，在新版《事规》一般C、D类事故中，分别增加到25种和21种。

（4）一般事故部分种类的脱轨和中断时间没有宽松，如取消了电气化区段90分钟事故救援时间等。

以上四个方面明显反映出，铁路事故管理在新版《事规》中，不是被削弱而是得到了加强，事故管理更加严格。铁路事故管理的加强，要求各单位、各部门在安全生产管理上要有充分的思想认识，要求在安全措施和管理手段上要尽快相适应，加强铁路交通事故管理，促进安全基础管理水平的不断提高。

5. 新版《事规》适应范围扩大

新版《事规》第三条规定：“国家铁路、合资铁路、地方铁路以及专用铁路、铁路专用线等发生事故的调查处理，适用本规则。”同时，第二十八、二十九条又明确了铁总、安全监管办为铁路交通事故的调查处理主体，重大事故由铁总组织调查，较大事故和一般事故由安全监管办组织调查。以及铁总认为必要时，可以参与或直接组织调查的权利。

第二十八条规定：重大事故由铁总组织事故调查组进行调查。调查组组长由铁总负责人或指定人员担任，安全监察司、运输局、公安局等部门和铁总派出机构、相关安全监管办等部门（单位）派员参加。

第二十九条规定：较大事故和一般事故由事故发生地安全监管办组织事故调查组进行调查。调查组组长由安全监管办负责人或指定人员担任，安全监管办安全监察部门、有关业务处室、公安机关等部门派员参加。铁总认为必要时，可以参与或直接组织对较大事故和一般事故进行调查。

这是一个重大变化，是铁路安监部门一项新的使命。它不仅明确了铁总、铁路安全监督管理办公室的事故调查处理的权限，关键是扩大了安监部门的工作范围和所肩负的职责，对各级安监部门在本辖区如何进行事故调查处理，依法行政，履行监督检查职责，加强和规范事故管理，发挥应有作用，将是一个重大考验。

为此，我们要有充分的思想认识，根据新版《事规》的规定，尽快建立健全相适应的铁路交通事故调查处理和事故管理制度和实施细则。

6. 铁路事故管理的基本特点

铁路坚持"四不放过""抓小防大、超前防范"等管理特点，在新版《事规》第六条规定（事故调查处理应坚持以事实为依据，以法律、法规、规章为准绳，认真调查分析，查明原因，认定损失，定性定责，追究责任，总结教训，提出整改措施）中得到完整体现，在一般事故分类上得到具体体现。在新的形势下，各铁路局应把控制一般 C、D 类事故的发生，作为"抓小防大、超前防范"的奋斗目标，通过控制一般 C、D 类事故，努力实现一般 B 类及以上事故的减少或受控。

7. 实行事故责任认定书

新版《事规》的另一个显著特点，就是实行事故责任认定书制度。这在第四十三、四十七、四十八、四十九条规定中都有明确体现。

第四十三条：事故调查组形成《铁路交通事故调查报告》，报组织事故调查的机关同意后，事故调查组的工作即告结束。铁总、安全监管办的安全监察部门应在事故调查组工作结束后 15 日之内，根据事故报告，制作事故认定书，送达相关单位。一般 B 类以上、重大以下事故（相撞事故为较大事故）的档案材料，应报铁总备案（3 份）。

第四十七条：《铁路交通事故认定书》是事故赔偿、事故处理以及事故责任追究的依据。事故认定书应按照铁总规定的统一格式制作，内容包括：（一）事故发生的原因和事故性质。（二）事故造成的人员伤亡和直接经济损失。（三）事故责任的认定。（四）对有关责任单位及人员的处理决定或建议。

第四十八条：事故责任单位接到事故认定书后，于 5 日内，填写"铁路交通事故处理报告表"（安监报 2）按规定上报事故认定书制作机关，并存档。

第四十九条：事故责任单位接到事故认定书后，如有异议，应在 10 日内向签发事故认定书的机关提出重新认定的申请。

实行事故责任认定书的主要目的，是将原事故调查处理报告，对责任单位、人员造成事故的责任处理、责任追究或经济赔偿的行政处理方式，改为使用事故认定书的方式，认定书是对以上情况处理的唯一依据，具有法律效应。

认定书的制作和使用，是在事故调查组形成《铁路交通事故调查报告》后，并经派出的机关审查同意后，在调查工作结束后 15 日之内，由负责组织事故调查组的机构，负责制作事故认定书，并负责送达相关单位。新版《事规》明确，由安全监管办负责组织调查的一般 B 类以上、较大以下的事故调查报告，还需报铁总备案。需要强调的是，今后凡发生一般及以上的事故，对铁路内部和路外单位，在事故定责处理上及赔偿上，均要使用《铁路交通事故认定书》。行政文件或命令的方式则不能使用，没有法律效应。

任务二　铁路交通事故处理规则认知

铁路交通事故分为责任事故和非责任事故。由于措施不当或贯彻不力，造成行车重大、大事故时，列为责任事故。确属主观上不能防止的事故，列为非责任事故。比如：因自然灾害等不可抗力原因造成事故的；特殊情况经安全委员会审查，确定列为非责任事故的。

一、事故责任划分

事故责任可根据有效的各项规章、制度、办法或规定分为全部责任、主要责任、重要责任、次要责任和同等责任。

（1）全部责任：负有事故（事件）损失及不良影响 100%责任；

（2）主要责任：负有事故（事件）损失及不良影响 50%以上责任；

（3）重要责任：负有事故（事件）损失及不良影响 30%以上、50%以下责任；

（4）次要责任：负有事故（事件）损失及不良影响 30%以下责任；

（5）同等责任：各方均负有事故（事件）损失及其不良影响相同比例的责任。

事故全部由一方原因造成，则承担全部责任；当事故由两方原因造成，由于造成责任难以分清，可裁定双方均负有同等责任；在具有非造成事故直接原因但与事故发生有着一定关系时，则负有次要责任。涉及两个及以上部门的事故，若双方互相推扯，不配合事故调查分析，导致责任无法认定时，事故调查组可裁定各方均负全部责任。各单位及个人均有责任配合调查取证工作，必须主动、及时、如实反映事故的情况。凡隐瞒不报、故意破坏、伪造现场、毁坏证据、拖延迟报、弄虚作假、拒绝阻挠调查分析等的单位或个人，导致不能查明事故（事件）原因和判定责任的，定该部门或人员全部责任。

涉及事故的监控录音或录像资料缺失，监控录音或录像单位承担10%的责任。

铁路运输企业或相关单位发布的文电，违反法律法规、铁总规章或铁路相关技术标准和作业标准等，直接导致事故发生的，定发文电单位责任。

因设备管理不善造成的事故，定设备管理单位责任。

因产品质量不良造成事故，属设计、制造、采购、检修等单位责任的，定相关单位责任；应采用经行政许可或强制认证的产品而采用其他产品的，追究采用单位责任；采购不合格或不达标产品的，追究采购单位责任。

自然灾害原因导致的事故，因防范措施不到位，定责任事故。确属不可抗力原因导致的事故，定非责任事故。

营业线施工中发生责任事故，属工程建设、设计、监理、施工等原因造成的，定上述相关单位责任；同时追究设备管理单位责任。已经竣工验收的设备，因质量问题发生责任事故，确属工程建设、设计、施工、监理等单位责任的，定上述相关单位责任；属设备管理不善的，定设备管理单位责任。

涉嫌人为破坏造成的事故，在公安机关确认前，定发生单位责任事故；经公安机关确认属人为破坏原因造成的，定发生单位非责任事故。

机车车辆断轴造成事故，由于探测、监测工作人员违章违纪或设备不良、管理不善等原因造成漏报、误报或预报后未及时拦停列车的，定相关单位责任。由于货物超载、偏载造成车辆断轴事故，定装车站或作业站责任。

因列车折角塞门关闭造成事故，无法判明责任的定发生地铁路运输企业责任事故。

错误办理行车凭证发车或耽误列车事故的责任划分：司机起动列车，定车务、机务单位责任；司机发现未动车，定车务单位责任；通过列车司机未及时发现，定车务、机务单位责任；司机发现及时停车，定车务单位责任。

应停车的客运列车错办通过，定车站责任；在区间乘降所错误通过，定机务单位责任。

因断钩导致列车分离事故，断口为新痕时定机务单位责任（司机未违反操作规程的除外），断口旧痕时定机车车辆配属或定检单位责任；机车车辆车钩出现超标的砂眼、夹渣或气孔等铸造缺陷定制造单位责任。未断钩造成的列车分离事故根据具体情况进行分析定责。

因货物装载加固不良造成事故，定货物承运单位责任；属托运人自装货物的，定托运人责任，货物承运单位监督检查失职的，追究货物承运单位同等责任。因调车作业超速连挂和“禁溜车”溜放等造成货物装载加固状态破坏而引发的事故，定违章作业站责任；因押运人员在运输途中随意搬动货物和降低货物装载加固质量而引发的事故，定押运人员所在单位责任，货物承运单位管理失职的，追究同等责任；货检人员未认真履行职责的，追究货检人员所在单位同等责任。因卸车质量不良造成事故，定卸车单位责任，同时追究负责检查的单位责任。

自轮运转设备编入列车因质量不良发生事故时，定设备配属单位责任；过轨检查失职的，定检查单位责任；违规挂运的，定编入或同意放行的单位责任。

因临时租（借）用其他单位的设备设施、人员，发生事故，定使用单位责任。产权单位委托其他单位维修设备设施，因维修质量不良造成事故，定维修单位责任；产权单位管理不善的，追究其同等责任。

凡经铁总批准或铁路运输企业批准并报铁总核备后的技术革新项目、科研项目在运营线上试验时，在限定的试验期限内确因试验项目本身原因发生事故，不定责任事故；但由于违反操作规程以及其他人为因素造成的事故，定责任事故。

事故发生后，因发生单位未如实提供情况，导致不能查明事故原因和判定责任的，定发生单位责任。

事故涉及两个以上单位管理的相关设备，设备质量均未超过临修或技术限度时，按事故因果关系进行推断，确定责任单位。

事故调查组未及时通知有关单位接受事故调查，不得定有关单位责任。有关单位接到通知后，应派员而未派员接受事故调查的，事故调查组可以直接定责。

铁路作业人员在从事与行车相关的作业过程中，不论作业人员是否在其本职岗位，由于违反操作规程、作业纪律，或铁路运输生产设备设施、劳动条件、作业环境不良，或安全管理不善等造成伤亡，定责任事故。具体情形按以下规定办理。

乘务人员及其他作业人员在企业内候班室、外地公寓、客车宿营车等处候班、间休期间，因违章违纪、设备设施不良等造成伤亡，定有关单位责任。

作业人员在疏导道口、引导或帮助旅客上下车、维持站车秩序过程中被列车撞轧而伤亡的，定作业人员所在单位责任。

事故发生过程中，作业人员在避险或进行事故抢险时因违章作业再次发生伤亡，应按同一件事故定责；事故过程已终止，在事故救援、抢修、复旧及处理中又发生事故导致伤亡的，按另一件事故定责。

铁路运输企业所属临管铁路发生的责任伤亡事故，定该企业责任事故。

作业人员在工作或间歇时间擅自动用铁路运输设备设施、工具等导致伤亡的，定该作业人员所在单位责任事故，同时追究设备设施配属（或管理）单位的责任。

作业人员因患有职业禁忌症而导致行为失控，造成伤亡的，定该作业人员所在单位责任。

两个及以上铁路运输企业在交叉作业中发生伤亡，定主要责任单位事故；若各方责任均等，定伤亡人员所在单位责任，同时追究其他相关单位责任。若各方责任均等且均有人员伤亡，分别定责任事故。

作业人员发生伤亡，经二级以上医院、急救中心诊断或经法医检验、解剖，证明系因脑溢血、心肌梗塞、猝死等突发性疾病所致，并按事故处理权限得到事故调查组确认的，不定责任事故。医院等级不够的，须经法医进行尸表检验或尸体解剖鉴定。法医尸检或解剖鉴定报告结论不确定的，定责任事故。

作业人员伤亡事故原因不清，或公安机关已立案但尚无明确结论的，定责任事故。暂时不能确定事故性质、责任的，按待定办理。若跨年度仍不能确定或处理时间超过法定期限的，定伤亡人员所在单位责任。在年度统计截止前，该事故已查清并作出与原处理决定相反结论的，可向原处理部门申请更正。

铁路机车车辆与行人、机动车、非机动车、牲畜及其他障碍物相撞造成事故，按以下规定判定责任。

事故当事人违章通过平交道口或者人行过道，或者在铁路线路上行走、坐卧造成人身伤亡，定事故当事人责任。

事故当事人逃逸或者有证据证明当事人故意破坏、伪造现场、毁坏证据，定事故当事人责任。

事故当事人违反国家法律法规，有明显过失的，按过错的严重程度，分别承担责任。

铁总、安全监管办有关部门及其人员未能依法履行职责，发生下列情形之一的，应当追究其行政责任。涉嫌犯罪的，移送司法机关处理。

（1）违反国家公布的技术标准或铁总颁布的规章、技术管理规程和作业标准，擅自公布部门技术标准，导致事故发生的，追究相关部门及其人员的责任。

（2）在实施行政许可、强制认证、技术审查或鉴定，以及产品设备验收等监督管理职责的过程中，违反法定权限、法定程序和有关规定，或对相关产品设备等监督检查不力，造成不合格、不达标产品设备等投入运用，导致事故发生的，追究相关部门及其人员的责任。

事故相关单位要如实统计、申报事故直接经济损失，制作明细表，经事故调查组确认后，在《铁路交通事故认定书》中认定。

下列费用列入事故直接经济损失：

（1）铁路机车车辆、线路、桥隧、通信、信号、供电、信息、安全、给水等设备设施的损失费用。报废设备按报废设备账面净值计算，或按照市场重置价计算；破损设备设施按修复费用计算。

（2）铁路运输企业承运的行包、货物的损失费用。

（3）事故中死亡和受伤人员的处理、处置、医治等费用（不含人身保险赔偿费用）。

（4）被撞机动车、非机动车、牲畜等财产物资，造成的报废或修复费用。

（5）行车中断的损失费用。

（6）事故应急处置和救援费用。

（7）其他与事故直接有关的费用。

有作业人员伤亡的，直接经济损失统计范围、计算方法等按《企业职工伤亡事故经济损失统计标准》（GB6721-1986）执行。

负有事故全部责任的，承担事故直接经济损失费用的100%；负有主要责任的，承担损失费用的50%以上；负有重要责任的，承担损失费用的30%以上、50%以下；负有次要责任的，承担损失费用的30%以下。有同等责任、涉及多家责任单位承担损失费用时，由事故调查组根据责任程度依次确定损失承担比例。负同等责任的单位，承担相同比例的损失费用。

在提出对事故责任者的处理建议时，除了刑事责任由检察院提起公诉外，追究行政责任，需要把握三个方面：

（1）事故责任者只承担原始责任，不承担诱发事故的责任，比如调车冲突导致钢轨侧翻，引发脱轨，冲突是调车长超速溜放引起的，但脱轨是由于钢轨侧翻引起的，对调车长只能追究冲突本身的责任，脱轨应该分析冲突产生横向力，如果是线路质量的原因，对调车长不应该追究脱轨的责任，应该追究工务脱轨的责任。

（2）行政责任的追究，必须有章可循，不能因为在什么活动期间而升格处理，也不能因为平常表现好而降格处理，更不能因为某个人为的因素而随意处理，对事故责任者的处理意见，必须符合责任者所在企业制订的处罚规则，并且在建议中注明处罚依据。

（3）应当让责任者有申辩的机会，对人的处理应当谨慎，对责任者的责任认定和处理建议，不需要责任者同意，但必须听取责任者的申辩，防止因某些细节的疏漏而加重或减轻处罚，切忌主观武断。

二、事故统计和分析

铁总、安全监管办、铁路运输企业及基层单位应按照本规则规定，建立事故统计分析制度，健全统计分析资料，并按规定及时报送。各级安全监察部门负责事故统计分析报告的日常工作，并负责监督指导有关部门（单位）做好事故统计分析报告工作。

事故的统计报告应当坚持及时、准确、真实、完整的原则。

事故的统计应按照事故类别、等级、性质、原因、部门、责任等项目分别进行统计。

每日事故的统计时间，由上一日 18 时至当日 18 时止。但填报事故发生时间时，应以实际时间为准，即以零点改变日期。

责任事故件数统计在负全部责任、主要责任的单位，非责任事故和待定责事故件数统计在发生单位，相撞事故统计在发生单位。负同等责任或追究同等责任的，在总数中不重复统计件数。

一起事故同时符合两个以上事故等级的，以最高事故等级进行统计。

发生人员伤亡的事故应按以下规定统计：

（1）人员在事故中失踪，至事故结案时仍未找到的，按死亡统计。

（2）事故受伤人员因正常手术治疗而加重伤害程度的，按手术后的伤害程度统计。

（3）事故受伤人员经救治无效，在 7 日内死亡，按死亡统计；经医疗事故鉴定委员会确认为医疗事故的，或 7 日后死亡的，按原伤害程度统计。

（4）事故受伤人员在 7 日内由轻伤发展成重伤的，按重伤统计。

（5）未经医疗事故鉴定委员会确认为医疗事故的伤亡，按责任事故统计。

（6）相撞事故发生后，经调查确认为自杀、他杀的，不在伤亡人数中统计。

铁路各级安全监察部门应建立《铁路交通事故登记簿》（安监统 1）、《铁路交通事故统计簿》（安监统 2）、《铁路运输企业安全天数登记簿》（安监统 3）、《铁路作业人员伤亡登记簿》（安监统 4）和《铁路交通事故分析会记录簿》。铁路运输企业专业部门、各基层站段应分别填记《铁路交通事故登记簿》（安监统 1），并建立《铁路交通事故分析会记录簿》。以上台账长期保存。

有关部门、单位应按以下规定填写、传送、管理各种事故表报：

（1）各级安全监察部门须建立《铁路交通事故（设备故障）概况表》（安监报 1）和《铁路交通事故基本情况表》（安监报 3）的管理制度，规范统计、分析、总结、报送及保管工作。要及时补充填记“安监报 3”各项内容，事故结案后，必须准确填写。铁路运输企业调度部门应当及时、如实填写《铁路交通事故（设备故障）概况表》（安监报 1），建立登记簿，进行统计分析，并制定管理制度。铁路运输企业的专业部门应当建立“安监报 1”登记簿，认真统计分析。

（2）安全监管办须建立《铁路交通事故处理报告表》（安监报 2）管理制度。基层单位按要求做好填记上报。“安监报 2”保管 3 年。

（3）安全监管办于月、半年、年度后次月 5 日前填写《铁路交通事故报告表》（安监报 4），报铁总。“安监报 4”长期保存。

（4）安全监管办于月、半年、年度后次月 5 日前填写《铁路交通事故路外伤亡统计分析表》（安监报 5），报铁总。“安监报 5”长期保存。

（5）有从业人员伤亡的事故，事故发生单位填写《铁路作业人员伤亡概况表》（安监报 6-1），上报安全监管办；一般 B 类以上事故，安全监管办填写《铁路作业人员伤亡概况表》（安监报 6-1），上报铁总。安全监管办于次月 5 日前（次年 1 月 10 日前），填写《铁路作业人员伤亡统计报表》（安监报 6-2），报铁总。

铁总所属铁路运输企业每月 27 日前将本月安全分析总结报铁总安全监察司。企业内部各业务部门须按月、半年、年度，对本系统事故进行分析总结，向上级主管部门报告，并抄送安全监管办安全监察部门。合资铁路、地方铁路、专用铁路须按月、半年、年度，对本单位事故进行分析，并报安全监管办。

（一）行车事故调查

安监部门负责组织勘察现场和事故调查。工务部门负责绘制现场示意图，车辆部门负责绘制车辆大部件散落示意图，供电部门负责绘制供电设备破损示意图，货运部门负责绘制货物装载加固定性图和货物散落示意图，公安部门负责维护现场秩序、勘察现场、调查取证，并注意是否有人为破坏的迹象。各相关部门提供有关技术资料，保存技术设备破损实物。

事故发生地点的线路遭到破坏，无法检查测量线路质量，则应对事故地点前后各 100 米的线路质量及相关设备进行检查测量，作为衡量事故地点线路及相关设备质量的参考依据。

对事故关系人员分别调查，由本人写出书面材料或口头叙述，当事人不能写书面材料时，由事故调查组指定人员代笔记录并经本人签认。

检查有关技术文件，必要时将抄件（或复印件）附在调查记录内。

安全监控、监测、列尾、调车灯显、录音、录像等监控、监测记录，应及时转储、收存保留。

事故调查人员必须向事故调查组负责，如实汇报调查情况，提供现场调查取证材料。调查取证材料，必须经调查取证人员确认签字。

铁路事故发生地的铁路运输企业，根据调查结果，初步判定事故原因及责任，24小时内向国务院铁路主管部门、铁路管理机构拍发“特别重大、重大、较大、一般事故A类电报”。

及时召开事故调查分析会议，分析原因，判明责任，制定防范措施。

（二）作业人员伤亡事故调查处理，发生人员伤亡的事故统计

（1）人员在事故中失踪，至事故结案时仍未找到的，按死亡统计。

（2）事故受伤人员因正常手术治疗而加重伤害程度的，按手术后的伤害程度统计。

（3）事故受伤人员经救治无效，在7日内死亡，按死亡统计；经医疗事故鉴定委员会确认为医疗事故的，或7日后死亡的，按原伤害程度统计。

（4）事故受伤人员在7日内由轻伤发展成重伤的，按重伤统计。

（5）未经医疗事故鉴定委员会确认为医疗事故的伤亡，按责任事故统计。

（6）相撞事故发生后，经调查确认为自杀、他杀的，不在伤亡人数中统计。

铁路各级安全监察部门应建立《铁路交通事故登记簿》（安监统1）、《铁路交通事故统计簿》（安监统2）、《铁路运输企业安全天数登记簿》（安监统3）、《铁路交通事故作业人员伤亡统计簿》（安监统4）和《铁路交通事故分析会记录簿》。

由安全监察、行政监察、公安、工会等人员组成调查取证组，负责做好以下工作：

（1）搜集事故现场物证、痕迹，测量并绘制事故现场示意图、工艺（作业）流程图，标注现场遗留物的尺寸、位置、特征、名称等。

（2）对事故现场全貌、方位、有关建筑物、相关设备设施、遗留物、致害物、痕迹、尸体、伤害部位等拍照、摄像。

（3）核查有关文件、规章制度及有关证明、记录、台账，包括事故单位的营业执照、资质证书、承（发）包合同、安全技术交底、安全操作规程、安全教育记录等。

（4）收取事故目击者、责任者、相关人员的口述、笔述、笔录及伤亡人员档案，并复制、拍照、建档。

（5）对有涂改、灭失可能或以后难以取得的相关证据进行登记封存，事故调查终结后启封送还。

由生产业务、安全监察、工程技术等人员组成技术分析组，负责做好以下工作：

（1）收集并核查有关设计、技术、工艺文件，工程日志和工作见证等。

（2）对有关设备、设施、器具、起因物（指导致事故发生的物质、物体）、致害物（指直接作用于人体引起伤害和中毒的物质、物体）、痕迹、现场遗留物等进行技术分析、检验和测验，并写出专题报告。

（3）组织法医进行尸体解剖或尸表检验，组织笔迹鉴定。

由卫生、工会等人员组成伤员救治组，负责做好以下工作：

（1）组织医护人员救治伤员。

（2）组织对伤员的护理。

（3）收取伤员伤害程度诊断报告，病理分析、病程救治记录，既往病历等。

由劳动工资、社会保险、工会等人员组成善后处理组，负责做好以下工作：

（1）指导伤亡人员家属接待和死亡人员的丧葬工作。

（2）核定抚恤、补助、丧葬等费用。

（3）协调善后处理各项事宜，签署善后处理协议。

（4）收取死亡证明。

（三）路外伤亡事故处理

有人员伤亡的铁路事故，负责铁路治安的公安部门应绘制现场图，制作人员、当事人须签字或签章；无见证人或者当事人拒绝签字的，应当记录在案。

负责铁路治安的公安部门须保护铁路事故现场遗留物品；除物证外，其他财物必须发还当事人。暂时无人认领的须妥善处理。暂时无法移动的，应予守护，并设明显标志。

因抢救伤员、防止事故扩大以及疏散交通等原因，需要搬动伤亡者、移动现场物体的，应当做出标记，妥善保存现场的重要痕迹、物证。

负责铁路治安的公安部门如有需要暂扣铁路交通事故肇事车辆、车辆车牌和当事人的驾驶证时，应当开具暂扣凭证。因检验、鉴定的需要，暂扣交通事故车辆、车辆牌证和驾驶证的期限为20日；需要延期的，经上一级负责铁路治安公安部门批准可以延长20日。暂扣的车辆一律存放在负责铁路治安公安部门指定的地点，妥善保管。当事人的其他证件在查验登记后，应当返还。

铁路事故造成人员死亡的，对家庭生活确有困难者，由铁路运输企业按照《最高人民法院关于审理人身损害赔偿案件适用法律若干问题的解释》（法释〔2003〕20号）第二十七条的规定垫付丧葬费。对少数民族人员，应当尊重其民族风俗习惯，酌情处理。

在铁线路上自杀、他杀，铁路运输企业不承担任何费用。

铁路事故造成死亡人员的尸体由公安部门雇人看守。无人认领的尸体由负责铁路治安的公安部门比照公安部《道路交通事故处理程序规定》第四十一条第二款规定，对未知名尸体，由法医提取人身识别检材、采集其他相关信息后，公安机关填写《未知名尸体信息登记表》，经核查无法确认身份的，应当在地（市）级以上报纸刊认尸启示，登报后十日仍无人认领的，由县级以上公安机关负责人或者上一级公安机关负责人批准处理尸体。

境外来华人员尸体的处理，应当尊重死者家属或所属国驻华使、领馆的意愿。尸体在当地火化的，应当由死者家属或者其委托的代理人按照我国有关规定办理手续。

对由于个人原因，在铁路交通事故中致伤致残丧失劳动能力者，应根据《城市居民最低生活保障条例》（国务院1999年271号令）、《农村五保户工作条例》（国务院2006年456号令）、《城市生活无着的流浪乞讨人员救助管理办法》（国务院2003年381号令）、《城市生活无着的流浪乞讨人员救助管理办法实施细则》（民政部2003年24号部令）由民政部门妥善安置。当事人有其他犯罪行为的，移交负责铁路治安的公安部门处理。需要对事故责任者追究刑事责任的，移送司法机关处理。

事故调查组应在下列期限内向组织事故调查组的机关提交《铁路交通事故调查报告》:

（1）特别重大事故的调查期限为 60 日；

（2）重大事故的调查期限为 30 日；

（3）较大事故的调查期限为 20 日；

（4）一般事故的调查期限为 10 日。事故调查期限自事故发生之日起计算。

事故调查组形成《铁路交通事故调查报告》，报组织事故调查的机关同意后，事故调查组的工作即告结束。铁总、安全监管办的安全监察部门应在事故调查组工作结束后 15 日之内，根据事故报告，制作事故认定书，送达相关单位。一般 B 类以上、重大事故以下（相撞事故为较大事故）的调查报告、事故认定书及相关档案，应向铁总报 3 份备案。铁路运输事故报送流程如图 5-1。

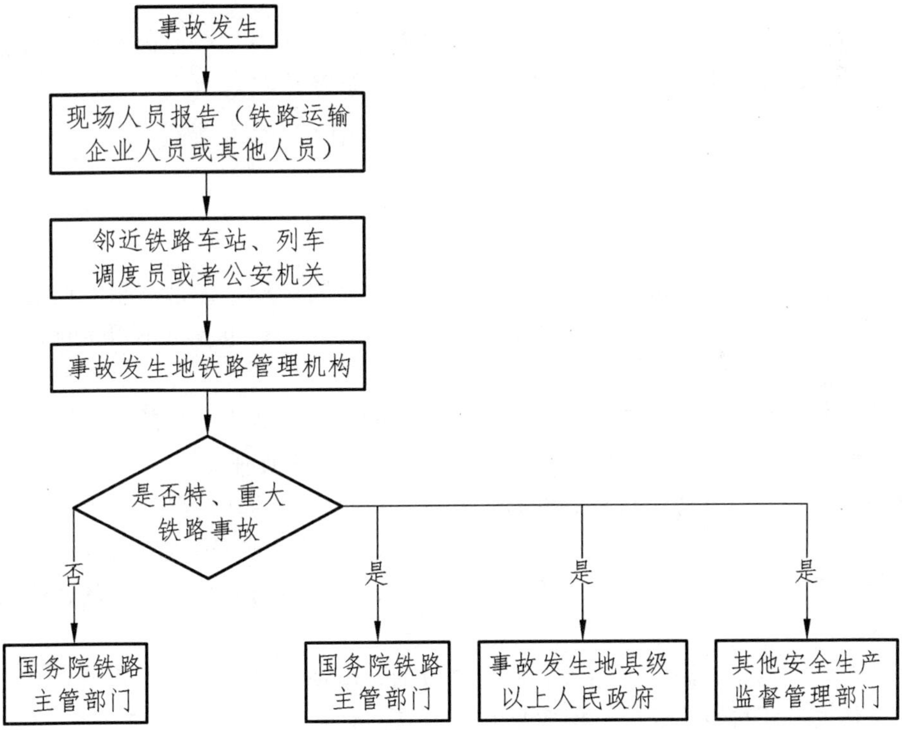

图 5-1　铁路运输事故报送流程

三、常用事故统计方法

铁路运输事故统计分析是对铁路运输事故总体进行的调查研究活动，目的是查明事故总体的分布状况、发展动向及各种影响因素对事故总体的作用和相互联系，以便从宏观上定量地认识事故现象的本质和内在的规律。事故统计与分析必须是总体性的，而且需要有明确的数量概念，具体方法分为以下五种：

（1）综合分析法，该方法对大量的事故资料进行总结分类，进行综合统计分析，从各种变化的影响中找出事故发生的规律。

（2）统计分析法，用这种分析法，可以比较各地方、各行业以及企业之间、车间、工段之间的事故频率。

（3）统计图表法，是将事故资料数字变成图或表格，利用表中的绝对指标或者相对指标、或者平均指标来表示各类事故统计数学的比例关系。统计图表是用点的位置、线的转向、面积的大小来形象地表示伤亡事故的统计分析结果。通过事故图表来直观地展示事故的趋势或规律，是事故统计分析的重要方法。

（4）趋势图法，是事故统计分析中常用的一种方法，它可以帮助我们掌握事故发展的规律和趋势，还可以和其他数理统计方法（如分层法、相关图等）联用进行趋势分析。

（5）圆形分布法，应用圆形分布方法对铁路交通伤害时间、原因及流行病学特征进行分析，可以探讨事故发生时间的周期节律性分布差异。

四、相关处罚

事故调查组成员在事故调查工作中应诚信公正、恪尽职守，遵守事故调查组的纪律，保守事故调查的秘密。未经事故调查组组长允许，调查组成员不得擅自发布有关事故的调查信息。

铁路运输企业及其职工违反法律、行政法规的规定，造成事故的，由铁总或者安全监管办依法追究行政责任。构成犯罪的，依法追究刑事责任。

铁路运输企业及其职工迟报、漏报、瞒报、谎报事故的，对单位，由铁总或安全监管办处 10 万元以上 50 万元以下的罚款；对个人，由铁总或安全监管办处 4 000 元以上 2 万元以下的罚款；属于国家工作人员的，依法给予处分；构成犯罪的，依法追究刑事责任。

安全监管办迟报、漏报、瞒报、谎报事故的，由铁总对直接负责的主管人员和其他直接责任人员依法给予处分；构成犯罪的，依法追究刑事责任。

干扰、阻碍事故调查处理的，对单位，由铁总或安全监管办处 4 万元以上 20 万元以下的罚款；对个人，由铁总或安全监管办处 2 000 元以上 1 万元以下的罚款；情节严重的，对单位，由铁总或安全监管办处 20 万元以上 100 万元以下的罚款；对个人，由铁总或安全监管办处 1 万元以上 5 万元以下的罚款；属于国家工作人员的，依法给予处分；构成违反治安管理行为的，由公安机关依法给予治安管理处罚；构成犯罪的，依法追究刑事责任。

在事故调查中，调查人员索贿受贿、借机打击报复或不负责任，致使调查工作有重大疏漏的，由组成事故调查组的机关给予处分，构成犯罪的，依法追究刑事责任。

铁路交通事故处理报告表（保管3年）

报告单位：（公章）　　　　　　　　　　　　上报时间：　　　年　　月　　日

<table>
<tr><td colspan="4">《铁路交通事故认定书》编号</td><td colspan="4"></td></tr>
<tr><td>事故类别</td><td colspan="3"></td><td colspan="2">责任程度</td><td></td><td></td></tr>
<tr><td>发生时间地点</td><td colspan="7"></td></tr>
<tr><td>事故概况</td><td colspan="7"></td></tr>
<tr><td>原因</td><td colspan="7"></td></tr>
<tr><td>防止措施</td><td colspan="7"></td></tr>
<tr><td>承担的
经济损失费用</td><td colspan="7"></td></tr>
<tr><td rowspan="5">主要责任者
关系责任者</td><td>职务</td><td>姓名</td><td>年龄</td><td>文化</td><td>路龄</td><td>现职龄</td><td>处分情况</td></tr>
<tr><td></td><td></td><td></td><td></td><td></td><td></td><td></td></tr>
<tr><td></td><td></td><td></td><td></td><td></td><td></td><td></td></tr>
<tr><td></td><td></td><td></td><td></td><td></td><td></td><td></td></tr>
<tr><td></td><td></td><td></td><td></td><td></td><td></td><td></td></tr>
</table>

注：原因分析和防范措施、及责任者可另附页。

习　题

1. 简述事故调查的基本步骤。
2. 简述铁路事故处理的工作程序。
3. 概括铁路事故调查组的主要职责。
4. 事故责任种类的分类标准是什么？
5. 事故报告的主要内容是什么？

项目六 6

《铁路交通事故应急救援规则》认知

项目描述

铁路交通事故应急救援工作是安全工作的重要组成部分，其作用是在发生铁路交通事故后，抢通线路恢复行车，把已经发生的事故损失减到最低。为加强救援列车管理工作，满足铁路交通事故应急救援工作需要，实现事故现场快速处置，本项目明确阐述了铁路交通事故应急救援工作的安排。

教学目标

（一）知识目标

了解铁路事故应急救援工作的总体要求、指导思想以及遵循的原则；熟悉铁路事故应急救援工作的相关救援设施设备。

（二）技能目标

熟悉铁路事故应急救援工作的组织；了解救援列车救援队的设置；了解铁路事故应急救援工作的安排。

（三）素质目标

熟悉铁路事故的发生；制定好应急救援工作的流程安排；认识其他与铁路事故应急救援工作有关的配备表。

案例导入

2010 年 5 月 23 日凌晨，由上海南开往桂林的 K859 次旅客列车，运行至江西省境内沪昆铁路余江县至东乡县间遇山体突然滑坡，发生列车脱轨重大事故。事故造成 19 名旅客死亡，旅客及列车工作人员重伤 11 人，轻伤 60 人。客车报废 8 辆，损坏接触网 600 米，构成重大铁路交通事故，事故中断沪昆上行线 19 小时 06 分，中断下行线 19 小时 15 分。

事故发生后，江西省委副书记以及副省长等人成立了“5·23”列车脱轨事故救援协调指挥部，迅速调集公安消防部队协助铁路部门解救被困人员，清理遇难者遗体；卫生部门调集医务人员和救护车参加现场抢救；调集武警部队，快速打通救援便道；组织公安干警，维护治安秩序；组织交警，疏通车辆保持道路畅通；组织当地干部、职工和民兵预备役人员，参与抢险救援疏散无关人员和围观群众；当地政府做好后勤保障工作。各级各部门全力配合、通力协作的施救场面，为全面做好抢险救援工作提供了有力的保障，为沪昆铁路尽快恢复通车创造了有利的条件。经连续奋战 10 多个小时，沪昆上行线于当日 21 时 16 分开通，下行线于当日 21 时 25 分开通。运输设备恢复正常。事后迅速成立应对工作组，全力救护伤员，将危重伤员集中收治到条件较好、技术力量较强的医院救治，一般伤员收治到其他医院。同时依法组织理赔，积极维护好死伤旅客家属接待接访和宣传报道工作。

任务一　铁路交通事故应急救援基本认知

一、基本方针

铁路事故应急救援工作的总体要求：现场信息正确、信息传递快捷、救援出动快速、救援装备精良、组织指挥严谨、救援方案有效、分工配合密切、线路开通迅速。

铁路事故救援工作指导思想：一是把损失减到最低。二是把影响降到最小。三是以最快的速度开通线路，恢复行车。铁路事故应急救援工作应当遵循“以人为本、逐级负责、应急有备、处置高效”的原则。

二、工作组织

（一）铁路事故应急救援工作小组的人员组成

铁路局成立事故应急救援工作领导小组，由党委书记任组长，其他局班子成员任副组长，局有关处、部、室负责人任组员。

（二）铁路事故应急救援工作机构所在地

工作机构设在机务处，铁路局机务处设安全救援科，并设救援列车专职管理人员，负责管理全局救援工作，贯彻有关部令，制定全局有关救援工作的规章制度，组织、指导和监督检查各站段救援工作及部局有关文件的落实。

（三）在事故现场所成立的救援组织

路局、各站段应加强对救援工作的组织领导，健全救援指挥系统，明确职责，保证救援工作有条不紊，快速、高效按职责分工进行救援起复。事故现场应成立以下救援组织：

1. 起复救援组

起复救援组主要由救援列车、救援队组成。在全面掌握事故现场情况的基础上，统一指挥事故救援工作，承担起复组织指挥，积极进行复救。其主要任务是：

（1）迅速勘查事故现场，制定安全、可行的救援起复方案。

（2）选择最有利的起复方案。充分利用地形地物，在确保安全和不引起次生事故的前提下，力争在最短时间内开通线路。

（3）坚持单一指挥原则。事故现场的起复工作，由救援列车主任进行单一指挥。

2. 辅助救援组

辅助救援组：主要由车务、机务、工务、电务、车辆、供电、通信、公安、卫生、防疫等部门组成。与起复救援组同步进行，平行作业，要以最快的时间恢复通车。其主要任务是：

（1）迅速判明损失设备的属性。如货物品名、基础线路、电务信号、接触网、机车车辆等。

（2）选择最有利、最便捷的开通方案。

（3）准备足够的劳动力和设备备品，必要时就地取材。

（4）发扬连续作战的作风，以最快速度抢通线路。

（5）全力支持起复救援组工作，有关单位负责人帮助协调。

（6）实行平行作业。对不影响救援列车作业的工作均要平行进行。

3. 事故调查组

事故调查组的组成和职责，按《铁路交通事故调查处理规则》第二十七条、第二十八条、第二十九条和第三十三条执行。其主要任务是：

（1）公安机关应当组织解救和疏散遇险人员，设置现场警戒区域，阻止未经批准人员进入现场和救援作业区域；指定专人进行现场勘查取证，必要时实施现场交通管制，负责事故现场旅客、货物及沿线滞留列车的安全保卫工作。

（2）事故应急救援过程中，有关单位和个人应当妥善保护事故现场以及相关证据，并及时移交事故调查组。因应急救援需要改变事故现场时，应当做出标记、绘制现场示意图、制作现场视听资料，并做出书面记录。任何单位和个人不得破坏事故现场，不得伪造、隐匿或者毁灭相关证据。

（3）事故救援完毕后，现场指挥部应当组织救援人员对现场进行全面检查清理，进一步确认无伤亡人员遗留，拆除、回收、移送救援设备设施，清除障碍物，确认具备开通条件后，立即通知有关人员按规定办理手续，由列车调度员发布调度命令开通线路，尽快恢复正常行车。

4. 后勤保障组

后勤保障组由局办公室、医疗、生活等部门组成。其主要任务是：

（1）部门负责人要指定专人负责，建立后勤保障体系，为事故现场最大限度的提供生活后勤保障。

（2）事故起复过程中，要组织好参加救援人员的后勤保障工作，保证事故现场救援人员住宿、饮食、医疗工作。

（3）负责接待部队、地方厂矿等单位的支援队伍。

三、救援的列车日常管理

救援列车的日常管理由所属机务段负责，实行段长负责制，安全科、职教科和设备车间由专人负责，安全科负责检查指导救援工作；职教科负责事故应急救援的人员培训、预案演练等工作。车务、工务、供电兼职救援队（班）由所属站、段长负责。各站、段必须建立健全救援工作制度，制定和完善事故应急救援预案，加强救援列车、救援队（班）的管理和基础建设。

四、救援列车的设置地点以及管理

（1）在铁总规定的地点设救援列车，铁路局所在地的救援列车设为救援列车基地，形成以救援列车基地为中心，辐射各救援列车的全局救援网络。救援列车的增设、撤除和地点迁移由铁路局提报方案，报铁总批准。

（2）配属救援列车的机务段设救援车间，救援车间受机务段段长、主管副段长直接领导；救援车间管理救援列车工作。

① 救援车间管理和工程技术人员按编制有关规定配备。

② 救援列车设主任（由救援车间副主任担任）、管理员和工程技术人员各 1 人。

③ 救援列车基地培训工作，由从事多年救援工作，并具有丰富实战经验的 3 ~ 5 名人员组成。

④ 救援列车工种设置和班制，执行铁总《救援列车管理办法》相关规定，定员按

附件 1 配备，实行三班倒轮班制。

⑤ 救援列车主任和专业人员应保持相对稳定。新调入人员，必须是高中（中专）及以上文化程度，年龄不得超过 40 岁（除特殊需要者），思想好、身体健康、责任心强。不适应救援列车工作岗位的职工应及时予以调整。

⑥ 救援列车专业人员每年必须进行 1 次体检，患高血压、心脏病、精神病、癫痫、伤残、深度近视等人员不得从事救援列车工作，如已在救援列车工作岗位的，必须尽快调离另行安排工作。

⑦ 救援车间主任、救援列车主任、救援队长的调整或任免须经上级主管部门同意，按人事任免权限任命，并报铁路局备案。

（3）专职救援队按救援列车的班组，由就近救援列车管理。

① 救援队设队长 1 人，专职队员 5 人，敦煌救援队设队长 1 人，专职队员 9 人。其劳保待遇、工资待遇执行铁路局现行政策。

② 救援队长住宅安装电话，救援队办公室装设电话，实行轮班制。救援队召集出动时间不得超过 20 分。

③ 救援队长负责事故救援指挥工作和日常学习、演练、工具备品的管理，对本救援队管辖区段内的救援班负责技术、业务指导检查和督促。专职队员是技术业务骨干，应一职多能，熟悉各种起复机具性能和方法。遇有事故救援时，服从救援列车的统一指挥。

④ 专职救援队的主要作用是在干线发生事故时，先期到达事故现场做好救援准备工作，或者在站线、专用线发生一般的车辆脱轨事故（不影响正线）时，担当独立救援起复作业。因此，在干线发生行车事故后，应以就近救援列车快速到达事故现场进行救援为主要手段，由救援列车在接到出动命令后，安排能就近赶赴现场的所辖救援队进行先期准备工作和协助作业。

（4）无救援列车和专职救援队的编组站、区段站和二等以上车站，铁路局应组织有关站（段）专业人员，组成不脱产的事故救援队。救援队的日常管理、学习演练、体能训练比照救援列车要求执行。

① 救援队人员配置和管理由所属站、段自定。救援队长应由与行车有关的车务段长或车站站长担任；队员由车务、机务、工务、电务、车辆、供电等人员组成，并编制人员名册，报铁路安全监督管理办公室批准后，通知所属单位。人员名册、联系办法及设备配置情况等资料，由救援队所属单位安全科负责提交给所在区段的救援列车备案。本单位救援队人员发生变化时，所属单位应立即告知救援队长，保证救援队伍相对稳定。

② 救援队长会同有关单位制定日常联系、召集和出动办法，制定管理制度。救援队在事故救援中接受救援列车主任的指挥，积极主动地参加救援工作。

（5）在无救援列车、救援队的中间站挑选素质高的职工 10～15 人组成不脱产的救援班。

① 救援班长由车站站长担任，负责全班人员救援知识的学习和救援工具、备品的保管；发生事故后及时、准确地向列车调度员报告事故概况，为领导提供决策依据，

并能组织起复一般轻微脱轨事故、开通线路。

② 救援班业务上接受救援列车抽查和救援队日常检查指导。

五、事故救援的工作流程

（一）事故救援过程中各部门的工作安排

（1）发生铁路交通事故后，由铁路局列车调度员根据事故现场的需要同时向救援列车所属段机车调度室、接触网工区接触网检修作业车或接触网抢修列车发布出动命令和行车命令，向救援队发布出动命令，并简要说明事故概况（事故车辆种类、辆数、地点、线路条件等情况）。

（2）事故应急救援需要通信保障时，通信部门应当在接到通知后，根据需要立即启用“117”应急通信人工话务台，组织开通应急通信系统。事故发生在站内，应当在30分钟内开通电话、1小时内开通图像传输设备。事故发生在区间，应当在1小时内开通电话、2小时内开通图像传输设备。并指定专人值守，保证事故现场音频、视频和数据信息的实时传输，任何人不得干扰、阻碍事故信息采集和传输。

（3）凡发生行车事故，需要组织开行救援列车时，应向发生事故地点两端就近的救援列车发布出动命令。同时简要说明事故概况（事故车辆种类、辆数、地点、线路条件等情况）。

（4）列车调度员在救援列车到达事故现场前，应在事故发生地点两端车站内，准备救援列车到达后编组所需的线路。需救援列车跨铁路局出动时，由铁总机车调度发布出动命令。

（5）列车调度员下达救援出动命令后：救援列车应当在接到出动命令（以接到命令时间为准）后30分钟内出动（到站段分界点）。救援列车开行时只进行简略试风；车站应组织救援列车及早开车。配有救援专用汽车的救援列车和救援队，如使用汽车赶赴事故现场救援时，应在接到出动命令后20分钟内出动。

（6）救援队接到出动命令后，由救援队长负责迅速召集有关单位救援人员，确保20分钟内出动。

（7）接触网工区、接触网检修作业车或接触网抢修列车接到出动命令后，确保做到白天15分钟、夜间20分钟内出动，列车调度员组织开行。

（二）事故救援指挥原则

（1）迅速将受伤人员送往医院抢救，最大限度地减少人员伤亡。

（2）防止事故的蔓延和扩大。

（3）优先开通线路，后清理现场。电气化铁路遵循“先通后复”的原则。

（4）尽快组织救援队、接触网检修作业车（抢修列车）和救援列车进入事故现场进行事故救援起复工作。

（5）参加事故救援工作的有关单位和人员，按照任务要求，明确分工、联劳协作、平行作业、交叉作业、争分夺秒，迅速组织起复，快速开通线路。

（三）救援调度指挥的人员以及工作程序

由主管运输的副局长在调度所指挥，车、机、工、电、辆、安监、公安等相关部门人员作为助手和参谋。

（1）迅速判明事故情况。事故造成中断行车的，铁路局应当立即组织抢修，尽快恢复行车；必要时，铁路局运输调度指挥部门应当调整运输径路，减少事故影响。

（2）迅速拟定救援行车方案。接到事故救援报告后，应当根据事故严重程度和影响范围，按特别重大、重大、较大、一般四个等级由相应单位、部门作出应急救援响应，启动应急预案。

（3）安排救援列车的出发径路和运行线。同时，要预想可能遇到的问题，平行作业，把事故地点两端区间和相邻车站到发线腾空，做到有备无患。运输调度部门应当根据需要及时发布各类救援调度命令。重点安排救援列车出动和救援物资运输。需要其他铁路局出动救援列车时，由铁总发布调度命令。

（4）安排救援抢险列车，做好列车调整，原则是保客停货。事故涉及货运列车时，货运部门应当迅速了解事故货车及相关货车货物的品名、性质及装载情况，组织调集装卸人员和机具清理事故货车及装载的货物，处置事故列车挂运的危险、鲜活易腐等货物，编制货运记录。

（5）造成列车大量晚点时，应当尽快采取措施恢复行车秩序。不能在短时间内恢复行车，造成旅客列车滞留时，尽量将旅客列车安排停靠在较大车站，并根据列车请求组织向滞留旅客提供必要的食品、饮用水等服务。

（6）直通客车迂回、折返、等待方案报部批准。同时，要安排做好滞留客车的治安、餐饮供应和宣传解释工作。

（7）遇有重大人员伤亡或者需要大规模紧急转移、安置铁路旅客和沿线居民的，应当及时通知事发地人民政府组织开展救治和转移、安置工作，必要时可以由铁总或者安全监管办进行协调。

（四）救援现场指挥的人员及工作安排

事故发生后，铁路局、各站段、事故发生地县级以上地方人民政府或者地方铁路运输企业应当根据事故等级启动相应的应急预案；必要时，成立现场应急救援机构。

（1）凡发生客车事故和一般 A 类及以上事故，铁路局、各站段党政主要负责人要亲自到事故现场，了解情况，组织、指挥救援。

（2）现场指挥要总揽全局，实行总指挥负责制。按照事故应急救援响应等级，由相应负责人担任总指挥，或者视情况由上级事故应急救援工作机构指定人员担任临时总指挥，统一指挥现场救援工作。

（3）要合理分工，指定各方面负责人，全面协调救援工作。现场救援工作各工作组及参加事故应急救援的单位、部门应当确定负责人。救援列车进行起复作业时，由救援列车负责人单一指挥。在实施救援过程中，各单位、部门应当严格执行作业规范和标准，防止衍生事故。

（4）主要指挥人员要亲自审定救援方案。救援方案确定后，救援现场总指挥在布置工作的同时要提出对各部门安全作业，特别是起复安全作业的要求。装载危险品、易燃品、易爆品、有毒物品、放射性物品的事故车辆需卸车、移动或起复时，应在专业人员的指导下进行，并严格按规定作业，确保人身安全和作业安全。

（5）现场总指挥以及参加事故应急救援的各工作组负责人、各单位和部门负责人、作业人员应当区别佩戴明显标志。

（6）事故救援结束后，相关单位须指定人员进行盯控，确保安全。

（五）就近车站对事故现场的处理方式

立即向列车调度员报告，同时还应通知邻近工务、电务领工区，电力牵引区段还应通知接触网工区，做好救援的各项准备，组织人力、物力赶赴现场，能复救时立即组织复救。同时通知有关铁路公安派出所；发生列车火灾或爆炸事故时，还应立即通报消防部门。事故现场的救援工作，在路局、站段有关领导的统一指挥下进行。应在救援列车（队）到达前，将事故列车两端未脱轨的车辆摘开，分别送往两端站，必要时应组织人力把脱轨车辆的货物卸空。

（六）救援列车主任在事故救援中的工作内容

（1）勘察事故现场，迅速拟定准确可行的救援起复方案。

（2）救援起复方案经现场救援指挥部批准后，立即部署事故救援工作，明确分工，迅速组织起复作业。

（3）在电气化区段需要停电作业时，由事故发生所在区段的接触网工区向铁路局供电调度申请停电调度命令，并负责做好接地防护；由救援列车主任确认后，方准进行救援起复作业。

（4）对叠压、堆挤事故车辆或动车组及安装密接式车钩的车辆进行救援时，车辆的分离、连接及端头管线的处理，由事故现场车辆部门专业人员负责完成。

（5）事故现场的起复工作由救援列车主任指挥，但其无权擅自更改救援方案。事故救援现场的任何人不得干扰救援工作，并不准以任何借口阻碍救援方案的实施。

（6）起复方案确定后，为保证人力充足，迅速起复，救援列车主任或救援队长可根据事故起复需要，调动或雇佣民工，其费用在事故救援费用中列支。

（七）救援列车在特殊地段作业

救援列车在桥梁或坡道等特殊地段作业时，须连挂机车。多组救援列车分头作业时的指挥，由现场总指挥协调分工后各自负责。两列及以上救援列车在同一个作业面集中作业或者联动作业时，由负责本区段救援任务的救援列车或者由现场总指挥指定人员负责指挥。

（八）救援列车以及救援队的作用

（1）救援列车到达事故现场临近车站后，由救援列车主任（或指定负责人）向车站提出救援列车进入现场的列车编组计划。供电部门在事故现场两端车站安排专人负责救援列车到达后的停电准备和停电后的安全防护工作，为救援列车迅速进入事故现场提供条件。

（2）救援队接到出动命令后，由救援队长召集有关单位救援人员迅速赶赴事故现场，负责勘查现场并组织实施人员救助及做好救援准备工作。救援列车到达后，救援队长应向救援列车主任报告现场情况及已实施的救援工作，转由救援列车主任负责指挥救援。

（九）各部门救援人员所需完成的工作

（1）通信部门：迅速安装事故现场电话和信息传输设备，保证事故现场及时接通通信系统。

（2）供电部门：根据需要就近接通电源或专门供电，为救援创造条件，保证夜间事故救援作业现场和救援人员的充足照明。

（3）运输组织部门：负责调度指挥，腾空事故现场相邻区间、相邻车站线路，为救援提供便利。

（4）公安部门：负责维持现场秩序，事故救援过程中，在救援作业范围内，除作业人员外，无关人员一律不得进入现场。

（5）电气化区段的接触网工区，要根据救援指挥人员提出的要求和条件，拆除或拨移影响救援作业的接触网，清除影响作业的障碍物。

（6）现场指挥部组织足够劳动力，按照先期到达事故现场的救援列车主任提出的要求，在救援列车到达前将事故车货物卸空，清除事故救援范围内障碍物。使用轨道起重机救援时，还应提前将轨道起重机停留位置的地面用石碴垫平，并提供和铺设轨道起重机作业所需的枕木和其他物资。

（7）车辆部门负责事故救援中车辆的拆解、组装和需要移出事故现场车辆的捆绑和加固。

（8）事故造成人员伤亡时，现场指挥部应当立即组织医护人员对现场伤员进行救治，紧急调集有关药品器械，迅速将伤员转移至安全地带或者转移救治，采取必要的卫生防疫措施。

（十）事故救援结束的后期工作安排

救援列车主任应立即报告现场指挥，现场指挥通知车站值班员或列车调度员，救援列车凭调度命令开往就近车站，迅速恢复行车。如线路虽已修复，而仍有破损和颠覆的机车车辆需要起复时，应由工务部门铺设临时便线，继续起复工作；此时救援列车的作业要加强防护和联系，无列车调度员的命令不得越出临时线路。救援列车作业完毕后，铁路局调度所值班主任应及时安排恢复救援列车的原编组顺位，组织救援列车迅速回送驻地。救援列车返回驻地后，应立即对列车进行整备，恢复待命状态，并于返回驻地后三日内，将事故救援工作报告上报铁路局机务处。

任务二　铁路交通事故应急救援规则

为确保新形势下的铁路运输安全工作需要，铁路总公司提出：要完善铁路应急救援体系。一是要进一步健全铁路总公司、铁路局、站段三级应急救援网络。依托高速铁路和大型铁路运输枢纽建设规划，结合基础设施综合维修基地布局，加快国家铁路应急救援基础建设，组建 7 个国家级铁路救援基地和 11 个救援列车基地。配齐应急救援装备和指挥车辆，完善应急救援平台功能，满足快速救援需要。二是加强专业队伍建设，以铁路局骨干为依托，组建一支全路救援专家队伍，遇事故救援由铁路总公司集中调度指挥。在每个国家级救援基地各组建一支救援专业队伍，负责覆盖区域内的救援指挥或事故救援。各铁路局应按定员标准配备救援列车人员，科学制定救援列车人员岗位标准。三是完善铁路应急预案，及时修订完善铁路行业各级、各部门、各种情况下的应急预案，并定期进行培训演练，做到应急有备，启动有效。铁路应急预案与当地政府应急预案有效衔接，建立与当地驻军、医疗、大型企业、工程等单位的应急救援联动机制，最大限度地减少事故影响和损失。四是重点加强高速铁路安全管理，提高高速铁路应急救援能力。进一步健全高铁救援网络，加快救援基地建设，配齐应急救援装备。满足快速救援需要。进一步完善在无砟轨道、高大桥梁、长大隧道等特殊环境下的动车组起复救援技术、救援装备和作业方案。定期进行高速铁路应急救援实作演练，不断提高高速铁路应急指挥和现场作业人员的快速反应能力。

为保证一旦发生铁路交通事故或突发事件能做到“召之即来，来之能战，快速复旧，确保畅通”，把事故灾害造成的损失和影响降到最小，根据《铁路技术管理规程》规定，在铁路总公司指定地点设置救援列车、电线路修复车和接触网抢修车等事故抢险救援专业队伍，配置救援抢险设备机具与专用车辆，并经常处于整备待发状态。在无救援列车的编组站、区段站和较大中间站设置救援队，配备必要的救援起复设备，形成一支专业救援队伍与兼职救援队伍相结合、日常训练与专业训练相结合的安全救援队伍，使其在铁路交通事故应急救援和突发事件处置、确保铁路运输安全畅通中发挥重要的作用。

一、事故应急救援工作有关法律法规

为加强铁路交通事故的应急救援和调查处理工作，强化事故救援队伍的管理水平，确保铁路运输安全畅通，国家和铁路总公司颁布施行了《铁路交通事故应急救援和调查处理条例》（国务院令第 628 号）、《铁路交通事故调查处理规则》（铁道部令第（30

号）、《铁路交通事故应急救援规则》（铁道部令第32号）、《铁路救援列车管理办法》（运装机运〔2008〕82号）和《中国高速铁路安全规章汇编》等相关法规及规章。

各铁路局依据铁路总公司规章命令，结合本局实际情况，制定实施细则或管理办法，认真组织贯彻落实。

二、铁路突发公共事件应急救援预案

为切实提高应对铁路突发公共事件的能力，依据国家《安全生产法》和国务院颁布的《铁路交通事故应急救援和调查处理条例》等法律法规，原铁道部办公厅制定了十个方面的应急预案：

（1）国家处置铁路行车事故应急预案；

（2）铁路防洪应急预案；

（3）铁路破坏性地震应急预案；

（4）铁路地质灾害应急预案；

（5）铁路交通伤亡事故应急预案；

（6）铁路火灾事故应急预案；

（7）铁路危险化学品运输事故应急预案；

（8）铁路网络与信息安全事故应急预案；

（9）铁路突发公共卫生事件应急预案；

（10）铁路处置群体性事件应急预案。

三、事故应急救援工作基本原则

事故应急救援工作应遵循铁路总公司“以人为本，逐级负责，应急有备，处置高效”的原则。在处理铁路交通事故过程中应做到：

（1）救援响应。接到事故报告和出动命令，救援人员应迅速出动，启动应急预案，并立即向列车调度员和现场负责人报告。

（2）应急通信。到达事故现场后，应立即开通应急通信系统和图像传输系统设备，保证事故现场与救援指挥中心的通信联络。

（3）统一指挥。现场救援工作实行总指挥负责制，各单位和部门人员要密切配合，各尽职责。

（4）确保安全。救援人员应认真执行各项安全作业规则，正确操作救援设备机具，按程序作业。

（5）恢复畅通。必须全力开通正线，恢复运输秩序，最大限度地减少事故的损失和影响。

确定救援起复方案的原则：一是要保证首先开通正线；二是双线完全中断时，要尽快开通一线；三是干线和支线同时中断时要首先开通干线；四是多线中断时要首先开通正线。如线路破坏严重时应采取铺设临时便线开通线路，恢复行车。

四、事故应急救援主要设备机具

为适应铁路交通事故应急救援工作需要，铁路总公司、铁路局为救援列车配置了救援轨道起重机、救援指挥车、发电车、宿营车、餐车、工具备品车等专用车辆和救援设备机具；在电气化铁路区段设置接触网工区，配备电线路修复车和接触网抢修车及抢修工具器材；车站救援队配置复轨器、液压起复机具、千斤顶、钢丝绳和转向架索具等工具备品。

（一）轨道起重机

轨道起重机是铁路交通事故的主要救援设备。目前全路配置的内燃轨道起重机主要有 N1002 型 100 t 固定臂式起重机；NS1003 型 100 t、NS125 型 125 t 伸缩臂式起重机；NS1601B 型 160 t、NS1601C/E 型 160 t、NS1602 型 160 t 伸缩臂式起重机。2007 年我国开始引进德国 KIROW 公司生产的 NS1600 型 160 t、NS2000 型 200 t 伸缩臂式全液压轨道起重机，全路救援装备正在进入一个内燃化、大吨位、多功能、高科技的发展阶段。

（二）牵引复轨工具

复轨器是铁路交通事故中一种主要救援起复工具，应用非常广泛。除在救援列车和车站救援队配置外，也在机车、重型轨道车及大型养路机械上配备。

复轨器的型号较多，目前全路较常用的有新式人字形复轨器、海参形复轨器、S-1 型双向铝合金复轨器、组合式复轨器、端面复轨器、道岔复轨器等。近年来，各局为适应线路设备的变化和新型机车车辆及高速铁路动车组救援起复需要，相继研发了液压牵车机、液压复轨器、高强度轻便式复轨器和 GPF-I 型高普通用复轨器等新型救援起复设备，经现场运用效果良好，已在全路推广应用。

（三）顶移复轨工具

千斤顶是一种结构简单而又普遍适用的救援起复工具，在事故应急救援作业中发挥着重要作用。千斤顶按其结构主要分为螺旋式、液压式、横移式等多种形式，救援作业中常用的有 20 t、32 t、50 t、100 t 等几种起重吨位的千斤顶。

液压起复机具（便携式液压起复机具、液压复轨器、液压侧顶扶正机具等），是一种新型的超高压救援起复设备，具有结构紧凑、操作方便、性能可靠等优点。液压起复机具分为机动式和手动式两种操作方式。该机具适于电气化铁路区段、隧道、桥梁及特殊地段的机车车辆救援起复作业，已在各局救援列车配备应用，并在车站救援队配置了便携式液压起复机具。

（四）救援吊索具及辅助救援设备

钢丝绳是起重工作和事故应急救援作业常用的一种挠性构件。轨道起重机卷扬机构、救援吊索具以及机车车辆牵引复轨时都需要使用钢丝绳。

合成纤维吊带（迪尼玛吊带）作为一种新型吊装工具器材，具有重量轻、载荷量大、防止静电、使用方便等优点，已在铁路交通事故应急抢险救援工作中广泛应用。

除以上几种主要救援设备机具外，还有部分救援辅助设备机具，如轨道起重机组合式支腿垫块、简易组合式台车、机车车辆抬轮器、多功能起重气袋、便携式等离子束切割机等。

为适应高速铁路动车组应急救援起复需要，铁路总公司将为救援列车基地配置大吨位的汽车起重机和挖掘机等起重、工程设备。道路交通工程设备具有机动性、灵活性。在铁路交通事故应急救援作业中配合运用，可有效地提高事故救援起复作业效率，为尽快开通线路恢复行车创造有利条件。

（五）应急通信设备

在铁路总公司和铁路局应急救援指挥中心及有关单位，配备应急救援通信设备，以确保事故现场的图像、话音及数据在规定的时限内传送至应急救援指挥中心，实行事故现场的统一组织指挥工作。

事故应急救援需要通信保障时，铁路系统内部以列车无线调度、通信设备为主通方式，各级值班电话为辅助通信方式。通信部门应在接到通知后立即启动铁路电话“117”人工台为应急通信电话实施“立接制”服务，在规定的时限内组织开通应急通信系统。在站内发生事故时，应保证在 30 分钟内开通电话，1 小时内开通图像传输设备。在区间发生事故时，应在 1 小时内开通电话，2 小时内开通图像传输设备，并指定专人值守，确保事故现场音频、视频和数据信息的实时传输。

五、机车车辆救援起复基本方法

铁路交通事故应急救援工作的目的是及时抢救现场伤员，快速起复机车车辆，清除线路障碍，迅速恢复行车。现场应急救援领导组应根据事故严重程度及线路损坏等情况制定应急救援方案。制定救援方案时应充分考虑利用事故现场的地形地物、人力资源和设备资源等有利条件，选择既迅速又安全的救援方案并组织实施。

救援起复作业主要分为牵引复轨法（拉复）、顶移复轨法（顶复）、起重机复轨法（吊复）等三种基本的救援起复作业方法。

如遇事故发生在车站咽喉岔区或特殊地段，造成车辆颠覆叠压，线路破损严重堵塞时，为迅速开通线路，必要时可采取移车法（拉移或吊移车辆）、翻车法（拉翻或吊翻破损报废车辆）等方法，清除线路阻碍，确保尽快开通线路恢复行车。

六、线路抢修开通基本方法

由于事故发生的时间、地点不同，机车车辆脱轨及行车设备的损坏情况亦不相同，具有不确定因素。根据全路事故救援工作的经验教训进行总结分析。从中找出事故发生和救援起复工作的特点和规律。开通线路主要采取以下几种方法：

（1）便线开通法，包括借用线路拨道开通法、新铺便线开通法。

（2）清除障碍原线开通法，包括拉翻法、移车法，清除线路障碍，开通线路。

（3）原线复轨开通法，指在本线起复脱轨机车车辆，开通线路。

以上几种线路开通方法，各有其不同特点及适用场合，在事故现场应急救援中，采用哪种作业方法或哪几种方法平行作业，应根据现场具体情况来决定。

习　题

1. 铁路事故应急救援工作的总体要求和指导思想是什么？
2. 简述救援列车的设置地点以及管理。
3. 事故救援的工作流程是什么？
4.《铁路交通事故应急救援规则》第二十八条如何解读？
5.《铁路交通事故应急救援规则》第三十六条如何解读？
6.《铁路交通事故应急救援规则》第四十五条如何解读？

参考文献

[1] 司法部．中华人民共和国常用法律法规规章司法解释大全[M]．12 版，北京：中国法制出版社，2019.

[2] 法律出版社法规中心．中华人民共和国合同法：注释本[M]．北京：法律出版社，2011.

[3] 法律出版社法规中心．2019 新编中华人民共和国法律法规全书[M]．12 版．北京：法律出版社，2019.

[4] 中国铁路总公司．中华人民共和国铁路法[M]．北京：中国法制出版社，2015.

[5] 中国铁路总公司．铁路安全管理条例[M]．北京：中国法制出版社，2014.

[6] 法律出版社法规中心．中华人民共和国安全生产法[M]．北京：法律出版社，2014.

[7] 中国铁路总公司．铁路旅客运输规程[M]．北京：中国法制出版社，2014.

[8] 中国铁路总公司．铁路旅客运输办理细则[M]．北京：中国法制出版社，2010.

[9] 中国铁道部．铁路客运运价规则[M]．北京：中国法制出版社，1997.

[10] 中国铁道部．铁路交通事故调查处理规则[M]．北京：中国法制出版社，2007.

[11] 中国铁道部．铁路交通事故应急救援规则[M]．北京：中国法制出版社，2007.

[12] 国务院法制办公室．新编中华人民共和国常用法律法规全书[M]．北京：中国法制出版社，2018.

[13] 张敬文．铁路运输法律法规[M]．北京：人民交通出版社，2015.

[14] 隋旭东．高速铁路法律法规[M]．北京：北京交通大学出版社，2019.

[15] 王琦．铁路职工法律法规知识问答[M]．北京：中国铁道出版社，2016.

[16]《铁路企业法律纠纷案例选编》编委会．铁路企业法律纠纷案例选编[M]．北京：中国铁道出版社，2016.

[17] 向修文．铁路职工法律知识读本[M]．北京：中国铁道出版社，2016.

[18] 刘苏建．铁路职工实用法律手册[M]．北京：中国检察出版社，2014.